ZIZHI TONGJIAN
ZHONG DE
LISHI ZHIHUI

《资治通鉴》中的历史智慧

张国刚／著

人民教育出版社
·北京·

张国刚，清华大学人文学院教授，曾为联邦德国洪堡学者，在欧洲留学和执教多年。入选教育部长江学者特聘计划、北京市高校教学名师。主要研究中国古代史与中西文化关系史。曾获教育部社会科学优秀著作一等奖、中华优秀图书奖、第十届中国好书奖、第十五届文津图书奖等。近年来的著作有《唐代家庭与社会》《资治通鉴与家国兴衰》《中西文化关系通史》《胡天汉月映西洋：丝路沧桑三千年》《资治通鉴启示录》《治术：周秦汉唐经世之道》《大唐气象：制度、家庭与社会新论》等。

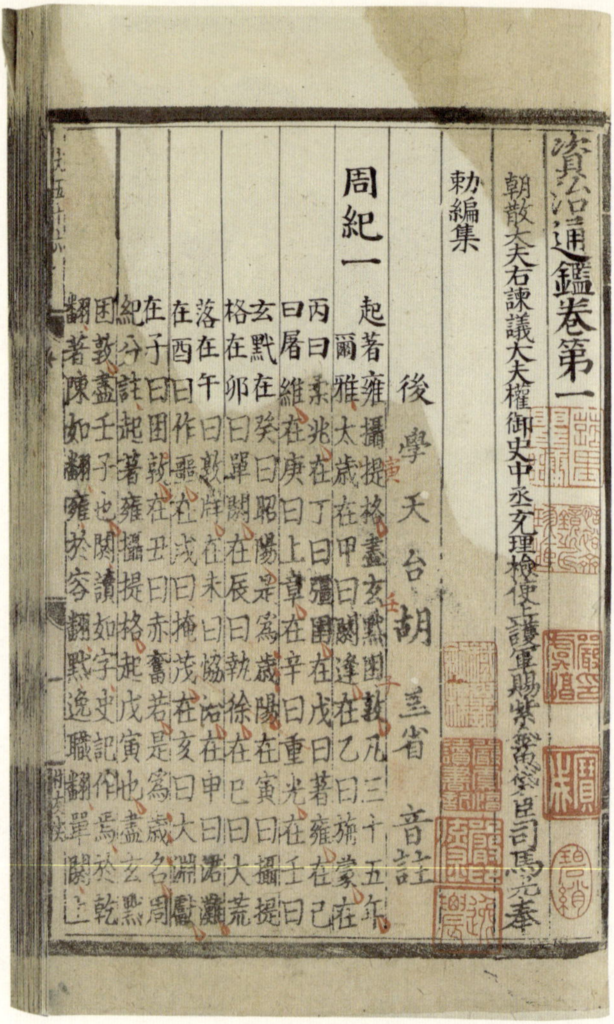
資治通鑑卷第一

朝散大夫右諫議大夫權御史中丞充理檢使上護軍賜紫金魚袋臣司馬光奉

勑編集

後學天台胡三省音註

周紀一 起著雍攝提格盡玄黓困敦凡三十五年

爾雅太歲在甲曰閼逢在乙曰旃蒙在丙曰柔兆在丁曰彊圉在戊曰著雍在己曰屠維在庚曰上章在辛曰重光在壬曰玄黓在癸曰昭陽是爲歲陽在寅曰攝提格在卯曰單閼在辰曰執徐在巳曰大荒落在午曰敦牂在未曰協洽在申曰涒灘在酉曰作噩在戌曰掩茂在亥曰大淵獻在子曰困敦在丑曰赤奮若是爲歲名周紀分註起著雍攝提格起戊寅也盡玄黓困敦盡壬子也閼讀如字史記作焉於乾翻著陳如翻雍於容翻黓逸職翻單閼上

《资治通鉴》书影

司马光（1019—1086）像

序

中国是一个历史悠久的国度，历史典籍浩如烟海。在汗牛充栋的历史著作中，《资治通鉴》是其中极为著名、极为重要的作品之一。

《资治通鉴》是由北宋著名政治家、史学家司马光主持编撰的。司马光（1019—1086），字君实，祖籍陕州夏县（今山西运城夏县）涑水乡，世称涑水先生。司马光生性颖悟，青少年时代即发愤读书，于宋仁宗宝元元年（1038）考中进士甲科，从此步入仕途。宋英宗治平二年（1065），历经宦海浮沉的司马光开始编纂《通志》（《资治通鉴》初名）。次年，司马光向英宗献上自己写作的八卷本《通志》，得到赞赏。英宗下诏设置书局，命司马光挑选人员组成编写队伍，官府负责拨给经费。一项皇家支持的巨大文化工程得以全面展开。宋神宗即位后，继续支持司马光的编纂工作。他在阅读了部分书稿后，以其“鉴于往事，有资于治道”，特赐书名《资治通鉴》，还亲自写了篇序文。

为编撰这部书，司马光和他的编写助手（当时著名史学家刘攽、刘恕、范祖禹等人）前后花了19年时间，于宋神宗元丰七年（1084）完成全书。之后，此书又经人校订，于宋哲宗元祐元年（1086）最终定稿，六年后（1092）刊行。现在通行的版本是中华书局出版的校点本（最早刊于1956年），其中加入了元代史学家胡三省的注及有关附录。

作为一部体例严谨、脉络清晰、网罗宏富、体大思精的皇皇巨著，《资治通鉴》以自身独特的魅力吸引着古往今来的无数读者。

《资治通鉴》的第一个特点是“通”。它是我国最大的一部编年通史，其篇幅之大、字数之多，无出其右。全书共294卷，上起公元前403年战国初期韩赵魏三家分晋，下迄959年五代末期赵匡胤建宋前夕，凡1362年，含周秦两汉、魏晋南北朝、隋唐五代各朝的历史。全书正文有300多万字。司马光参考了300多部著作，对于史料矛盾或记载不清之处，还进行了比较、考订，撰写《考异》30卷。

因“司马光砸缸”故事的流传，司马光是一个妇孺皆知的名人。他编纂这部书，不仅出于自己的喜好和责任，也与北宋前期提倡文治教化、重视总结历史经验得失有关。这也是这部书“奉敕”编撰的原因。因此，《资治通鉴》这部书的第二个特点是“正”。它不仅符合儒家正统价值观，而且内容通于大道，取材专取事关国家兴衰、民生休戚的重大事件和人物，其撰述目的是借鉴历史上治理国家过程中兴衰成败的经验教训。

正是因为司马光的经世情怀，铸就了《资治通鉴》的第三个特点“经世致用”。全书按时间先后编次史事，但往往用倒叙、插叙或总结的方式，交代史事的前因后果。关于重要人物的生平、重大事件的得失，作者会有一段盖棺论定的评价，或者引据史书，或者用“臣光曰”的形式，使纷纭的历史事实与人物，呈现得系统而明晰。全书内容以政治史、军事史为主，尤其对于战争的记述，精彩纷呈，充满了辩证法，展示出历代君臣治乱、成败及安危之迹，给阅史者以启示和借鉴。曾国藩向人推荐说：“窃以为先哲经世之书，莫善于司马温公《资治通鉴》。”为什么曾国藩认为司马光编纂的《资治通鉴》是最好的一部经世治国之书呢？因为这部书不光讲道理，还通权变，所谓“穷物之理、执圣之权”。一部书讲道理已经不错了，除此之外还通权变，懂得讲操作，这当然了不得。

史书的价值可以从两个方面评价：一是史料价值，二是史著价值。作为历史材料，《资治通鉴》的隋唐五代部分，具有不可替代的史料价值；作为史学著作，《资治通鉴》具有不可替代的阅读鉴赏价值。明清之际的著名学者顾炎武在《日知录》评述《资治通鉴》道：“以一生精力成之，遂为后世不可无之书。”清代史家钱大昕说：“读十七史不可不兼读《通鉴》。”《资治通鉴》的取材有超出正史之外者，钱大昕的评价道出了《通鉴》搜罗史料求博、考订史实求真的特点。

王夫之写过一本《读通鉴论》，专门对《资治通鉴》记载的史实进行评点。他认为阅读这部书，知历代兴衰，明人事臧否，“可以自淑，可以诲人，可以知道而乐”。自淑，就是提升自己；诲人，就是与人分享；知道而乐，就是知道治国之道、为人之道、处事之道，从而感到愉悦快乐。自淑、诲人、知道而乐，就是我们学《资治通鉴》的意义，也是我们读《资治通鉴》要力争达到的三重境界。

其实，历史就是前人在应对各种挑战后，给我们留下的一些经验总结。人生、民族、国家，都会有不同的挑战。面对这些挑战，人们相关应对的措施、应对的办法、应对的智慧，以及所有成败得失的记录，就构成了历史。读史就像看高人下棋，他们每走一步都留下来一些历史的印记，这就构成了一个棋谱的残局。熟读这种残局，我们就能走下一步棋；熟读历史，我们面对不同的挑战，就能做到心中有数。

道理往往是抽象的，而历史是具体的。将抽象的道理放在具体的历史情境当中看待，就能使我们增益智慧。读史期能明智，这也是我写作本书的愿望。

是为序。

張国刚

2020年10月6日 清华园

目录

壹 战国——时代变迁

贰 秦汉——大风飞扬

伍 隋唐——盛衰治乱

陆 唐末五代——山河破碎

后记

壹

战国——时代变迁

智伯的覆亡

这是《资治通鉴》讲的第一个故事。

智伯（公元前506—前453）是春秋末期主持晋国国政的权臣，是智氏家族的大家长。当时，智氏与赵氏、魏氏、韩氏四大家族掌控着晋国的大权，智伯执政后，晋国朝政呈现出智氏一家独大、力压三卿的局面。可是后来在晋阳之战中，实力最强的智氏反倒落败——智伯被杀，智氏家族灭亡，领土也被其他三家瓜分殆尽。事情为什么会这样呢?

一、伏笔：选谁来当接班人

从选定接班人的那一刻起，智氏、赵氏两大家族的命运就开始走上截然相反的道路。

晋国是周成王“桐叶封弟”而建立的诸侯国。周武王死后，他的儿子周成王继位，弟弟周公旦辅政。年幼的周成王有一次与弟弟叔虞玩耍，把一片桐叶剪成玉圭形状，送给叔虞，开玩笑说：“把这个分封给你！”周公提醒他，天子无戏言。于是，成王将黄河东边一块叫作唐的地方分封给叔虞。叔虞因此又称唐叔虞，姬姓晋氏，叔虞之子燮继位后，改国号为晋。

晋国是春秋时期的大国。但晋悼公之后，由于国君平庸，驾驭能力不济，晋国的六卿——范氏、中行氏、智氏、赵氏、魏氏、韩氏六家坐大，晋国虽然外面的架子还在，但内部的分裂日趋严重。到了晋定公时期，六卿内斗越发激烈，范氏、中行氏两大家族被瓜分消灭，剩下智氏、赵氏、魏氏、韩氏四大家族掌控晋国的大权。其中尤以智氏家族权势最为煊赫。

但是，智氏家族在选择继承人的时候，犯了一个严重的错误，这为强大的智氏家族以后的灭亡埋下了隐患。

当时，智宣子决定选嫡子智瑶为嗣卿。族人智果不同意，他认为智瑶虽然有五大优点——美鬓高大、射御兼通、才艺超群、善辩能文、强毅果决，但有一个致命的缺点——不仁，即为人刻薄寡恩，缺少仁德之心。怀着不仁之心，用才能去驾驭别人，谁能忍受得了呢！智果甚至断言道："如果真的立智瑶，智氏家族一定会灭亡。"但是，即便族人如此激烈地反对，智宣子最终也没有改变想法。

与智宣子相反，赵氏家族在考虑接班人选的时候，表现谨慎稳重得多。

赵简子有两个儿子，大的叫伯鲁，小的叫无恤。赵简子决定先考考他们，再决定选谁做继承人。他把两支写着教导青年修身自勉的"训诫之辞"的竹简，分别交到两个儿子手上，嘱咐他们把竹简上的内容牢记在心并保管好竹简。三年之后，赵简子再问起他们，发现大儿子伯鲁把

通鉴识读

智果曰：『不如宵也。瑶之贤于人者五，其不逮者一也。美鬓长大则贤，射御足力则贤，伎艺毕给则贤，巧文辩惠则贤，强毅果敢则贤，如是而甚不仁。夫以其五贤陵人，而以不仁行之，其谁能待之？若果立瑶也，智宗必灭。』

——《资治通鉴》卷一

"训诫之辞"忘得精光，竹简也不知所终；小儿子无恤却背得滚瓜烂熟，竹简也随身带着。于是，赵简子认为无恤更贤明，就把他选为继承人。赵无恤就是后来的赵襄子。

在选择继承人的问题上，智宣子和赵简子作出了不同的选择，前者不顾族人的反对，坚持"立嫡"；后者则打破周制，选择"立贤"。从选定接班人的那一刻起，智氏、赵氏两大家族的命运就开始走上截然相反的道路。

二、冲突：智伯挑起了战争

赵氏的拒绝让智伯很恼火，他联合韩、魏两大家族出兵攻打赵氏。

通鉴识读

智伯请地于韩康子，康子欲弗与。段规曰：『智伯好利而愎，不与，将伐我；不如与之。彼狃于得地，必请于他人；他人不与，必向之以兵。然后我得免于患而待事之变矣。』康子曰：『善。』使使者致万家之邑于智伯，智伯悦。

——《资治通鉴》卷一

智宣子去世后，智瑶继承了他的爵位，世称智襄子或智伯。智伯主持晋国国政，处事强霸骄横。

有一次，他与韩康子、魏桓子饮酒，在席上戏弄了韩康子，又侮辱了韩康子的家臣段规。智果知道后，警告他说："您侮辱了别人而不提防人家报复，大祸就要临头了！"智伯傲慢地说："灾祸只能由我降给别人，我不兴起灾难，谁敢胆大妄为呢！"智果无奈，不再言语。

智伯越发膨胀。公元前455年，他假借晋侯之命，以恢复晋国霸业为由，向赵、韩、魏三卿各索取一个万户之邑。

对于这个要求，韩康子自然不同意。辅臣段规却劝说道："智伯贪图财货，刚愎自用，如果不答应他的要求，他一定会率兵攻打我们；而答应他的要求献出土地，不仅能使韩氏免于祸患，还能把祸水外引。智伯这次顺利地得到了土地，一定会更加傲慢，进而把矛头指向他人，到时我们可以静观其变。”韩康子觉得很有道理，就给了智伯一座万户的城邑。

魏桓子一开始也觉得智氏无故索要土地，实在是欺人太甚，打算拒绝，但他的辅臣任章却建议先采用骄兵之策麻痹智氏，再暗中结交利害攸关的盟友，共同对付智伯。他说：“平白无故就索要别人的土地，这必定会引起其他家族的畏惧；我们答应他的要求，他一定会更加骄横。他因骄横而轻视他人，我们因畏惧而团结一致。如此一来，智氏不会长久了。”老谋深算的魏桓子明白了任章的用意，也痛痛快快地把一座万户之邑给了智伯。

但是，面对赵氏家族时，志得意满的智伯碰了钉子。赵氏坚决抵制智伯索地的要求，说：“先祖留下的祖业，怎么能随便割让给他人！”赵氏的拒绝让智伯很恼火，他联合韩、魏两大家族出兵攻打赵氏。

面对来势汹汹的智氏联军，赵襄子有三个战略要地可以避难：长子、邯郸和晋阳。长子城高池深，邯郸粮草丰足，但赵襄子都不去，而选择去晋阳。他认为城高池深，说明老百姓的徭役繁重；粮草丰足，说明老百姓的赋税沉重，都不足以依恃。相反，赵简子在世时，命尹铎治理晋阳，轻徭薄赋，晋阳人心最可依赖。于是，赵襄子选择晋阳作为自己抗击联军的基地。

当赵襄子逃奔晋阳之后，智伯率领三家联军把晋阳城围得水泄不通。不过，赵襄子凭借晋阳地险与人和的优势，和敌军周旋了一年多。后来，智伯趁夏季山洪来临，掘晋

通鉴识读

从者曰：『长子近，且城厚完。』襄子曰：『民罢力以完之，又毙死以守之，其谁与我！』从者曰：『邯郸之仓库实。』襄子曰：『浚民之膏泽以实之，又因而杀之，其谁与我！其晋阳乎，先主之所属也，尹铎之所宽也，民必和矣。』乃走晋阳。

——《资治通鉴》卷一

水汾河之坝，水灌晋阳。面对如此严峻的形势，晋阳军民依旧同仇敌忾，毫不动摇。

三、覆亡：智伯的致命错误

领导者关键的本事在于识大体、善用人，但智瑶狂妄霸道，误判形势，轻视对手，决策上不明是非，这些都犯了领导者的大忌。

通鉴识读

三家以国人围而灌之，城不浸者三版。沈灶产蛙，民无叛意。智伯行水，魏桓子御，韩康子骖乘。智伯曰：『吾乃今知水可以亡人国也。』桓子肘康子，康子履桓子之跗，以汾水可以灌安邑，绛水可以灌平阳也。

——《资治通鉴》卷一

在战争相持的关键时刻，与赵氏军民团结一心截然相反，三家联军内部各怀异心。

智伯乘车巡视水攻的情形，他坐在最尊贵的左侧位置，魏桓子在中间驾车，韩康子在右侧持兵器护卫。三位卿大夫都是主君，关系却不平等。望着被大水浸没的晋阳城，威风十足的智伯得意扬扬地说：“哎呀，我今日才知大水足以亡人国啊！”智伯的话引起了魏桓子和韩康子的忧虑——智伯今天可以淹晋阳，日后也可以用汾水淹安邑（魏都）、用绛水淹平阳（韩都）啊！

魏、韩二子的异样被智伯身边的谋士絺疵察觉到了，待两人走后，他提醒智伯说：“魏、韩两家一定会背叛您！晋阳城破在即，他们不仅没有喜色，反而忧心忡忡，不就是担心唇亡齿寒，赵氏灭亡，下必及于韩、魏吗？”

第二天，智伯用这番话质问魏桓子和韩康子。两人矢口否认，辩解说：“这一定是有人充当赵氏的说客，想让您怀疑我们从而放松对晋阳的攻击。我们都盼望着早日分享赵氏的田土呢，怎么会去做危险的傻事冒犯您呢？”智伯相信了他们的解释，再不理会𫄨疵的劝告。

就在此时，被围困在晋阳城的赵襄子决定反击。他秘密派人出城，游说韩、魏两家，晓之以情，动之以理，将三家命运紧紧捆绑，赵氏若亡，韩、魏不保！智伯的跋扈早已引起众怨，三家一拍即合，约定好日期，决定采取联合行动，反攻智氏。

公元前453年的一天夜里，赵襄子派人杀死守堤的官员，掘开水坝，倒灌智氏驻军营地。大水汹涌而来，智氏军队顷刻间乱成一团，韩、魏两军趁机从侧翼进攻，赵襄子率领赵军从正面猛攻，大败智氏军队。最后，智伯被杀，智氏家族灭亡，三家尽分其土地。五十年后，魏、赵、韩三家被周天子正式封为诸侯。

智氏灭亡的祸根，其实早在智伯被选为接班人的时候，就暴露出来了。智伯虽然有五大优点，但这些只是个人的技能，并不是领导者最重要的本事。领导者关键的本事在于识大体、善用人，反观智伯，狂妄霸道，误判形势，轻视对手；决策上不明是非，不听谋士正确的谏言……这些都犯了领导者的大忌。

此外，智伯在外交上也犯了错误。他言语不谨慎，行为太张扬，引起了盟友韩、魏两家的疑忌，临时的“统一战线”霎时解体，己方三对一的优势，变成了与敌方一比三的劣势，怎么能不败呢！

司马光结合智伯之死，对领导者的德才问题发了一通议论。他首先对“才”和“德”做了区分：聪慧明察、刚强坚毅之类属于才能，公正耿直、平和中庸之类属于德行。在他看来，才能是德行的凭借，德行是才能的主帅。他进

通鉴识读

臣光曰：智伯之亡也，才胜德也。夫才与德异，而世俗莫之能辨，通谓之贤，此其所以失人也。夫聪察强毅之谓才，正直中和之谓德。才者，德之资也；德者，才之帅也。

——《资治通鉴》卷一

而把人分为四类：德才全备的是“圣人”，德才全无的是“愚人”，德行胜过才能的是“君子”，才能胜过德行的是“小人”。他认为在用人时，假如没有圣人、君子，那么宁可任用无才无德的愚人，也不能任用有才无德的小人。因为才能对于恶人，如同虎添双翼。自古以来，才有余而德不足，导致家破国灭的事例实在是数不胜数！

魏文侯的治术

战国时期，魏国是第一个崛起的大国。战国七雄中，魏文侯（公元前472—前396）首先实行变法，改革政治，奖励耕战，兴修水利，发展封建经济，后来秦国商鞅变法都是以魏国为蓝本的。

魏文侯在位四十九年，特别善于识人用人。在他的领导下，很多平民出身的人在政治、军事方面发挥重要作用。很多学者认为，这一现象标志着官僚政治开始逐步替代贵族政治。

一、天时地利，内外人和

最重要的“人和”因素，在于魏文侯在开国后数十年中积极作为、励精图治。

魏国的崛起是有多种条件的：首先，就“天时”而言，当时秦国尚在沉睡，齐国君权旁落，楚国内乱不止，魏国四周可以说是没有强敌；其次，就“地利”而言，魏国横跨黄河南北，领地包括今山西南部、河南北部以及河北、陕西的部分地区，是当时经济文化最发达的中原区域；最后，最重要的“人和”因素，在于魏文侯在开国后数十年中积极作为、励精图治。

通鉴识读

韩借师于魏以伐赵。文侯曰：『寡人与赵，兄弟也，不敢闻命。』赵借师于魏以伐韩，文侯应之亦然。二国皆怒而去。已而知文侯以讲于己也，皆朝于魏。魏于是始大于三晋，诸侯莫能与之争。

——《资治通鉴》卷一

先说外部的“人和”。在外交政策上，魏文侯致力于三晋结盟，营造和平的环境。韩国和赵国几欲开战，都曾到魏国借师，对此，魏文侯采取了和事佬的态度。韩国来借师，魏文侯说：“我和赵国情属兄弟，不能答应你的要求。”赵国来借师，魏文侯也这样回应。起初，韩、赵都对魏国的态度很不满，“二国皆怒而去”。后来，他们醒悟过来，明白了魏文侯想让两家和平相处的良苦用心，于是“皆朝于魏”。魏国重“人和”，促成了三晋的结盟，自己也因此成为盟主。

在内部的“人和”上，魏文侯首先通过改革化解矛盾，同时注意识人用人，儒法并用。战国的改革自三晋始，而三晋之中，魏文侯首用李悝（又称李克）为相进行变法，史称“李悝变法”。变法的宗旨是富国强兵，“尽地力之教”，鼓励垦田。李悝颁布的《法经》指出，王道政治最紧急的要务是惩治“盗”和“贼”，强调要保障百姓的生命权和财产权，以求国内安定和睦、百姓安居乐业。

《法经》后来被商鞅带到秦国，成为商鞅改革的起点。李悝出自儒家，又是法家的鼻祖。钱穆在《先秦诸子系年》的序中说法家固然起源自儒家，这是有一定道理的。儒家思想只要务实，用之于治国实践，就不能没有法制手段。汉代以后号称崇儒的政论家（如贾谊）、政治家（如唐太宗）莫不如此，其源头就出自魏文侯的老师李悝。

二、谁更适合担任国相？

用人要细致地观察他的行为：看他平时跟什么人亲近，富贵时跟什么人结交，显赫时保荐谁，困顿时何事不为，贫穷时何利不取。

《史记》和《资治通鉴》都记载了一则轶事。有一天，魏文侯向李悝请教国相的人选：“先生总是告诉寡人，家贫思良妻，国乱思良相。魏成与翟璜这两位大臣，先生觉得谁更合适担任国相呢？”李悝听后，没有指出具体人选，而是讲了讲对识人的看法：“居视其所亲，富视其所与，达视其所举，穷视其所不为，贫视其所不取。”即用人要细致地观察他的行为：看他居常时亲近谁，富贵时结交谁，显赫时保荐谁，困顿时何事不为，贫穷时何利不取。李悝说：“凭这五条，您就足以确定国相的人选了，何必征求我的意见呢？”魏文侯大喜道：“先生回去吧，我知道该选谁做国相了。”后来，李悝的这套识人术流衍甚广，其核心思想，一是行胜于言，二是人以群分。

通鉴识读

克曰：『君弗察故也。居视其所亲，富视其所与，达视其所举，穷视其所不为，贫视其所不取，五者足以定之矣，何待克哉！』文侯曰：『先生就舍，吾之相定矣。』

——《资治通鉴》卷一

李悝刚从魏文侯那里出来，就碰到了翟璜。翟璜笑眯眯地问：“听说今天国君就选相一事征求您的意见，结果选了谁啊？”李悝说：“我猜测国君会选择魏成。”翟璜一听马上变了脸色，愤愤不平地说：“我哪一点比不上魏成？”

那么，魏成与翟璜的差别到底在哪里呢？

魏成将自己的绝大部分俸禄都用来搜罗人才，向魏文侯推荐了卜子夏、段干木、田子方三位大名鼎鼎的儒门弟子。卜子夏是孔子的得意门生，以“文学”见长，甚至有魏文侯以卜子夏、田子方为师，每过段干木之庐必式。四方贤士多归之。文侯与群臣饮酒，乐，而天雨，命驾将适野。左右曰：『今日饮酒乐，天又雨，君将安之？』文侯曰：『吾与虞人期猎，虽乐，岂可无一会期哉！』乃往，身自罢之。

——《资治通鉴》卷一

人认为《论语》就是卜子夏及其门人编纂的。魏文侯师从卜子夏学习儒家经典著作，向隐居不仕的段干木请教治国之道，聘请著名儒商子贡的入室弟子田子方为客卿，在当时引起不小的轰动，由此备受诸侯的赞誉。司马迁在《史记·魏世家》记载了一件事，秦人曾欲伐魏，有人提醒道："魏君礼敬贤人，仁爱国人，上下和合，未可图也。"

翟璜也向魏文侯推荐了许多优秀的人才，比如西河都守吴起，治理邺地的能臣西门豹，攻打下中山国的大将乐羊，太子的师傅屈侯鲋，甚至李悝本人都是翟璜推荐的。这些人都是杰出的文臣武将，各有所长。

但从根本上看，魏成与翟璜推荐的人才是不同的。卜子夏、段干木、田子方有道德上的优势，儒家严格自律，同时还有战略上的开阔视野，追求修身、齐家、治国、平天下。他们是帝王之师，"坐而论道者也"。而李悝、吴起、西门豹在不同岗位上各司其责，是分而任事者也。根据李悝的说法，魏成推荐的人，国君以之为师；翟璜推荐的人，国君以之为臣。后来，李悝告诉翟璜："你识人的眼界，还是比魏成差一截。"翟璜认同了这一评价，并为先前的失态向李悝道歉。

三、领导者应该更自律

领导者首先要学会管理自己，只有在说话、处事、为人等方面比一般人更加严格要求自己，才能在更高的平台上，管理更大的事业。

国君治国理政，不仅需要各行各业的才俊和辅佐之人，更需能帮其提升境界和格局的指导者。

有一次，魏文侯正与田子方在一起吃饭赏乐，期间魏文侯说："钟声不对称啊，左边的声音好像略高。"田子方听后，只是笑笑，没有说话。魏文侯不解地问："你笑什么？难道不是这样吗？"田子方这才回答说："臣听说，为君者致力于辨官，不着意辨音。如今主公着意辨音，臣担心您会忽略对官员的识辨啊。"他的意思是说，为君之道，无非用人任事，国君关注的重点应在用人当否，不宜即兴评论臣下的具体工作。

还有一次，魏文侯之子魏击路遇田子方，下车躬身施礼，但田子方并没有还礼，魏击很不高兴，就冲着田子方大声嚷道："是富贵者值得高傲，还是贫贱者值得高傲呢？"田子方平静地回应道："当然是贫贱者可以高傲，富贵者不能。诸侯傲慢失其国，大夫傲慢失其封邑。失去了国家和封邑，再想重新获得可就没那么容易了。我是贫贱之人，言不听，计不从，拔腿就走，到哪里去不是贫贱呢？"魏击犹如被当头棒喝，赶紧向田子方谢罪。

田子方教导魏击的道理发人深省。有担当、有事业、对未来有期待的领导者，应该比他人更自律、更克己。司马光在所著的《稽古录》中论及五种不同的人君：创业之君、守成之君、陵夷之君、中兴之君、乱亡之君。历代君主的差别不全是因为才能有高下，更取决于其自我约束和自我管理能力的差异。司马光认为，同样是中等才能的国君，能够自我约束，即可守住家业不坠，是为守成之君；倘若不能约束自己，国家就会出现衰败的危机，是为陵夷

通鉴识读

子击出，遭田子方于道，下车伏谒。子方不为礼。子击怒，谓子方曰：『富贵者骄人乎？贫贱者骄人乎？』子方曰：『亦贫贱者骄人耳，富贵者安敢骄人？国君而骄人则失其国，大夫而骄人则失其家。失其国者未闻有以国待之者也，失其家者未闻有以家待之者也。夫士贫贱者，言不用，行不合，则纳履而去耳，安往而不得贫贱哉！』子击乃谢之。

——《资治通鉴》卷一

之君。领导者首先要学会管理自己，只有在说话、处事、为人等方面比一般人更加严格要求自己，才能在更高的平台上，管理更大的事业。

公元前396年，魏文侯去世，魏击继位，是为魏武侯。一年后，李悝去世。魏武侯开始按照父亲魏文侯及李悝制定的国策执掌朝政。好在魏文侯留下了强大的家底，经过短暂休整后，魏武侯开始一展宏图，征战天下。在作战指挥上，魏武侯与其父不相上下，但在用人方面，他大大逊色于其父。一个明显的例子就是逼走名将吴起。

吴起早先效力于鲁国，受到排挤后投奔到魏国。魏文侯知道吴起很有军事才能，就让他带兵。公元前409年开始，吴起作为主将频频对秦国进攻，取西河之地，名震遐迩。但魏武侯即位后并没有用吴起为相，而是起用了平庸的田文。田文死后，魏武侯又任用公叔痤为相。公叔痤畏忌吴起，就策划了一个阴谋，使得魏武侯开始怀疑吴起。最后，功绩卓著的吴起噙着眼泪逃离了魏国。

吴起本人确实有他的弱点，但被排挤出魏国，不能完全归因于他本人的过失。吴起是一位天才军事家，能否用好并爱护像他这样性格有缺陷、处事有不足但确有真本事的将领，对于战国时期魏国的成败至关重要，也是考验领导者识人用人能力的试金石。吴起之后，商鞅、张仪、范雎、孙膑等叱咤风云的英雄人物，逐渐都被排挤出魏国。魏国的衰落，就这样开始了。

吴起的人生悲剧

吴起（约公元前440—前381）的一生跌宕起伏，充满戏剧色彩。他出生于卫国，历仕鲁、魏、楚三国，通晓兵家、法家、儒家三家思想，在内政、军事上均有极高的成就；然而他“母丧不奔”“杀妻求荣”，在各国饱受诟病与排挤，最后因辅佐楚悼王变法得罪权贵，落得惨死的下场。

一、仕鲁求将

鲁元公受到蛊惑，免去了吴起的职务。战功赫赫的吴起，只好黯然离开鲁国。

吴起的悲剧人生，始自他的青少年时代。他出身于卫国一个“家累万金”的富裕家庭，但早年他因求官出仕耗尽了所有家产，最后官没有做成，还受尽耻笑。他一怒之下，杀死了三十余个讥笑他的乡人，逃离卫国。与母亲诀别时，吴起发誓：“若不为卿相，誓不回卫国！”

吴起来到鲁国，师从曾申（曾参之子）学习儒术。不吴起者，卫人，仕于鲁。齐人伐鲁，鲁人欲以为将，起取齐女为妻，鲁人疑之，起杀妻以求将，大破齐师。或谮之鲁侯曰：『起始事曾参，母死不奔丧，曾参绝之。今又杀妻以求为君将。起，残忍薄行人也。且以鲁国区区而有胜敌之名，则诸侯图鲁矣。』起恐得罪。闻魏文侯贤，乃往归之。

——《资治通鉴》卷一

久，吴起母亲去世，有人捎口信叫他回去吊丧。曾申不知道吴起杀了人，劝他返乡奔丧，而吴起心虚，害怕回国被缉拿，就躲在庐舍里不出来。三番五次下来，曾申怒其不孝，和他断绝了师生关系。吴起转而学兵家，并在鲁国从军。

公元前412年，齐国攻打鲁国，鲁人很害怕，想让吴起带兵抗敌，但又顾忌他的妻子是齐国田氏宗女，担心吴起在战场上持观望态度，因而犹豫不决。吴起知道后，为表明自己的态度，亲自杀死了妻子，最后求得了将位，并率领鲁国军队打败了强大的齐国。

然而，战争胜利后，有人暗地里向鲁元公进言说："吴起母死不奔丧，为圣贤所不齿；现在又杀妻以求将，是一个残忍刻薄的人。鲁国是个小国，却有战胜大国的名声，今后其他诸侯一定会设法对付我们，这可不是好事情！"鲁元公受到蛊惑，免去了吴起的职务。战功赫赫的吴起，只好黯然离开鲁国。

离开鲁国后，吴起来到了魏国。此时魏文侯主政，用人不拘一格，知道吴起很有军事才能，就让他带兵。

二、在魏建功

功业卓著的吴起，在魏国也待不下去了。他伤心地对身边人说："如果国君不信谗言，我会成就魏国的霸业！"

吴起带兵有两个特点，一是与士卒同衣食，共劳苦。有这样一个故事：有士兵生了脓疮，吴起亲自为其吮去脓血，三军将士无不感激，可是这位士兵的母亲，听了以后却禁不住垂泪啜泣。邻人很不解，就问："将军这么关怀你的儿子，你应该感到欣慰啊，怎么反倒难过起来了？"这位母亲伤心地说："当年他父亲也在吴起手下当兵，吴起也亲自为其吮治脓疮，最后他冲锋在前，战不还家，死在了疆场上；如今吴起又为我儿子吮脓血、治脓疮，我担心这个孩子将来也会为吴将军奋不顾身、战死疆场啊！"吴起带兵的另一个特点，是军法严明，信赏必罚。有次吴起带兵出征，有士兵在没有得到进攻命令的情况下，就杀向敌阵，虽然斩获了两个首级，但是吴起为了严肃军纪，还是立即以违抗军令罪处死了这名士兵。

吴起在魏国工作很出色，他选练的"特种兵"——"武卒"，有很严格的体能和技术要求，战斗力极强。公元前389年，秦惠公出兵五十万攻打魏国的阴晋。吴起亲自率领五万武卒，外加战车五百辆、骑兵三千，大败秦军。这就是著名的阴晋之战。

公元前396年，魏文侯去世，魏武侯即位。相位空缺，大家都看好战无不胜的吴起，可是魏武侯却任命了各方面都不如他的田文为相。吴起不服气，找到田文，连珠炮般地发问："带兵打仗，你能与我比吗？治国安邦，你能与我比吗？镇守一方，你能与我比吗？"无奈君令已下，吴起也只能发牢骚抱怨几句，改变不了实际结果。

不过，吴起的忍耐并没有为他换来安稳的生存环境。田文之后，公叔痤为魏相，娶了魏国公主，担心吴起会威胁自己的相位，于是精心策划了一个挤走吴起的阴谋。

公叔痤首先向魏武侯提议，试探吴起是否愿意留在魏

通鉴识读

魏置相，相田文。吴起不悦，谓田文曰：『请与子论功，可乎？』田文曰：『可。』起曰：『将三军，使士卒乐死，敌国不敢谋，子孰与起？』文曰：『不如子。』起曰：『治百官，亲万民，实府库，子孰与起？』文曰：『不如子。』起曰：『守西河，秦兵不敢东乡，韩、赵宾从，子孰与起？』文曰：『不如子。』起曰：『此三者子皆出吾下，而位居吾上，何也？』文曰：『主少国疑，大臣未附，百姓不信，方是之时，属之子乎，属之我乎？』起默然良久，曰：『属之子矣。』

——《资治通鉴》卷一

国。他说："吴起是人才，魏国小，未必能留得住他。您不妨试探一下，把公主嫁给他。如果吴起不想留在魏国，一定会推辞。"然后，公叔痤邀请吴起到家里做客，故意让身为公主的妻子像"母老虎"一般强势，自己则表现得很窝囊。吴起发现娶公主当妻子这么难受，就断然拒绝了魏武侯要嫁公主给他的好意。从此，魏武侯开始怀疑吴起的忠诚，对他多有猜忌。

功业卓著的吴起，在魏国也待不下去了。他伤心地对身边人说："如果国君不信谗言，我会成就魏国的霸业！"

三、相楚变法

通鉴识读

楚悼王素闻其贤，至则任之为相。起明法审令，捐不急之官，废公族疏远者，以抚养战斗之士，要在强兵，破游说之言从横者。于是南平百越，北却三晋，西伐秦，诸侯皆患楚之强，而楚之贵戚大臣多怨吴起者。

——《资治通鉴》卷一

从鲁到魏再到楚，吴起无论在哪里都能做出业绩，可是，无论在哪里，无论功绩多么卓著，吴起始终摆脱不了被排挤离开的命运，甚至最后被杀。

吴起在魏国时，曾率领魏国的军队与楚国交战，打得楚悼王狼狈不堪。现在吴起辗转来到了楚国，对于他的到来，楚悼王不计前嫌，热烈欢迎。楚悼王先让吴起在宛当了一段时间的地方长官，然后直接提拔他为令尹，也就是国相。吴起终于如愿以偿，实现了少年时代担任卿相的梦想。他决心干一番大事业。

吴起向楚悼王一针见血地指出了楚国的问题所在："大臣太重，封君太众。"大臣的权力太重，封君的人数太多，贵族们享有了太多的权利，占有了太多的资源，导致国贫兵弱。那么，怎么改变这个局面呢？吴起给出的解决方案是废除世袭特权，规定封君过了三代，自动取消其爵禄；降低官员禄秩待遇，裁减冗官冗员，把节省下来的经费，用来扩充军备。针对地广民稀的现状，吴起建议把贵族和有钱人迁到边远地区，去垦荒开发。这样一方面使广阔疆域得到有效利用，另一方面也削弱了贵族的势力。

吴起的改革抓住了要害，也收到了成效。楚国国力迅速增强，南平百越，北却三晋，西伐强秦，重振了国威，一改昔日被诸侯蚕食的弱势地位。但是，吴起的改革也得罪了庞大的既得利益群体。削减公族的待遇，贵族移民乡下，因而楚国贵戚对吴起多有怨恨。

公元前381年，楚悼王去世，贵族、大臣趁机兴兵作乱，围攻吴起。最终，吴起被射死于乱箭之下，楚国的改革亦随之夭折。

从鲁到魏再到楚，吴起无论在哪里都能做出业绩。可是，无论在哪里，无论功绩多么卓著，吴起始终摆脱不了被排挤离开的命运，甚至最后被杀。吴起的一生，引人深思。

性格决定命运，吴起本人确实很有个性。司马迁对他的评价是“节廉而自喜名也”，司马光的用词是“刚劲自喜”。这种评价包含两层意思：第一，有自己的坚守和原则；第二，不通人情，自视甚高。

《韩非子》记载了吴起的两件生活小事。有一次，吴起与故友久别重逢，相约一起吃饭。故友答应马上就来，结果直到天黑，也没出现。吴起就一直等着，到了晚上不吃饭也要等着。到了第二天，他又请人去找，直到把故友找来，才一起用饭。还有一次，吴起让妻子织布，但是妻子织出来的布尺寸不合吴起的要求，他让妻子重织，结果

通鉴识读

楚悼王薨，贵戚大臣作乱，攻吴起，起走之王尸而伏之。击起之徒因射刺起，并中王尸。既葬，肃王即位。使令尹尽诛为乱者，坐起夷宗者七十余家。

——《资治通鉴》卷一

还是不合尺寸，吴起就因此休掉了妻子，任谁来说情都没有用。对生活上这两件事的处理方式，就是吴起“刚劲自喜”性格的最好注脚。

吴起的人生目标是“誓为卿相”，他对目标的极度执拗，再加上性格的刚劲自喜，最终造成了自己人生的悲剧。

千古高手——围魏救赵

孙膑与庞涓都是鬼谷子的高徒。出师后，孙膑回到了齐国，庞涓则被魏惠王重用，担任上将军。后来，庞涓把孙膑作为“特殊人才”引进到魏国，却又嫉妒孙膑之才高于自己，于是设计陷害孙膑，割去其膝盖骨，想让孙膑从此成为废人，不再能成为自己对手。孙膑吃尽了苦头，装疯卖傻，终于利用一个齐国使节出使魏国的机会，藏在车里逃回齐国。此后，孙膑发誓要报仇雪恨，与庞涓一决雌雄。

一、围魏救赵

直到魏军已占领邯郸，损兵折将急需休整时，孙膑才建议齐军挥师直捣魏都大梁，逼得魏惠王十万火急命庞涓统兵回救。

孙膑先是做齐国上将田忌的门客。田忌经常与齐王赛马，但输多赢少。国君的马当然更优秀了。孙膑便献策给田忌说，下次比赛，您先用下等马对国君的上等马，后面两场您再分别用上等马对国君的中等马、用中等马对国君的下等马，如此一来必赢。田忌的马虽然整体上不如国君，但是经过这番调整布局后，果然以二比一赢得了比赛。在展露出这样的战略部署才能后，孙膑被田忌推荐到齐王身边做了军师。

三家分晋之后，魏国是最先崛起的大国。魏文侯、魏武侯两代人经略，打下了殷实的家底；吴起训练的“武卒”，使魏国拥有了战国最精锐的军队。于是到了魏惠王时期，就有些飘飘然了，开始奉行对外扩张的政策。魏文侯时期，努力实行团结三晋的政策，现在魏惠王却想首先吞并近邻。这一政策在军事上的执行者，就是上将庞涓。

公元前354年，庞涓率领魏军大举袭扰赵国，赵军连连失利。赵成侯派人向齐国求援。齐国派田忌、孙膑领兵救援赵国。于是，就有了“围魏救赵”的经典战例。

当初，田忌本欲直扑邯郸。但是，这样齐国将冒着直接与精锐的魏军对阵的风险。其时，魏国兵力强盛，硬碰硬，齐国未必能稳操胜券。万一失利，不仅前功尽弃，而且危及自身国家安全。于是孙膑建议说：“如今魏、赵两国相持，他们的精锐部队必然都派在外面，而留在国内的大多是老弱残兵，我们不如率军急袭魏国都城，占据交通要道，冲击他们空虚的后方，魏军一定会放弃攻赵，回兵救援。这样我们便一举两得，既解了赵国之围，又能给魏国以打击。”

田忌听取了孙膑的意见。采纳“批亢捣虚”（避开强敌，攻其虚空必救之地）、“围魏救赵”的战法，挥师直逼魏国军事重镇平陵（今山东定陶）。但是，齐军攻打平陵的行动并不坚决，庞涓也不急于回救，继续竭尽全力攻克

通鉴识读

田忌欲引兵之赵。孙子曰：『夫解杂乱纷纠者不控拳，救斗者不搏撠。批亢捣虚，形格势禁，则自为解耳。今梁、赵相攻，轻兵锐卒必竭于外，老弱疲于内。子不若引兵疾走魏都，据其街路，冲其方虚，彼必释赵以自救。是我一举解赵之围而收弊于魏也。』田忌从之。十月，邯郸降魏。魏师还，与齐战于桂陵，魏师大败。

——《资治通鉴》卷二

邯郸。直到魏军已占领邯郸，损兵折将急需休整时，孙膑才建议齐军挥师直捣魏都大梁（今河南开封），逼得魏惠王十万火急命庞涓统兵回救。庞涓接到命令后，不得不放弃邯郸，抛弃辎重，昼夜兼程回师。孙膑在魏军回师必经的桂陵（今河南长垣市西北）设下埋伏。当魏军经长途跋涉行至桂陵时，以逸待劳的齐军突然出击，大败魏军，庞涓只身逃回魏国。时在公元前353年。

明朝人冯梦龙《智囊全集》一书，把这个故事收入《兵智部·制胜卷》，军事战略家毛泽东在其旁批注云：千古高手。

二、围魏救韩

这一切，看起来与上次救赵的动作如出一辙。不同的是，为了麻痹庞涓，孙膑又用了骄兵之计。

十二年之后，即公元前341年，又发生了一次魏军攻打韩国，韩国请求齐国出兵的战争。对此齐国君臣展开讨论：早救还是晚救？最终得出结论：一定要救，否则魏国势力壮大，将会威胁到齐国的安全。但何时去救，如何去救，需要仔细研究。孙膑为此提出了“围魏救韩”的计策。

首先，孙膑建议务必把出兵救韩的计划暗中通报给韩国方面，以坚定其抗魏的决心，防止韩国因为抵抗不住而投降。只要韩国拼死拖住魏国，就能有效地削弱魏国军力。其次，在魏军陷入与韩军的恶战之后，齐军快速出击，进攻魏国的首都大梁，迫使魏国举国来救。战争进展果然如

通鉴识读

魏庞涓伐韩。韩请救于齐。齐威王召大臣而谋曰：『蚤救孰与晚救？』成侯曰：『不如勿救。』田忌曰：『弗救则韩且折而入于魏，不如蚤救之。』孙膑曰：『夫韩、魏之兵未弊而救之，是吾代韩受魏之兵，顾反听命于韩也。且魏有破国之志，韩见亡，必东面而诉于齐矣。吾因深结韩之亲而晚承魏之弊，则可受重利而得尊名也。』王曰：『善。』

——《资治通鉴》卷二

孙膑所料，太子申亲自上阵，庞涓也从韩国前线迅速撤军，前来救助。这一切，看起来与上次救赵的动作如出一辙。不同的是，为了麻痹庞涓，孙膑又用了骄兵之计。他说，三晋之兵，特别是当年吴起训练的魏国“武卒”，素称彪悍；他们认为我齐国军队一向怯懦。“善战者因其势而利导之”，我们不妨就以弱示之，第一天挖十万人的灶，次日挖五万人的灶，再过一日挖两万人的灶，但是减灶不减兵。

庞涓率兵追击齐军三天。与魏军刚一接触，齐军即佯装战败后撤，并以“减灶”之策诱敌。庞涓大笑着说：“我早就知道齐兵胆小，进入我国三天，士兵已逃散一多半了。”于是丢掉步兵和辎重，亲率轻兵精锐日夜兼程追击齐军。

孙膑事先在魏军必经之处马陵（今山东郯城一带，另一说在今河南范县）设伏，他估计魏军的行程当晚将到达此地，就约定在夜里以火光为号，万箭齐发，并把路旁其中一棵大树的树皮剥掉，在树干上刻下“庞涓死于此树之下”的字样。

庞涓果然率军追到了这个地方，见树皮上有字，暮夜看不清字迹，命人举火照看。一行字还没有读完，突然万弩俱发，魏军一片大乱。庞涓自知智穷兵败，便自刎，说：遂成竖子之名！齐军乘胜大破魏师，歼敌十万，俘虏了太子申。魏国从此元气大伤。退出了大国竞争的行列。

三、历史反思

孙膑看出了两点：一是庞涓好胜带来的贪婪；二是庞涓傲慢引发的轻视。

战国时代，有数不清的大小战争，围魏救赵、围魏救韩是很经典的战例，后来被归入“三十六计”之中。其策略关键要点，是攻其必救，以达到解困救难的目的。为此，第一，在救援之前，不妨坐山观虎斗，削弱敌方力量；第二，在敌方回救之时，设计伏击对方，或者佯动以麻痹对方。这两个方面的做法，都是要达到以最小代价战胜敌人的目的！

我们不禁要问，为什么庞涓一再犯同样的错误呢？为什么孙膑不担心庞涓会接受教训，不再上当呢？在第二次“围魏救韩”的时候，齐国君臣也有过这种担忧。这是因为孙膑看出了两点：一是庞涓好胜带来的贪婪；二是庞涓傲慢引发的轻视。好胜而贪婪，使他一定要找机会与孙膑争一个高下；傲慢而轻视，使他放松了对于危险局面的警惕。

当然，庞涓的错误，不仅仅是他个人的问题。而是与魏国国君魏惠王密切相关。由于魏国连续损兵折将，魏国的影响力一下子一落千丈。这个时候，魏惠王不思改过迁善，而是继续虚骄妄为。公元前334年，魏惠王不得已纡尊降贵，赴徐州朝见齐威王，二人同时称王，史称“徐州相王”（相互称王）。外交努力使魏国缓和了与齐国的关系，但秦国却没有放弃对魏国的进攻。从公元前330到前325年，魏国除丢掉河西之地外，还丢掉了在今三门峡一带的许多城邑。魏惠王只好又卑躬屈膝地去见齐威王。可是，魏惠王在列国间或合纵或连横，完全失去方寸，更谈不上战略，没有真正的盟友。他曾经请教孟子治国之道，孟子教育了他一顿，他也听不进去。公元前319年，魏惠王去世，魏国的国势日渐衰落下去。

通鉴识读

邹人孟轲见魏惠王，王曰：『叟，不远千里而来，亦有以利吾国乎？』孟子曰：『君何必曰利，仁义而已矣！君曰何以利吾国，大夫曰何以利吾家，士庶人曰何以利吾身，上下交征利而国危矣。未有仁而遗其亲者也，未有义而后其君者也。』王曰：『善。』

——《资治通鉴》卷二

爱作秀的卫嗣君

卫国的开国国君康叔，是周文王第九子，周武王和周公旦的胞弟。当年周公平定武庚（商纣王之子）和三监之叛后，特地把康叔分封在这里，以拱卫王室。卫国兴盛时的地盘，以商朝的都城朝歌为中心，包括今河南省鹤壁市、安阳市、濮阳市，河北省邯郸市和邢台市的部分地区，以及山东省聊城市西部、菏泽市北部地区，不可谓不大。但到卫嗣君（？—公元前283）继位时，卫国已经衰落了。在他继位前三十多年，卫国就从公国自贬一等为侯国；卫嗣君执政五年后，再贬称号为君，此时卫国只有濮阳一块地盘。

一、孔子后人的忠告

当时，卫国国政日非，子思就治国理政问题多次对卫慎公提出忠告。

卫国是孔子最中意的国家。孔子周游列国十四年，共经过卫、曹、宋、郑、陈、蔡、楚七国。在这些国家中，孔子有的停留时间比较长，有的停留时间比较短，有的只途经而不停留，还有的往返多次甚至长居。其中，卫国是孔子所到次数最多、停留时间最长的国家。据《史记·孔子世家》记载，孔子共入卫四次，在卫国生活了十年。孔子门下包括子路在内的许多学生，都来自卫国。

卫灵公在位期间，卫国政局算得上稳定，政治也比较清明。有一次，鲁国国君鲁哀公问孔子：“当今君主，谁最贤明？”孔子回答说：“以我之见，大概是卫灵公吧！”他解释说，这是因为卫灵公求贤若渴，能够做到知人善任。

孔子离开鲁国后，总想在卫国谋份职位。他觉得“鲁卫之政，兄弟也”，卫国与鲁国的政治环境相同，卫人恪守尊奉周礼，国内也多贤人，他在鲁国未能实现的政治理想在卫国有望实现。他说：“如果卫国用我掌理国政，一年就有起色，三年可以大成。”不过，卫灵公终究没有任用孔子。即使孔子到卫灵公夫人南子那里走门路，也没有用，故而孔子又说“卫灵公无道”。

战国初年，孔子嫡孙孔伋（字子思）也在卫国生活过多年。当时，卫国国政日非，子思就治国理政问题多次对卫慎公提出忠告。

子思曾向卫慎公推荐苟变担任领兵统帅，说：“苟变的才能足堪率领战车500乘。”那时候，一辆战车最多可带兵70余人，能够指挥500辆战车、数万大军的，必然是大将。卫慎公却说：“苟变诚然有军事才能，但是品行有瑕疵。他征收赋税时，白吃了百姓两颗鸡蛋，所以我对他废而不用。”子思对此大不以为然，说：“优秀的领导用人，犹如巧匠处理手中的木材一样，用其所长，弃其所短。粗

通鉴识读

子思言苟变于卫侯曰：『其材可将五百乘。』公曰：『吾知其可将。然变也尝为吏，赋于民而食人二鸡子，故弗用也。』子思曰：『夫圣人之官人，犹匠之用木也，取其所长，弃其所短。故杞梓连抱而有数尺之朽，良工不弃。今君处战国之世，选爪牙之士，而以二卵弃干城之将，此不可使闻于邻国也。』

——《资治通鉴》卷一

大的杞梓之树，几个人都无法环抱，哪个巧匠会因为树干上有几尺烂木，就废弃不用呢？如今我们身处乱世，正需带兵打仗的勇士，怎能因为两颗鸡蛋就弃置优秀的将领呢？”

子思的这番话说明了两个道理：第一，选拔人才要取其长，容其短；第二，在非常时期，大争之世，对于急需的人才，更应该有包容心，应该用“最大公约数”来团结所有可以团结的力量。子思在当时是名人，卫慎公顾虑其社会影响力，表示会接受其意见，实际上却没有这么做。他决策错误，其下属群臣却异口同声地附和称赞。子思因此失望地说卫国“君不君，臣不臣”。

子思还明确地告诫卫侯：“国君有错误，却自以为是，卿大夫不敢指出来；卿大夫有错误，却自以为是，庶众不敢指出来，这就丧失了纠错机制。上面的领导感觉良好，自以为贤；下面的人同声附和，一片赞扬声，这岂不是自欺欺人？给领导戴高帽子的，就有好处；给领导提意见的，就有祸害。这样下去，正确的决策从何而来？”他预言，主上昏暗，臣下谄媚，他们高居于百姓之上，就得不到百姓的拥护。长此以往，国家必会覆亡。

二、用左氏城换逃犯

卫嗣君一咬牙，提出以左氏城换回逃犯。这让卫国的官员非常吃惊：“值得拿一座城池去换回一个逃犯吗？”

到了公元前325年，卫国的第四十一任国君卫嗣君继位时，卫国已经很衰落了。此前三十多年，卫国从公国自贬一等为侯国；卫嗣君执政五年后，又自称为君（“君”是战国时期对有封地的卿大夫、王族子弟的一种封号，称“君”的一般不是独立国家）。事实上，卫国已成了魏国的附庸。

但卫嗣君很想有所作为。卫嗣君登基后的第一件事是千方百计地抓捕一个逃犯。这个犯人并非重罪在身，而且颇懂医术，逃到魏国后为魏王后治好了病，出了名。卫嗣君觉得很没面子，派人跟魏国交涉，想引渡这个逃犯，给出的条件是补偿魏国五十金。魏王不答应，卫国加码到百金。但来回交涉了五趟，也没有谈成。卫嗣君一咬牙，提出以左氏城换回逃犯。这让卫国的官员非常吃惊：“值得拿一座城池去换回一个逃犯吗？”卫嗣君却斩钉截铁地说：“你们不明白这件事的严重性。治理国家不放过小事，就不会有大乱子。如果国家的法制不行，该杀的不杀，即使有十个左氏城，又有什么用呢？法制建立，赏罚必行，失去十个左氏城，也不会有大害。”魏王听说卫嗣君如此不依不饶地要得到这个逃犯，就把犯人送回了卫国，也没要卫嗣君给的那座城。

类似的事情，《资治通鉴》还记载了几件。一天，卫国一位县令整理被褥时，露出了破旧的床垫。这件事传到了卫嗣君的耳朵里，他马上赏赐那个县令一个崭新的高级床垫。县令为国君的明察秋毫大吃一惊。卫嗣君这样做，或许是为了奖励臣下廉洁，又或许是为了显示自己聪明吧。

卫嗣君曾派人装扮成客商，将走私物品带在身上，通

通鉴识读

卫有胥靡亡之魏，因为魏王之后治病。嗣君闻之，使人请以五十金买之。五反，魏不与，乃以左氏易之。左右谏曰：『夫以一都买一胥靡，可乎？』嗣君曰：『非子所知也。夫治无小，乱无大。法不立，诛不必，虽有十左氏，无益也。法立，诛必，失十左氏，无害也。』魏王闻之曰：『人主之欲，不听之不祥。』因载而往，徒献之。

——《资治通鉴》卷二

过关口时塞给管理人员一大把金钱。果然这名管理人员收了钱，就将他放行了。过了几日，卫嗣君又派人找到这个管理人员，跟他说某日某人经过关口时送给你不少金钱，你要赶紧退回这笔贿金。这个管理人员吓得浑身打战。卫嗣君这样做到底是钓鱼执法，还是暗中监视，历史上并没有详细记载。

在位期间，卫嗣君宠爱妃子泄姬，重用大臣如耳，但又怕他们自恃受宠而欺下犯上。于是，他刻意提高魏妃的地位，以防止泄姬娇恣；又提升另一大臣薄疑的职位，来牵制如耳的权力。这究竟是为了兼听则明，还是搞权力制衡、互相制约的小把戏？也许两种用意都有。

三、临终前的反省

卫嗣君听了殷顺且的话后非常震惊，颔首称善，当即把相印交给他，恳切地说："我死之后，你一定要担任国相。"

公元前283年，卫嗣君病重将死。就在这时，有个叫富术的人去拜会卫国大臣殷顺且，对他说："如果您按照我的话去跟国君说，一定可以得到重用。所谓人之将死，其心也善。国君生前贪恋美色，宠信奸臣，朝臣们不敢揭他的短。现在，您要勇敢地对国君说实话，告诉他以前的所作所为很荒唐，宠信的绁错独揽大权，挐薄为虎作伥，这样下去，子孙都无颜杀牲取血祭祀祖先了。"的确，这个富术看透了卫嗣君：想当明君，却心有余而力不足。但他也是利用卫嗣君弥留之际的机会，为己谋私。

殷顺且果然来到卫嗣君的病榻前，照着说了这番话。卫嗣君听后非常震惊，颔首称善，当即把相印交给他，恳切地说："我死之后，你一定要担任国相。"

卫嗣君死后，殷顺且按照先君遗命接任相位，辅佐太子公期继位，是为卫怀君，奸臣绁错、挈薄家族被全部驱逐出境。

在历史上，卫嗣君算不上一位优秀的领导人，但他做的几件事却值得分析。以左氏城换逃犯，很像是在作秀。如果这件事不是战国策士游说时信口编的案例（此事见于《战国策》），而是真实发生在卫嗣君身上，那么这个君王真是相当不靠谱。国君要加强法制并没有错，用典型事件表明自己支持什么、反对什么，也没有错。但是治国理政，轻重缓急，关键在一个"时"字。卫国当时最紧迫的问题是什么？春秋时期吴国贤人延陵季子曾说："卫多君子，其国无患。"其实，卫国不仅有许多像蘧伯玉这样的君子，还有大批务实的干才，如李悝、商鞅、吴起、吕不韦等，可惜他们都流落在别国。说服他们为国效力，这才是首要问题。卫国的疆域就剩下濮阳了，卫嗣君还要拿珍贵的国土左氏城去换取一个逃犯，这不是作秀是什么？

对于卫嗣君搞的钓鱼执法之类的小把戏，司马光直截了当地说："嗣君好察微隐。"在古人的政治伦理中，"察察为明"指专在细枝末节上显示精明，是对君主很负面的评价。荀子评价卫嗣君是"聚敛计数之君也"。搜刮聚敛百姓赋税，玩弄权术驾驭臣下，就叫"聚敛""计数"。这样的国君是不可能有好结果的，所以荀子直接说

通鉴识读

荀子论之曰：成侯、嗣君，聚敛计数之君也，未及取民也。子产，取民者也，未及为政也。管仲，为政者也，未及修礼也。故修礼者王，为政者强，取民者安，聚敛者亡。

——《资治通鉴》卷四

“聚敛者亡”。

因此，对于卫嗣君临终前的反省，我们只能说为时已晚，殷顺且也没有办法力挽狂澜。卫怀君在位三十余年，几乎完全听命于强邻魏国。公元前252年，他前往魏国朝见魏王，被魏人执而杀之，其弟卫元君继位。卫元君是魏国的女婿，只是傀儡而已。不待秦始皇的铁骑踏到濮阳，卫国实际上已经灭亡。

齐威王的故事

春秋战国时期，齐国经历了姜姓齐国和田姓齐国两个时代。齐威王（公元前378—前320）是田齐的第四代国君，执政三十六年，很有成就，以纳谏用能、励志图强而名留史册。在位时期，他针对卿大夫专权、国力不强之弊，任用邹忌为相，田忌为将，孙膑为军师，进行政治改革，修明法制，选贤任能，赏罚分明，使国力日强。后经桂陵、马陵两役大败魏军，齐国开始称雄于诸侯。

一、两个齐桓公

在魏国的斡旋下，田氏政权得到了周天子的认可。这个田和，就是齐太公。从田完入齐，到田和得国，历经十代。

齐威王，田氏，名因齐，父亲是齐桓公。不过这位田姓齐桓公，与大名鼎鼎的“春秋五霸”之首齐桓公姜小白，差了几乎三百年。

田姓齐国是如何取代姜姓齐国的，说来话长。

司马迁认为，开启田氏代齐之路的人是田完。田完本是春秋早期陈国（陈国为虞舜之后裔所封）的公子。公元前672年，陈国发生政治动荡，国君陈宣公杀死太子御寇，另立宠妃的儿子为太子。作为御寇同党的田完为保存性命，匆忙逃到齐国，被齐桓公姜小白收留并得到重用。从此，田氏族姓繁衍，事业发达。

通鉴识读

初，田常生襄子盘，盘生庄子白，白生太公和。是岁，田和迁齐康公于海上，使食一城，以奉其先祀。

（前386年）齐田和会魏文侯、楚人、卫人于浊泽，求为诸侯。魏文侯为之请于王及诸侯，王许之。

——《资治通鉴》卷一

田完的四世孙田桓子曾侍奉齐庄公，很受宠爱。但公元前548年，齐国发生内乱，大夫崔杼杀死齐庄公，拥立齐庄公异母弟杵臼继位，是为齐景公。齐景公继位后，任命崔杼为右相，大夫庆封为左相。结果第二年，庆封趁崔氏发生内乱之际，消灭崔氏，独揽朝政。

公元前489年，齐景公去世，国惠子、高昭子二相立公子荼为国君，但田桓子的儿子田乞不满公子荼继位，便与鲍牧攻杀国、高二相，迎立公子阳生为君，是为齐悼公。齐悼公继位后，田乞担任国相，专擅齐国朝政。

到了田氏第八任首领田成子（公元前485年即位）时期，家族势力进一步发展。他幕后操纵齐国大夫鲍息杀死齐悼公，改立齐简公为王，并担任左相之职。公元前481年，他又发动政变杀死齐简公，拥立其弟齐平公继位，大权独揽。

田成子的行为让孔子很是气愤。孔子曾斋戒三日，请求鲁国出兵讨伐田成子。庄子有句话“彼窃钩者诛，窃国者为诸侯”，指的就是田成子取齐国一事。据说，为了旺盛人丁，田成子广选身高七尺以上美女为姬妾，后宫以百数。他死的时候，竟然生有七十个儿子。

几十年后，田完的八世孙田和自立为齐国国君。又过了十七八个年头，在魏国的斡旋下，田氏政权得到了周天子的认可。这个田和，就是齐太公。从田完入齐，到田和得国，历经十代。公元前379年，已经靠边站多年的姜姓君主齐康公寂寞地死在了一个海岛上。如今山东烟台芝罘岛上有一个康公墓，有人推测就是齐康公的遗冢。就在这一年后，公元前378年，齐威王出生了。

二、不一样的国宝

治国理政，选拔出优秀人才各司其职，才是最重要的；与人才相比，其他的所谓珠宝，皆如粪土耳。

公元前356年，二十二岁的齐威王登基，正值大好年华。新君上任三把火，照理说该有所作为，可他却一副懒洋洋的样子，对国事毫不经心，大臣们也乐得逍遥。几年下来，齐国是“诸侯并伐，国人不治”。直到继位九年后，齐威王听取了姬妾虞姬的谏言，开始励精图治。有一天，他突然发布诏令，请即墨和阿这两个城邑的一把手进京述职。

在召见即墨大夫的时候，齐威王和颜悦色地说：“自从你担任即墨的负责人以来，我天天听到有人说你的坏话，但是我派员前往巡察，发现在你的治理下，即墨田畴垦辟，百姓丰足，政治清明，社会安宁。这说明你不巴结我身边的人谋求赞誉，我要重加封赏，表彰你的政绩。”

在召见阿大夫的时候，齐威王冷冷地说：“自从你主

通鉴识读

齐威王召即墨大夫，语之曰：『自子之居即墨也，毁言日至。然吾使人视即墨，田野辟，人民给，官无事，东方以宁。是子不事吾左右以求助也。』封之万家。召阿大夫，语之曰：『自子守阿，誉言日至。吾使人视阿，田野不辟，人民贫馁。昔日赵攻鄄，子不救；卫取薛陵，子不知。是子厚币事吾左右以求誉也。』是日，烹阿大夫及左右尝誉者。于是群臣耸惧，莫敢饰诈，务尽其情，齐国大治，强于天下。

——《资治通鉴》卷一

持阿邑的工作以来，天天都有人在我耳边说你的好话。我派人到阿邑了解情况，却发现那里田野荒芜，民众困苦。赵国侵犯边鄙，你也不去救援；卫国犯我领地，你竟浑然不知。你分明是花了大钱贿赂我身边的工作人员嘛！”于是，他对阿大夫处以极刑，对自己身边那些妄加毁誉、搬弄是非的侍臣也严惩不贷。

从此以后，各地卿大夫都不敢弄虚作假，齐国的治理形势大变。说政绩，眼见为实，耳听为虚，成为古代君王治国理政的一条重要经验。

有一次，齐威王和魏惠王在郊外会猎。魏惠王问他：“大王您有宝物吗？”齐威王说没有。于是，魏惠王得意地说：“敝国虽不大，犹有直径一寸的宝珠十颗，悬挂起来，足以照耀前后各十二辆车乘。你们齐国是泱泱大国，怎会没宝贝呢？”

齐威王说：“寡人视为宝物的东西，与大王您的可不一样。我有个叫檀子的臣子，让他守南城，楚人就不敢为寇作乱；我有个叫朌子的臣子，派他守卫高唐，赵人就不敢窥视黄河；我有个叫黔夫的官吏，派他守徐州，燕人会面对徐州的北门祭祀求福，赵人会面对徐州的西门祭祀求福，还有七千多户人家要求迁移到齐国居住；我有个叫钟首的臣子，派他防备盗贼，就能做到路不拾遗。吾国疆域千里，清明如日月，岂止照耀十二辆车乘呢？”魏惠王听闻此言，面露愧色。

《资治通鉴》对这则故事作了详细记载，司马光想告诉我们一个最朴素的道理：治国理政，选拔出优秀人才各司其职，才是最重要的；与人才相比，其他的所谓珠宝，

通鉴识读

威王曰：『寡人之所以为宝者与王异。吾臣有檀子者，使守南城，则楚人不敢为寇，泗上十二诸侯皆来朝；吾臣有朌子者，使守高唐，则赵人不敢东渔于河；吾吏有黔夫者，使守徐州，则燕人祭北门，赵人祭西门，徙而从者七千余家；吾臣有种首者，使备盗贼，则道不拾遗。此四臣者，将照千里，岂特十二乘哉！』惠王有惭色。

——《资治通鉴》卷二

皆如粪土耳。

三、照照镜子最靠谱

邹忌端详了一下，觉得自己实在比不上人家；揽镜自照，更觉得差远了。这天晚上，邹忌失眠了。

在齐威王让齐国走向巅峰的过程中，一位谋臣给了他很大帮助，这个人就是邹忌。邹忌是先朝旧臣，有一天，齐威王正在抚琴自乐，他突然推门而入，笑眯眯地说："大王的琴弹得真好。"齐威王对阿谀奉承保持着高度的戒备，警惕而略带恼怒地说："先生刚进屋，还没有仔细听我弹琴，怎么就说我弹得好？"于是，擅长弹琴的邹忌讲了一番大弦小弦各得其宜、指法纯熟随心所欲的琴理，紧接着话锋一转，说："弹琴之道与治国之道，其实是相通的。大王您看，大弦缓慢并且温馨，象征国君；小弦高亢明快并且清亮，象征大臣；勾弦用力但放开舒缓，收放自如，就如颁布的政令；弹出的琴声和谐，七弦配合协调，曲折不正之声不相干扰，象征四时和顺，不误民时；琴声回环往复而不乱，象征政治昌明；琴声连贯而轻快，象征国家转危为安。所以说，琴音和谐就如同君臣各尽其责，政通人和，就能保天下太平。治理国家和安抚人民，没有比调和五音的道理更相像的了。"齐威王听后点头称赞，不久就任命邹忌为国相。

此后，邹忌帮助齐威王革新政治，修订法律，选拔人才，奖励咨臣，处罚奸吏，使齐国新强。邹忌还说服齐威王奖励群臣吏民进献谏言。让君主主动去听逆耳的谏言可不是件容易事，邹忌是如何做到的？这得从一个故事说起。

有天早晨，风和日丽，邹忌心情不错。他穿戴好衣冠，准备上朝，看着镜子里相貌堂堂的自己，笑着对妻子说："我与城北的徐公比，哪个更帅？"妻子回答："当然是我家先生最帅气，徐公怎么能跟您比呢！"

家住城北的徐公，是齐国出了名的大帅哥。邹忌虽然心里很得意，还是不自信地又问侍妾："我与城北徐公，谁更帅啊？"侍妾马上说："您当然比徐公更帅啦！"第二天，邹忌又问了一位客人同样的问题，客人毫不犹豫地说："徐公可不如您帅啊！"

不久，城北徐公来拜访邹忌。邹忌端详了一下，觉得自己实在比不上人家；揽镜自照，更觉得差远了。这天晚上，邹忌失眠了。他觉得自己真是好笑：妻子说我美，是对我有偏心；侍妾说我美，是惧怕我；客人说我美，是有求于我而讨好我嘛！我怎么能当真呢？

第二天来到朝堂上，邹忌与齐威王分享了自己的感悟，还意味深长地说："如今的齐国，疆域辽阔，方圆千里，城池多达一百二十座，您身边的侍姬、近臣，无不偏爱大王；朝廷里的大臣，无不惧怕大王；举国上下，无不有求于大王。由此看来，大王您一定也受了不少蒙蔽。"

齐威王连连点头称善，马上发布了一道诏令："全国所有的官吏百姓，凡是能够当面讲出寡人之过者，得上赏；能够上书劝谏寡人者，得中赏；能够公开议论寡人的错误缺失，并且传到了我耳朵里的，得下赏。"于是，臣民上书言事的积极性被激发出来。《战国策》用了“令初下，群臣进谏，门庭若市”这几个字来形容当时的盛况。燕国、赵国、韩国和魏国听到这种情况，都到齐国来朝见。这就是人们所说的“战胜于朝廷”——因内政修明，不需要用兵就在朝廷上战胜别国。

商鞅的变法之道

战国时期，政治风云变幻莫测，其中各国的变法始终是最强音——魏国李悝、楚国吴起、韩国申不害、秦国商鞅都在国君支持下厉行变法。若论效果，只有商鞅（约公元前390—前338）的变法影响最为深远。它不但为秦国奠定了一统天下的政治基础，更影响了后世两千多年的中国社会。谭嗣同有言：“两千年政治，秦政也。”毛泽东亦曾说“百代皆行秦政法”，所谓“秦政”，指的就是商鞅变法后的新政。

一、两次变法，立竿见影

秦孝公安排他与国内保守派官员辩论变法利弊，一连好几天，商鞅都没能说服保守派，但辩论的过程却进一步坚定了秦孝公变法的决心。

商鞅本名卫鞅，出自卫国公室，最初在魏相公叔痤门下跑腿，任职中庶子（侍从官之类的职务），颇得赏识。公叔痤知道商鞅有才华，却没有向魏惠王推荐他，直到病重临终时，才极力举荐。但因为商鞅缺乏历练，没什么名气，魏惠王没打算用他。公叔痤于是发狠话说：“不用之，即杀之，为了魏国的国家安全，也不能让商鞅到其他国家去。”没想到魏惠王还是懒得理他。公叔痤死后，商鞅没了工作，恰好新即位的秦孝公发布求贤令，广招人才，商鞅于是来到秦国。

商鞅入秦后，其变法主张与秦孝公不谋而合，因此深得圣心。秦孝公安排他与国内保守派官员辩论变法利弊，一连好几天，商鞅都没能说服保守派，但辩论的过程却进一步坚定了秦孝公变法的决心。

公元前356年，商鞅公布了第一套改革政令。首先，他建立起一套基层什伍组织，制定了一套治安联保制度，将老百姓五户编为一伍，十户编为一什，互相监督检举，一家有罪将一同受罚。这实际上是对当时的社会基层管理体制的完善。其次，他制定了奖励耕战的激励制度：为国征战，立功受奖；勠力耕桑，免除徭役；若因经商或懒惰而致贫者，官府没收为奴。他还规定，宗室若无军功，不得列为贵族；普通民众因为军功可以得到荣华富贵。可见，这种激励机制不仅有明显的经济与产业导向——重农抑商；还打通了平民通向贵族的通道，限制了宗室贵族的特权。

到了公元前350年，商鞅又推出新一轮改革措施。一是进一步推广县制：与属于封君的封邑不同，县直属中央政府，每个县都设县令、县丞。二是废除井田制：井田制是一种土地制度，周王把土地分封给诸侯，庶民为其耕种，土地的产权不得转让，而废除井田制后，民众可以买卖土地，劳动积极性大大提升。三是颁布统一的度量衡标准：

通鉴识读

卫鞅欲变法，秦人不悦。卫鞅言于秦孝公曰：『夫民不可与虑始，而可与乐成。论至德者不和于俗，成大功者不谋于众。是以圣人苟可以强国，不法其故。』甘龙曰：『不然。缘法而治者，吏习而民安之。』卫鞅曰：『常人安于故俗，学者溺于所闻，以此两者，居官守法可也，非所与论于法之外也。智者作法，愚者制焉；贤者更礼，不肖者拘焉。』公曰：『善。』

——《资治通鉴》卷二

方便了各地物品的相互流通，也有利于各地方之间的交流，促进了经济发展。

商鞅变法的效果可谓立竿见影。《史记·商君列传》记载，法令颁行十年，秦国百姓都拍手叫好，“道不拾遗，山无盗贼，家给人足”，“民以殷盛，国以富强，百姓乐用，诸侯亲服”。总之，商鞅变法符合民心，效果显著。

二、法律有尊严，改革才成功

高官违法，同样处置；庶民有功，兑现奖赏。法律有尊严，改革就能成功。

当然，商鞅变法之所以效果明显，是因为其特点明显。

通鉴识读

令既具未布，恐民之不信，乃立三丈之木于国都市南门，募民有能徙置北门者予十金。民怪之，莫敢徙。复曰：『能徙者予五十金！』有一人徙之，辄予五十金。乃下令。

——《资治通鉴》卷二

为了变法成功，商鞅首先注意建立法令的信用。“徙木立信”就是一个例子。他命人贴出告示说，如果有人能将立在南门的木头搬到北门，就可得到赏金十镒。当时，十镒金相当于一个普通人家的全部财产，百姓议论纷纷，不敢相信是真的。商鞅又把赏金加到五十镒金。终于有个人壮着胆子，把木头搬了过去，商鞅兑现奖金，由此，百姓确信政府的法度可信。这一观念得到强化后，商鞅才开始颁布改革法令。

法令既颁，严明赏罚就是成败的关键。太子驷在贵族的鼓动下犯了法。商鞅认为，太子是嗣君，不能对他施加刑罚，但是太子的师傅公子虔、公孙贾要为此承担责任，便将他们分别处以割鼻、脸上刺字的刑罚。高官违法，同样处置；庶民有功，兑现奖赏。法律有尊严，改革就能成功。

商鞅改革的政治原则是“尊君”和“平民”。“尊君”，即认为君主有至高无上的权威，要绝对遵从，这样才能构建不容挑战的社会秩序。“平民”，就是推行平民化的社会结构，即王权之外的一切政治权力、经济利益、社会荣誉对所有的民众开放。普通士兵若有军功，百姓若有才能，都可以获得政府职位。同时，法律面前人人平等，这种“一断于法”的法治第一主义，否定了贵族血统的特权，也要求君主“以法治国”。平民主义、法治主义与君主独尊相辅相成，对于秦汉以后中央集权制度的发展与强化，产生了重大影响。

商鞅变法不仅讲求原则，还有着详尽的实施细则，有很强的可操作性。以奖励农耕而论，法律对于播种时下种的数量都有详尽的规定。《睡虎地秦墓竹简》记载，“种稻，每亩用种子二又三分之二斗；麦子每亩一斗；黍米每亩三分之二斗；叔（同菽，即大豆）每亩半斗”。政府用法律指导农民种田、养牛，以保障先进农业技术得到推广，令人叹为观止。

在军功授爵制度方面，商鞅将爵位与战绩挂钩，内容非常细致：士兵斩获一个敌人首级，就可获得爵位一级，田宅一区，仆从数人；斩获两个首级，父母妻子都可以免罪。在军队生活中，还有更具体的规定。《睡虎地秦墓竹简》记载，三级爵位士兵的伙食标准是每天精米一斗，酱半升，菜、羹各一盘；两级爵位的士兵只能吃粗米；没有爵位的大概仅能填饱肚子。

三、商鞅变法与梭伦改革

梭伦改革奠定了雅典民主政治乃至西方民主政治的基础；商鞅变法则影响了此后两千多年的中国政治与社会发展。

通鉴识读

公从之，使卫鞅将兵伐魏。魏使公子卬将而御之。军既相距，卫鞅遗公子卬书曰：『吾始与公子欢，今俱为两国将，不忍相攻，可与公子面相见盟，乐饮而罢兵，以安秦、魏之民。』公子卬以为然，乃相与会。盟已，饮。而卫鞅伏甲士，袭虏公子卬，因攻魏师，大破之。魏惠王恐，使使献河西之地于秦以和。因去安邑，徙都大梁。乃叹曰：『吾恨不用公叔之言！』秦封卫鞅商於十五邑，号曰商君。

——《资治通鉴》卷二

《史记·商君列传》记载，公元前338年，秦孝公去世，太子驷即位，是为秦惠文王。被割掉鼻子的公子虔举报商鞅谋反，商鞅因此被杀，尸体被车裂。对于商鞅之死，有两个问题值得讨论。

第一，商鞅能否逃脱被追杀的命运？

秦国的统一大业发轫于商鞅变法，商鞅的贡献无可置疑。但是，改革必然会得罪既得利益者。与沉默的大多数相比，被损害了既得利益的贵族群体具有更大的反对改革的动力，以及针对改革者本人的反扑能量。加上商鞅本人有行事霸道的瑕疵：法令推行后，有人对新法先是抵触后又转为赞扬，而商鞅把这些人尽数发配边疆。这种钳制舆论的做法，自然不得民心。

公元前341年，齐魏马陵之战后，魏国损失十万大军，秦国趁机进攻魏国。商鞅欺骗旧交公子卬（时为魏国将领），致使秦国对魏不战而胜，收复了西河之地。不择手段的行为对商鞅的“国际形象与声誉”造成损害。作为“空降兵”的客卿，商鞅既侵害了本国既得利益集团，又在诸侯国间陷于孤立，必然难逃悲剧的命运。

第二，处死商鞅的秦惠文王，为何没有废除商鞅制定的法律？

首先是法令确实推动了秦国的发展，有利于富国强兵；其次，变法中的许多内容在秦献公时期（公元前424—前362）已实行，重视农耕和军事防御等思想也为秦国王室所熟悉。在秦人看来，秦孝公才是变法发起者，商鞅只是孝公意志的坚定执行者，甚至是具有创造精神的执行者。

关于商鞅改革的实质，可以将之与古希腊城邦改革做比较。公元前8世纪至前4世纪，雅典是古希腊境内最强大的城邦（一个城邦就是一个国家）。公元前594年，梭伦在雅典实行改革，基本方向是注重权力制衡，鼓励工商业发展。梭伦改革中，按一年农产品收入的总量把公民分为4个等级，各等级的政治权利依其财力之大小而定。例如，一等公民可任执政官等重要公职，而四等公民一般不担任公职，最多充当陪审员。

同样是打破贵族血统，梭伦改革突出的是按财富划分社会等级，商鞅改革则是按照军功划分政治地位。前者承认并鼓励私人创造财富，后者引导国民埋首农田或扑向战场。商鞅变法之后，很多平民开始走向政治道路，张仪、范雎、吕不韦、李斯等来自他国的“移民”跻身卿相。在这一点上，商鞅变法比梭伦的改革更彻底。但这种平民化的政治，使王权变得不可挑战。而社会层级的过度平面化，也使得只有通过不断强化君主权威，才能阻遏混乱，维护社会秩序。

可见东西方早期改革中的差异，一是产业方面：地处关陇的秦国以农业为主兼及畜牧业，而雅典濒临海洋，以工商业立国，因此两国对各自产业的发展思路不同，激励重点不同。二是民众与人口方面：秦国的百姓多是父祖相传，而雅典居民多是来自伯罗奔尼撒半岛上的移民。公元前500年，雅典人口约为20万，秦国人口有四五百万。诚如孟德斯鸠所言，小城邦容易实行民主制，人口众多的国家则多实行君主制。

不可否认，梭伦改革奠定了雅典民主政治乃至西方民主政治的基础；商鞅变法则影响了此后两千多年的中国政治与社会发展。

秦国的对外战略

商鞅变法奠定了秦国发展的制度基础，但是，如果没有高超的外交战略和切实可行的发展路线，秦国想凭借西北一隅之地、单打独斗之力，吞并唇齿相依、命运相济的东方六国，也不是一件容易的事。随着统一大业的推进，以及与六国关系的变化，秦国的对外策略有三次大的阶段性调整。

第一个阶段是秦惠文王时期，采取避重就轻、攻灭巴蜀的策略。

第二个阶段是秦昭襄王时期，实施远交近攻、蚕食诸侯的策略。

第三个阶段是秦王嬴政时期，对六国人才实行收买、暗杀和离间等策略。

一、司马错力主兼并巴蜀

司马错攻打巴蜀这一步棋，可谓非常关键，对秦国的发展与统一奠定了坚实的基础。

秦惠文王时期，位于秦国西南的巴、蜀两国互相攻打，都来向秦国求援。秦惠文王早有兼并巴蜀的意图，现在看到了机会，但考虑到蜀道艰难，易守难攻，又忌惮韩国趁机来攻，一时犹豫不决。朝堂上，丞相张仪和国尉司马错也因伐韩还是攻巴蜀的问题产生分歧，进行了激烈的争论。

张仪主张伐韩。他说：“我们先和魏国、楚国结成同盟，然后出兵三川，攻下新城与宜阳，占领二周的故地，进而控制天子的九鼎，取得天下图籍，挟持周天子以号令天下，这才是帝王之业。放弃三川和周王室不争，反而去和戎狄争短长，实在是与帝王之业相去太远了！”

司马错不赞成张仪的主张，他从攻打的难易程度上来劝说惠文王。他说：“想使国家富裕，必须开拓国家疆土；想使军队强大，必须使人民富足；想建立帝王之业，必须广施德政。只有这三者都具备了，王业才会随之而来。现在大王统治的国家，地方小，百姓穷，所以我希望先办容易的事情。”事有难易，先从容易的地方着手，然后再解决困难的地方，这样一步步来才能最终达到目的，司马错认为攻巴蜀就是比较容易的那一步。

司马错进而陈述攻取巴蜀对秦国的利害关系，说道：“蜀国是西部偏僻的国家，以秦国的国力攻打它，就像驱使豺狼追逐羊群一般。取得蜀国的地盘，足以使秦国的疆土扩大；得到蜀国的钱财，足以使秦国的百姓富足。只要整治好军队，不需伤及民众，蜀国自能降服。”而伐韩对秦国来说就危险多了：“周是天下诸侯国国君的宗室，韩国是周结交的友好国家。如果周知道自己会失去九鼎，韩国知道

通鉴识读

司马错曰：『不然，臣闻欲富国者务广其地，欲强兵者务富其民，欲王者务博其德，三资者备而王随之矣。今王地小民贫，故臣愿先从事于易。夫蜀，西僻之国而戎翟之长也，有桀、纣之乱，以秦攻之，譬如使豺狼逐群羊。得其地足以广国，取其财足以富民，缮兵不伤众而彼已服焉……』

——《资治通鉴》卷三

自己会丧失三川之地，那么，他们一定会团结一致，齐心协力，以对付秦国，而且还会背靠齐国、赵国，并向楚国、魏国求救。一旦攻打韩国，秦国面临的将是更加强大的敌人，反而不如攻打巴蜀有利。”最终，秦惠文王听取了司马错的意见，起兵伐蜀。

攻下蜀国后，秦国降蜀王为侯，使秦国大臣陈庄辅佐。史书记载，蜀国归属秦国后，秦国因此更加强大富足，也更加轻视其他诸侯了。司马错攻打巴蜀这一步棋，可谓非常关键，对秦国的发展与统一奠定了坚实的基础。

二、范雎献策远交近攻

秦国采取了远交近攻的策略，最终一个个蚕食诸侯，这是统一的重要步骤。

秦国最终统一，得益于把六国关系处理得妥帖得当，其中，范雎的“远交近攻”策略功不可没。

范雎本是魏国中大夫须贾门客，因被怀疑通齐卖魏，差点被魏国相国魏齐鞭笞致死。后来他易名张禄，偷偷跟随秦国使者来到秦国，求见秦昭襄王嬴稷。

范雎来到离宫拜见秦昭襄王，到了宫门口，他假装不知这是内宫的通道，径直就往里走。这时恰巧秦昭襄王出来，宦官发了怒，驱赶范雎，喝斥道：“大王来了！”范雎大声嚷着：“秦国哪里有王？秦国只有太后和穰侯罢了。”范雎这话说的非常大胆。秦惠文王嬴驷死后，嫡长子秦武王即位，但没几年秦武王就因举鼎受伤，突然去世。武王

通鉴识读

魏人郑安平遂操范雎亡匿，更名姓曰张禄。秦谒者王稽使于魏，范雎夜见王稽。稽潜载与俱归，荐之于王，王见之于离宫。雎佯为不知永巷而入其中，王来而宦者怒逐之，曰：『王至。』范雎谬曰：『秦安得王！秦独有太后、穰侯耳！』

——《资治通鉴》卷五

无子，兄弟争立，赵武灵王用计把原本在燕国做人质的嬴稷送回秦国，并得到掌握秦国兵权的魏冉支持。嬴稷即位，是为秦昭襄王。他的母亲宣太后主政，魏冉辅政，魏冉因功被封为穰侯。范雎的话显然是在讽刺秦昭襄王嬴稷虽然身为一国之君，但在秦国却没有实际权力。

秦昭襄王的反应也很出人意料，他先是屏退左右，然后跪下来问范雎："不知道您有什么要教诲我的吗？"态度十分谦卑。范雎先是打马虎眼，不实言相告。最后秦昭襄王反复询问了三次，他才开口。

范雎直言道："秦国现在兵强马壮，收服诸侯就像矫捷的猎犬抓捕跛足的兔子一样容易，却闭关固守十五年，不敢出兵东进，这是穰侯为秦不够尽心，而您的计策也有失误之处。"嬴稷长跪着说："我想听一下自己哪里做错了！"

范雎担心有人窃听，不敢谈宫廷内部太后专权的事，就先谈穰侯对诸侯国的外交谋略，借以观察秦王的态度。他说："穰侯越过韩国与魏国而攻打齐国的刚、寿之地，这是失误。就像当初齐湣王那样，南下攻打楚国，势如破竹，但最后没有得到尺寸之地，是因为它耗尽兵力攻打远方的楚国反而使韩、魏两国从中获得厚利。这就相当于把兵器借给强盗、把粮食送给窃贼啊。"从齐国的教训中，范雎提出了著名的"远交近攻"的策略："大王不如结交远邦而攻伐近国，这样攻取一寸土地就成为您的一寸土地，攻取一尺土地也就成为您的一尺土地。"

这种相互牵制、互相制衡的策略得到了秦昭襄王的采纳，于是他授给范雎客卿官职，同他一起谋划军事。

通鉴识读

『今王不如远交而近攻，得寸则王之寸也，得尺亦王之尺也。今夫韩、魏，中国之处，而天下之枢也。王若用霸，必亲中国以为天下枢，以威楚、赵，楚强则附赵，赵强则附楚，楚、赵皆附，齐必惧矣，齐附则韩、魏因可虏也。』王曰：『善。』乃以范雎为客卿，与谋兵事。

——《资治通鉴》卷五

这是第二个阶段，秦国采取了远交近攻的策略，最终一个个蚕食诸侯，这是统一的重要步骤。

三、李斯上陈《谏逐客书》

吸纳六国人才的同时，致力于瓦解六国的人才团队。如此一来，最后消灭对手，便没有什么可顾忌的，只需要找借口派兵就行了。

正当秦王嬴政下决心统一六国时，秦国发生了韩国水工郑国的间谍案，朝野上下一片哗然。

当时，韩国害怕被秦国灭掉，派水工郑国到秦鼓动修建水渠，企图用大型水利工程消耗秦国大量人力物力，拖住其东进的脚步。事发后，群臣对外来的客卿意见很大，向秦王进谏说："各国来秦国的人，大抵是为了他们自己国家的利益而来秦国做破坏工作的，请大王下令驱逐一切来客。"于是，秦王下了逐客令，解除一切在秦国任职的六国客卿的职务，将他们驱逐出境。李斯也在被逐之列。

在这种情况下，李斯给秦王写了一封信，劝秦王不要逐客，这就是有名的《谏逐客书》。

李斯在《谏逐客书》中历数秦穆公以来秦国重用客卿的成就，他说："从前秦穆公求贤人，从西方的戎请来由余，从东方的楚国请来百里奚，从宋国迎来蹇叔，任用从晋国来的丕豹、公孙支。秦穆公任用了这五个人，兼并了二十国，称霸西戎。秦孝公重用商鞅，实行新法，移风易俗，国家富强，打败楚、魏，扩地千里，秦国强大起来。

通鉴识读

客卿楚人李斯亦在逐中，行，且上书曰："昔穆公求士，西取由余于戎，东得百里奚于宛，迎蹇叔于宋，求丕豹、公孙支于晋，并国二十，遂霸西戎。孝公用商鞅之法，诸侯亲服，至今治强。惠王用张仪之计，散六国之从，使之事秦。昭王得范雎，强公室，杜私门。此四君者，皆以客之功。由此观之，客何负于秦哉……"

——《资治通鉴》卷六

秦惠文王用张仪的计谋，拆散了六国的合纵抗秦，迫使各国服从秦国。秦昭襄王得到范睢，削弱贵戚力量，加强王权，蚕食诸侯，秦成帝业。这四代王都是由于任用客卿，对秦国做出了贡献。如果这四位君王也下令逐客，只会使国家没有富利之实，秦国也没有强大之名。”此外，他认为不问此人可不可用，也不论是非贤愚，只要不是秦人就驱逐，把人才往秦国的竞争对手六国推，无异于把武器借给敌人、把粮食送给盗贼，会把国家置于非常危险的境地。

李斯所言，决不是想象之词！曾与李斯同在吕不韦门下任职的司马空，出走赵国，积极谋划联合六国对付秦国，就是现成的例子。秦王嬴政于是收回成命，召回李斯。

通鉴识读

王卒用李斯之谋，阴遣辩士赍金玉游说诸侯，诸侯名士可下以财者厚遗结之，不肯者利剑刺之，离其君臣之计，然后使良将随其后，数年之中，卒兼天下。

——《资治通鉴》卷六

李斯一方面力谏秦王挽留六国人才，另一方面主张重点打击对方的人才：“暗地里派遣谋士携带金银财宝游说诸侯，对于各国的人才，首先是重金收买，收买不成，再派刺客暗杀，用离间计破坏他们君臣关系。”等敌国人才被破坏了，就派军队去攻打他们。

举例来说，公元前229年，秦国伐赵，赵将李牧是最大的障碍，只要除去他，赵国不难平定。于是，秦国秘密派人带重金去邯郸贿赂赵王的宠臣，让他们进言说李牧要造反。结果，赵王听信谗言，派人取代李牧，最后在李牧识破离间计、拒不服从命令时杀了他。就在李牧被杀的当年，秦军一路攻下邯郸，俘虏了赵王。秦国先用收买和离间的办法破坏敌国的人才，再用军队灭亡敌国，这是一个经典案例。

破坏对方人才的战略，其实不仅是李斯的主意，更是秦朝的一个长期政策。比如，在长平之战中，范睢就曾经使用离间计，让赵国撤掉了老将廉颇，换上纸上谈兵的赵括。最终，赵国惨败，元气大伤。

当然，六国的人才凋敝，能人下、庸人上，不仅是因为秦国的战略成功，也是六国国君本身昏庸所致。前面提到的司马空，他逃到赵国后，积极献策，抵御秦国，赵王却不能用。赵国灭亡后，赵人感慨地说："国亡者，非无贤人，不能用也。"

总之，秦国统一天下的策略有三：第一，把握时机，选择打击目标；第二，分化瓦解，远交近攻；第三，吸纳六国人才的同时，致力于瓦解六国的人才团队。如此一来，最后消灭对手，便没有什么可顾忌的，只需要找借口派兵就行了。

赵武灵王的英雄短歌

战国七雄中，撇开偏安一隅的燕国、四面受敌而窘促的韩国不谈，其余五国各有优长。经济实力最强的是齐国，国土纵深最广的是楚国，变法图强最早的是魏国，而军事实力最强、精兵强将最多的则是秦国和赵国。

赵氏家族在三晋之中具有特殊的历史地位。当年赵衰（？—前622）追随晋文公流亡十九年，回国后辅佐文公称霸。其子孙赵盾（前655—前601）、赵朔（前637—前595）相继执掌晋国政柄。由于贵族间的内斗以及家族内部的纠葛等引起的下宫之难，赵氏几乎遭受灭顶之灾，留下了遗孤赵武（前595—前541），即所谓“赵氏孤儿”。赵武长大成人后，在晋景公时重新获得家族封邑，振兴了家族势力。到了他的孙子赵鞅（即赵简子，？—前476）时期，家族势力得到进一步发展。赵鞅推行郡县制等改革，公元前513年著名的“铸刑鼎”事件，让贵族的行为规范也要受到公布的法律文书约束，就是他主持完成的。后来，赵鞅之子赵无恤（即赵襄子，？—前425）发扬了父亲的事业，完成了三家分晋。父子二人功业卓著，被称为“简襄之烈”。

赵肃侯、赵武灵王父子五十多年，是赵国长足发展的时期。燕昭王、秦昭襄王这两位战国时期著名的国君，都是受赵武灵王支持而即位。赵武灵王胡服骑射，消灭中山国，开辟北方三郡，更是将赵国的国势带入了顶峰。遗憾的是，由于亲情泛滥以及凡心未泯，赵武灵王在禅位之后又萌动了抓权的心理，这差点葬送了他的国家。结果国家无恙，他本人却丢了性命。

一、胡服骑射

面对反对的声音，赵武灵王说：“愚蠢的人会嘲笑我，但聪明的人能理解我。即使天下的人都嘲笑我，我也要这样做，一定能把北方胡人的领地和中山国都夺过来！”

三家分晋之初，魏国通过改革获得发展，是战国初期的强国。但是到了魏惠王时期由盛转衰，一方面魏惠王狂妄至极，与齐国“徐州相王”，另一方面，魏国人才大量流失、战争连连失利，逐渐走向衰落。魏国衰落的时候，赵国在赵肃王和赵武灵王领导下，代之而起。

赵肃侯（？—前326）是赵国建国后的第五代国君，执政24年。他曾经聘用苏秦，实行连横政策，俨然是东方六国的领头羊。世子赵武灵王（前340—前295）继任时，年仅15岁，面对复杂的国际形势，他稳住了政权。早在晋国时期，公室与戎狄通婚就很平常，三家分晋后，这个传统为赵国所继承。因此，赵国与北方戎狄各族关系密切，出身楼烦的楼缓和出身匈奴的仇液，再加上先父的托孤重臣肥义，都得到了赵武灵王的重用。

赵国最大的对手，就是经过商鞅变法的秦国。秦国的国力发展迅速，南向兼并巴蜀，东向紧逼三晋。赵国北部边陲也有压力，游牧民族政权林胡、楼烦的骑兵不时南扰；中山国插在赵国中间部位，是名副其实的国中之国，阻碍了赵国内部的南北交通。

面对这种情况，强兵是赵武灵王第一个选择。在大臣肥义的辅佐下，赵武灵王进行了一次轰轰烈烈的军事变革，他模仿胡人的军事装备、服装样式，选练精锐弩弓骑兵加以高强度的训练。

改革遭到了公子成等老派人物的反对。面对反对的声音，赵武灵王说："愚蠢的人会嘲笑我，但聪明的人能理解我。即使天下的人都嘲笑我，我也要这样做，一定能把北方胡人的领地和中山国都夺过来！"于是他带头改穿胡服，并且亲自去公子成家里做工作，获得支持。很快，赵国就在六国中率先组建起了强大的骑兵部队。此后，赵国西破林胡、楼烦，北灭中山，拓地千余里，建立云中、雁门、代郡等北部三郡，还修建了长城。

在外交领域，赵武灵王也很活跃。为遏制齐国的扩张，他扶持在韩国为人质的燕太子即位，是为燕昭王。他还扶持秦国公子嬴稷回国即位，是为秦昭襄王，试图干预秦国事务，只是由于秦国宣太后垂帘听政，赵国难以得逞。虽然这些外交举动未必给赵国带来多大利益，但至少显示了赵国在诸侯国中的活跃程度。

像历史上的许多英雄一样，赵武灵王在对外战争与外

通鉴识读

王自往请之，曰：『吾国东有齐、中山，北有燕、东胡，西有楼烦、秦、韩之边。今无骑射之备，则何以守之哉？先时中山负齐之强兵，侵暴吾地，系累吾民，引水围鄗，微社稷之神灵，则鄗几于不守也。先君丑之，故寡人变服骑射，欲以备四境之难，报中山之怨。而叔顺中国之俗，恶变服之名，以忘鄗事之丑，非寡人之所望也！』公子成听命，乃赐胡服；明日服而朝。于是始出胡服令，而招骑射焉。

——《资治通鉴》卷三

交事务中取得成就，却在内政上栽了跟头。

二、沙丘之乱

赵武灵王要封赵章为代王，遭到拒绝后，并不死心，他暗中希望两个儿子都下去，自己重新回到主导国政的位置上。

赵武灵王19岁时迎娶韩国宗室之女，次年生下长子赵章，立为太子；数年之后又得一美女吴娃，生下次子赵何。史家形容武灵王沉湎于吴娃的美色，为之数日不出宫。感情的转移也影响到他对两个儿子的态度。几年后吴娃病逝，临终前要求让自己的儿子继承君位，赵武灵王被感情所牵引，竟在病榻前答应了吴娃的非分请求。公元前299年，赵武灵王废黜太子章，传位给次子赵何（是为赵惠文王），自称为“主父”。这一年，赵武灵王41岁，赵何年仅10岁。赵武灵王指派相国肥义辅佐幼君，同时担任赵何的导师。

从主观上说，赵武灵王提前交班，并不是想赋闲享乐。他有双重考虑，一是兑现对吴娃的承诺，二是想培养幼君。他心想，赵何年仅10岁，如何能治国？还不是自己说了算！可以让小儿子历练一下，让肥义辅政，自己正好摆脱内政事务（总有一些烦琐的礼仪性工作）的羁绊，一鼓作气拿下中山国，经略西北，甚至可以从北边攻取秦国的要塞。

春秋战国政治史上，国君不立长子而立次子为嗣，并不鲜见，也不一定引发内乱。若有内乱，通常也是国君死后新君不能控制局面所致。但是，赵武灵王却为此付出了生命的代价，活活饿死在沙丘宫。

当初赵武灵王废赵章而立赵何，赵章并没有太多的怨言，依然跟随父亲征战。公元前296年，赵武灵王率领军队与齐、燕两国联合灭掉中山国。赵章在历次战争中都追随在父亲左右，建功立业。如今消灭了中山，举国大庆，赵武灵王就把代地分封给赵章，号为安国君，让田不礼辅助他。宗室立功分得采邑，这在当时倒也算通例。但是，赵武灵王的想法并不止于此，他还要立赵章为代王，与赵王并列。这遭到了赵何君臣的激烈反对。

一方面，赵何的辅臣肥义，忠诚有谋略，他引荐平原君赵胜为相，动员公子成，提拔青年军官李兑，还与赵肃王时的宗室重臣赵豹是莫逆之交。另一方面，公元前296年赵武灵王安排田不礼辅佐赵章。田不礼三年前来到邯郸，对赵国毫无感情，有的是乐祸冒险的欲望。在田不礼的怂恿下，赵章心底掩藏的对弟弟赵何取代自己的不满情绪被激发起来，想要夺取弟弟赵何的王位。

可以想见，赵章与赵何的王位之争，同时也是双方执政团队的身家性命之争。赵武灵王要封赵章为代王，遭到拒绝后，并不死心，他暗中希望两个儿子都下去，自己重新回到主导国政的位置上。

公元前295年，赵武灵王以查看墓地为由，邀请两个儿子一同前往沙丘行宫。安国君赵章想利用这次机会除掉赵何，发动政变；赵何与国相肥义等早有防备，李兑、公子成也做好了军队的接应安排。结果是，赵章杀了肥义，

通鉴识读

赵主父封其长子章于代，号曰安阳君。安阳君素侈，心不服其弟。主父使田不礼相之。李兑谓肥义曰：『公子章强壮而志骄，党众而欲大，田不礼忍杀而骄，二人相得，必有阴谋。夫小人有欲，轻虑浅谋，徒见其利，不顾其害，难必不久矣。子任重而势大，乱之所始而祸之所集也。子何不称疾毋出而传政于公子成，毋为祸梯，不亦可乎！』

——《资治通鉴》卷四

自己也被王室军队所杀。赵武灵王被幽禁沙丘宫，最终活活饿死。

通鉴识读

公子章之败也，往走主父；主父开之。成、兑因围主父。公子章死，成、兑谋曰：『以章故，围主父；即解兵，吾属夷矣！』乃遂围之，令：『宫中人后出者夷！』宫中人悉出。主父欲出不得，又不得食，探雀鷇而食之。三月余，饿死沙丘宫。

——《资治通鉴》卷四

秦赵外交角力与军事抗争

秦赵本为同祖同源，是颛顼的后裔。商朝末年有名臣飞廉（又作蜚廉），其长子恶来为秦的先祖，次子季胜为赵的先祖。秦的建国，始于周平王东迁，距飞廉大约有三百年；赵的建国，源自三家分晋，距离秦赵分族发展有六百多年。

赵国经过数代发展，到了赵惠文王执政三十二年，内政尚算清明。在军事上与秦国多次发生冲突，大都没有占到便宜，反而丢城失地。秦赵之间的几次外交较量，赵国也未必有胜，却成就了蔺相如的一世名声。最有名的两件事是完璧归赵、渑池之会。

一、完璧归赵

秦昭襄王觉得蔺相如颇有国士之风，便放他一马。回到邯郸后，蔺相如被赵惠文王封为上大夫。

赵惠文王得到和氏璧，秦昭襄王想要用十五座城池来交换。这么不对等的交换，一看就不是真心做交易。虽说我们常用价值连城来形容珍宝之贵重，但真正用十五座城池换取一枚可供把玩的玉璧，还是匪夷所思。这让赵惠文王为难了：不答应吧，畏惧秦国的强大；答应吧，担心受骗，对方拿了玉璧却不给城池。赵惠文王把自己的担心告诉了蔺相如。蔺相如认为，这么优厚的交易，赵国不答应是不识抬举，显得不友好；如果答应了而对方不履行承诺，则是秦国失去信用。比较起来，我们应该把这个球踢回去，看他们怎么办。最后蔺相如还表态：不得到秦人城池，我保证完璧归赵，不辱使命。

于是，蔺相如奉璧出使，见到了秦昭襄王。秦昭襄王拿到玉璧，与妃嫔们传看，却没有交付城池的意思。蔺相如见状，谎称玉璧有瑕疵，借机拿走玉璧。在指责秦国一番后，他提出如此珍贵的玉璧需要有交接的仪式，要求秦昭襄王斋戒以受璧。蔺相如手里拿着玉璧，秦昭襄王担心会有闪失，就答应了他的要求。其实，蔺相如不过借此拖延时间，当晚派人将玉璧送回赵国。次日，秦昭襄王恭敬地举行典礼，请赵国使者奉上玉璧。蔺相如不慌不忙地说，昨天夜里他已经让随从奉玉璧还赵，只要秦国划拨十五城，赵国一定会给玉璧，否则请秦王杀他谢罪。秦昭襄王觉得蔺相如颇有国士之风，便放他一马。回到邯郸后，蔺相如被赵惠文王封为上大夫。

公元前279年，秦昭襄王邀请赵惠文王举行渑池之会。秦国主动要求举行会谈的目的是，秦要集中力量攻打楚国，想舒缓与赵国的关系。上一年的秦赵战争，赵国丢失二城，被斩首三万级。赵惠文王心有余悸，最后不得已才在蔺相

赵王得楚和氏璧，秦昭王欲之，请易以十五城。赵王欲勿与，畏秦强；欲与之，恐见欺。以问蔺相如，对曰：『秦以城求璧而王不许，曲在我矣。我与之璧而秦不与我城，则曲在秦。均之二策，宁许以负秦。臣愿奉璧而往；使秦城不入，臣请完璧而归之！』赵王遣之。相如至秦，秦王无意偿赵城。相如乃以诈给秦王，复取璧，遣从者怀之，间行归赵，而以身待命于秦。秦王以为贤而弗诛，礼而归之。赵王以相如为上大夫。

——《资治通鉴》卷四

如的陪同下赴会。按理说是秦有求于赵，赵国应该有所得。可是在会上，秦昭襄王请赵惠文王鼓瑟，蔺相如觉得赵国吃亏了，便让秦昭襄王击缶。秦昭襄王不肯，蔺相如以死相要挟。秦昭襄王只得敲打一下。最后秦国没有占到便宜，赵国也没有失去面子。

仔细分析起来，赵国固然在渑池之会中没有失去面子，甚至略占上风，但是在外交上是丢份的。本来秦昭襄王有求于赵国，在秦楚之争中，希望赵国持绥靖态度。从这点出发，赵国应该有自己的要价或者提出条件，甚至可以考虑与楚国结盟以拒之。现在秦国在外交礼仪场合，先以无礼态度居高临下，然后放下身段给了赵国面子，秦国并没有损失任何东西，赵国就以为自己赢了面子，甚至有些满足，从而放弃了自己的战略筹码。弱国与强国相交，当对之以智，而不是只顾及面子，或是时时妥协。回到邯郸后，赵惠文王立即提拔蔺相如为上卿，位在大将廉颇之上。这个举动一定让秦人窃笑。

在接下来的时间里，赵国不停地与周边国家发生战争，但对秦国几乎没有多少胜利的机会。仅仅在公元前269年秦韩战争中，赵奢率军抗秦援韩，取得了一次大胜。赵奢因功被封为马服君。

二、长平之战

秦昭襄王派大将王龁攻打赵国，赵国老将廉颇驻守长平坚守抵抗。

公元前265年，秦军又一次征伐韩国。这一次的攻取目标是获取上党郡。上党郡在今天山西境内，韩国的主要领土则在今天的河南，其都城就在新郑（今河南新郑）。秦王采纳了范雎的计策，出兵野王（今河南沁阳），切断上党与新郑的联系。上党孤立无援，形同孤岛。韩国被迫将上党献给秦国以求和。然而上党郡守冯亭却派人到邯郸，表示宁愿归附赵国也不愿意归秦。冯亭到底是要拉赵国下水还是真的不喜欢秦国，这个尚不明了，问题是上党以一个弧形的边界紧邻赵国领土，得到上党，赵国领土将连成一片。刚即位不久的赵孝成王头天晚上做了一个梦，梦见上天掉下黄金，第二天就收到冯亭归服的消息。在得到国相平原君赵胜的支持后，他决定要拿下这份飞来之福，派大将廉颇去接管上党及其民众。

秦昭襄王得知后大怒。这也为秦国攻打赵国找到了一个绝佳理由。秦昭襄王派大将王龁攻打赵国，赵国老将廉颇驻守长平（今山西高平）坚守抵抗。秦军攻势凌厉，赵军接连损兵折将。但是，赵军深沟高垒，秦军也无法持续推进，双方形成僵局。

邯郸城内，赵国君臣也在不断地商量对策。经验丰富、处事老辣的赵威后已经在几年前去世，年轻的赵孝成王与大夫楼昌、虞卿议事。楼昌提议到秦国求和。虞卿提出异议："如今决定媾和的权力在秦不在赵，秦国目的是击败赵国，我们求和，秦国一定不会答应。不如派使臣带着众多宝物结交楚、魏两国，楚、魏接受赵国的请求，那么秦国就会担心诸侯联合抗秦，这样赵国求和才有可能成功。"虞卿的建议是有道理的。两国交战，受到侵略的一方

通鉴识读

武安君伐韩，拔野王。上党路绝，上党守冯亭与其民谋曰：『郑道已绝，秦兵日进，韩不能应，不如以上党归赵。赵受我，秦必攻之；赵被秦兵，必亲韩；韩、赵为一，则可以当秦矣。』乃遣使者告于赵曰：『韩不能守上党，入之秦，其吏民皆安于赵，不乐为秦。有城市邑十七，愿再拜献之大王！』

——《资治通鉴》卷五

主动讲和，等于是投降，因为不答应对方的条件，对方是不会停止进攻的。要对方停止进攻，除非自己手中有牌可打。赵国在外交上联络楚国、魏国，就等于是手上握了一张牌。当然，在今天看来，如果赵国的外交战略只是出于临时性的战术目的，而没有天下一盘棋的整体思考，没有从赵国长远利益出发的战略性思维，依然不会成功。

赵孝成王没有听虞卿的建议，而是派重臣郑朱出使秦国。秦国表面上隆重地接待了赵国使臣，却只是做做样子，目的是用秦赵议和的假象，让楚、魏等国放弃救赵的念头。

与此同时，秦国的进攻丝毫没有放松。赵孝成王焦躁不安，一再责怪廉颇损兵折将，怯懦不敢出战。于是，秦国的反间计派上了用场。

三、战败国衰

经此一役，赵国元气大伤，从此再也无力与秦国争长短。

秦相范雎派人到赵国散播言论，说秦国最怕的是马服君赵奢的儿子赵括，廉颇这个老头不行啊，很容易对付，大概也快投降了吧。这话传到赵孝成王耳中，果然奏效，他派赵括取代廉颇指挥前线战事。蔺相如反对说："赵括年轻气盛，名声在外，未必能实战。虽然把他父亲留下的兵书读得滚瓜烂熟，但是没有实战经验，不懂得用兵的奥秘在于通权达变。"蔺相如了解廉颇，更了解赵括，他提出的反对意见是基于事实。赵孝成王被赵括的虚名所迷惑，听不进蔺相如的劝谏。

秦国方面得知廉颇被撤换，马上召回王龁，派名将白起出任秦军统帅。与廉颇以逸待劳、坚守不出的策略不同，赵括完全改变了先前的部署，撤换了军官，亲率主力主动出击。白起佯装败逃，诱敌深入。赵括中计，被秦军事先安排的兵马切断退路，被团团围住。

陷入困境的赵军，既没有粮食补给，又没有军队增援。于是，白起反复出动轻骑、弩兵进攻赵军。秦昭襄王也亲自出马，征用河内郡十五岁以上男丁为兵，支援长平。赵军被围困了46天，伤病员日益增多，粮草不继，甚至残杀相食。这时，赵括被迫孤注一掷，他把赵军分为四队，分头突围。由于秦军严阵以待，赵军怎样都无法冲出包围圈。赵括亲自率部下死命奋击，也无济于事，最终被乱箭射死，赵军投降。史称有40万赵军降卒被白起坑杀。据现代学者推测，当时赵国的总人口在170万到230万之间，无法为一场战争抽调40万男丁出征。可能赵国只是实际出征兵力约20万，号称40万而已，除了战争死伤，最后的俘虏应在10万人左右。

经此一役，赵国元气大伤，从此再也无力与秦国争长短。长平之战是战国形势的转折点，也是秦国统一六国的重要里程碑。

秦王闻括已为赵将，乃阴使武安君为上将军而王龁为裨将，令军中：『有敢泄武安君将者斩！』赵括至军，悉更约束，易置军吏，出兵击秦师。武安君佯败而走，张二奇兵以劫之。赵括乘胜追造秦壁，壁坚拒不得入；奇兵二万五千人绝赵军之后，又五千骑绝赵壁间。赵军分而为二，粮道绝。武安君出轻兵击之，赵战不利，因筑壁坚守以待救至。秦王闻赵食道绝，自如河内发民年十五以上悉诣长平，遮绝赵救兵及粮食。

——《资治通鉴》卷五

赵国名将之死

长平之战，赵国失败的原因究竟是什么?《资治通鉴》根据《史记》等历史资料，记载这件故事的同时，抖出了一个纸上谈兵的包袱。这涉及赵括及其父亲赵奢。

一、纸上谈兵

通鉴识读

赵奢曰：『君于赵为贵公子，今纵君家而不奉公则法削，法削则国弱，国弱则诸侯加兵，是无赵也，君安得有此富乎？以君之贵，奉公如法则上下平，上下平则国强，国强则赵固，而君为贵戚，岂轻于天下邪！』

——《资治通鉴》卷五

赵括的问题不仅是缺乏实战经验的“纸上谈兵”而已，而且还缺乏重任在肩时的敬畏之心。

赵括的父亲赵奢，曾经在赵惠文王时担任赵国的田部吏，是主管征收田赋的基层官吏，工作尽职尽责，不徇私情，不阿权贵。平原君赵胜为宗室贵族，高居国相，可是其家臣拒绝缴纳田租，赵奢依法严惩，处死了平原君家的当事者九人。平原君大怒，认为这是轻视自己，扬言要杀死赵奢。赵奢找到平原君说：“您贵为赵国公子，如今却纵容家臣不奉公守法，破坏制度。国法不立，那么国家便会受到削弱；国家受到削弱，那么诸侯便会前来进犯；诸侯进犯，那么赵国也就危在旦夕，您还能享受现在这些荣华富贵吗？以您的身份，奉公守法，那么国家上下都会平和，上下平和则国家强盛，国家强盛则赵氏政权巩固，您身为赵国贵戚，难道还会被天下人轻视吗？”

平原君被赵奢这番大义凛然的话所感动，认为赵奢贤明，便奏明赵王。赵王提拔赵奢任管理全国赋税的要职，国赋大平，百姓殷富而府库充实。

赵奢还有将才。他后来带兵，曾取得击败秦军的战绩。其子赵括自幼学习兵法，天资聪颖。有时辩论起来，赵奢也占不了上风。但是，赵奢认为带兵打战是生死攸关的危险事业，必须万分小心、谨慎从事。可是儿子赵括谈起战事，口若悬河，侃侃而谈，视为儿戏，缺乏敬畏之心。真的抱着这种态度上战场，一定会吃败仗。

当赵孝成王起用赵括代替廉颇担任前线总指挥时，赵括的母亲极力反对。

赵母没有强调赵括军事经验不足、理论知识大于实际指挥能力，她只是观察到儿子与丈夫对待工作的不同态度。其间的差别表现在两个方面。第一个差别是，丈夫赵奢很懂得团结、笼络将士，餐叙议事的心腹将领有数十人，平日以朋友相交往的军官数以百计，与他们打成一片；儿子赵括则不然，他升帐议事，高高在上，威风凛凛，军吏们都不敢仰视。第二个差别是，赵奢把出任统帅时所得赏赐，全部分给部将，在外征战不问家事，一心扑在工作上；赵括却把赏赐所得悉数独吞，归藏于家，整日打听哪里有合适的田宅可以购买。根据这两点观察，赵母反对让儿子挂帅。

如果说，赵奢不看好儿子的理由是儿子对战争的态

通鉴识读

初，赵括自少时学兵法，以天下莫能当；尝与其父奢言兵事，奢不能难，然不谓善。括母问其故，奢曰：『兵，死地也，而括易言之。使赵不将括则已；若必将之，破赵军者必括也。』

——《资治通鉴》卷五

度过于轻佻，会由于麻痹大意而吃败仗。那么，赵母的观察其实更深一层，这涉及前线领兵将帅的领导力问题。在那个时代，成功的将军从司马穰苴到吴起，高明的兵书如《六韬》《孙子兵法》，无不要求统帅笼络将士，与将士打成一片。只有赢得将士的爱戴，才能让他们在战场上拼死效命，克敌取胜。赵括的做法完全相反，必然招致失败。

如今，长平之战过去了两千多年。为什么赵国会失败？赵括“纸上谈兵”，赵王用人不当，这是毋庸置疑的；赵国相对弱小，秦国综合国力强大，这也不难理解；赵王指挥失误，外交失策，史家也毫不隐讳。但是，赵奢夫妇对于儿子的评论，还是值得重视的，那就是赵括的问题不仅是缺乏实战经验的“纸上谈兵”而已，而且还缺乏重任在肩时的敬畏之心。他大权在握，却不能团结将士，不能与部下分享成果，结果在冲锋的时候，竟然要他这个统帅打头阵，最终死在秦人的乱箭之下。

二、名将之亡

公元前228年，也就是李牧被杀的次年，赵亡于秦。

长平之战之后，秦国并没有就此收手，而是进一步包围了赵国都城邯郸。平原君赵胜到楚国求救，楚王不敢应允。平原君的随从毛遂仗义执言，晓之以利害，威之以剑刃（即以死相拼），楚王终于答应了出兵救援。但是，赵国解围的关键还是魏国。魏国与赵国唇齿相依，而且魏国还是赵国的姻亲盟国。平原君的妻子是魏安釐王同父异母的妹妹，也是魏国上将信陵君同父同母的姐姐。

平原君向魏国求援，魏王不得已派老将晋鄙率大军驻扎边境，持观望态度，根本不敢出兵救援邯郸。平原君急得像热锅上的蚂蚁，派人责怪信陵君：如果您觉得我赵胜不值得救也就罢了，难道您连自己姐姐的生死也不顾吗？这一下子把一向有侠义之名的信陵君逼到了墙角。

于是，信陵君在门客侯嬴的启发下，串通魏王宠妃如姬，盗出用以调动军队的虎符，到军营假传王命，并派刺客朱亥杀死晋鄙，夺得军权。然后，魏军与前来救援的楚军联合作战，打败秦军，解了邯郸之围，赵国得以保存。

这个时候，赵国尚有两位名将——廉颇和李牧。他们与秦国的白起、王翦，号称“四大名将”。当年渑池之会结束后，廉颇曾对蔺相如晋升为上卿表示不服，扬言要羞辱他。后来他知道蔺相如大度避让，乃是从国家利益出发，深深折服，“负荆请罪”“将相和”也由此成为千古佳话。

公元前252年，平原君赵胜去世。次年，赵孝成王重新起用廉颇为相国，封其为信平君，让他将兵。在对燕国的连年战事中，廉颇都有所成就。公元前245年，赵孝成王去世，其子继位，是为赵悼襄王。他继位后立即解除了廉颇的职务，遭到排挤的廉颇被迫逃亡到魏国，最终老死于楚地。

赵国最后一位名将李牧，就是在廉颇出逃前后，从边郡调到邯郸任职的。这个时候秦国连年伐赵，李牧坚守抵抗。赵悼襄王执政不及十年，国事江河日下。他的王后出身邯郸娼妓，史称赵悼倡后。丈夫死后，赵悼倡后在情夫

通鉴识读

赵王使使者视廉颇尚可用否。廉颇之仇郭开多与使者金，令毁之。廉颇见使者，一饭斗米，肉十斤，被甲上马，以示可用。使者还报曰：『廉将军虽老，尚善饭；然与臣坐，顷之三遗矢矣。』赵王以为老，遂不召。楚人阴使迎之。廉颇一为楚将，无功，曰：『我思用赵人。』卒死于寿春。

——《资治通鉴》卷六

春平君以及奸臣郭开等的祸害下，她与自己的儿子幽穆王赵迁一起不断糟蹋着自己的国家。秦人用离间计和收买政策相结合的手段，使赵国解除了李牧的兵权，李牧也被无辜杀害。公元前228年，也就是李牧被杀的次年，赵亡于秦。

贰

秦汉——大风飞扬

嬴政：从弃儿到祖龙

嬴政（公元前259—前210），嬴姓，赵氏，名政，是秦庄襄王和赵姬之子。嬴政的一生充满传奇色彩，他出生在赵国，并且在很长一段时间内只是遗落在赵国的一个弃儿，直到10岁时才回到故土，之后为太子、为秦王，在22岁时夺回执政大权，亲理朝政，最后兼并六国，一统天下，成为始皇帝。

一、流落赵国

嬴政有三个"父亲"：生父，异人（子楚）；仲父，吕不韦；假父，嫪毐。这三个"父亲"，折射的是他人生的坎坷，是他非同一般的童年和少年经历。

秦昭襄王四十八年（公元前259年），嬴政在赵国都城邯郸出生。嬴政为什么会在赵国出生呢？这要从他的生父异人说起。

异人是秦国太子安国君的儿子，本为秦国王孙，但是因为异人和母亲不受安国君的宠爱，加之安国君子嗣众多，有二十多个儿子，于是异人被送到赵国作质子。当时秦、赵两国关系恶化，时常发生战争，异人作为质子在赵国备受冷遇，处境艰难。恰巧此时卫国商人吕不韦在邯郸做生意，知道了异人的境况，认为他“奇货可居”，就想办法与他结识，并暗中替他经营，让安国君的宠妃华阳夫人认他为子，立为储，异人也改名为子楚。嬴政的母亲赵姬，也是吕不韦所献。赵姬本来是吕不韦的姬妾，在一次宴席上被异人看中，吕不韦便顺水推舟将赵姬献了出去。

秦昭襄王五十年（公元前257年），秦国派兵围攻赵国邯郸，情况非常紧急，赵国想要杀死子楚。子楚与吕不韦密谋重金贿赂守城官吏，才得以脱身。后来两人顺利回到秦国，年幼的嬴政与母亲赵姬则被遗留在赵国，过着东躲西藏、相依为命的日子。

秦昭襄王五十六年（公元前251年），秦昭襄王去世，太子安国君继位为王，是为秦孝文王，华阳夫人为王后。在华阳夫人的劝说下，嬴政的父亲子楚被立为太子，赵国也适时将赵姬与嬴政送归秦国。与父亲阔别五年之后，嬴政终于回到了故土。

秦孝文王即位仅几天就病逝，子楚即位，是为秦庄襄王，吕不韦辅政。三年后，秦庄襄王病逝，13岁的嬴政被立为秦王。秦王嬴政即位时由于年少，尊吕不韦为“仲父”，也就是“次父”，大约相当于今天的所谓“干爹”，国政皆由吕不韦把持。此外，孀居的太后不甘寂寞，有男宠嫪毐，叫作“假父”，给嬴政生了两个弟弟。

嬴政有三个“父亲”：生父，异人（子楚）；仲父，吕

通鉴识读

不韦因使其姊说夫人曰：『夫以色事人者，色衰则爱弛。今夫人爱而无子，不以繁华时蚤自结于诸子中贤孝者，举以为适，即色衰爱弛，虽欲开一言，尚可得乎！今子异人贤，而自知中子不得为适，夫人诚以此时拔之，是子异人无国而有国，夫人无子而有子也，则终身有宠于秦矣。』夫人以为然。

——《资治通鉴》卷五

不韦；假父，嫪毐。这三个“父亲”，折射的是他人生的坎坷，是他非同一般的童年和少年经历。

二、秦王亲政

嬴政即位初年，展现出巧妙利用各派势力的政治技巧，改过迁善、采纳谏言的胸襟气度，这都说明了其具有担当大任，带领秦国统一天下的领导能力。

通鉴识读

茅焦曰：『陛下有狂悖之行，不自知邪？车裂假父，囊扑二弟，迁母于雍，残戮谏士，桀、纣之行不至于是矣。令天下闻之，尽瓦解，无向秦者，臣窃为陛下危之！臣言已矣！』乃解衣伏质。王下殿，手自接之曰：『先生起就衣，今愿受事！』乃爵之上卿。王自驾，虚左方，往迎太后，归于咸阳，复为母子如初。

——《资治通鉴》卷六

秦王嬴政亲政之前，秦国中央最高权力分裂为三：母后垂帘听政，仲父执掌朝政，假父窃宠弄权。直到22岁，嬴政才终于要举行冠礼。因为举行冠礼，不仅意味着成年，更意味着秦王亲理朝政，吕不韦及太后等人需要将权力交还，这些人当然不甘心。

秦王政九年（公元前238年），秦王嬴政在雍城蕲年宫举行冠礼。嫪毐动用秦王及太后玺印发动叛乱，攻向蕲年宫。可是秦王嬴政早已在蕲年宫布置好精兵，打败了叛军。嫪毐转而攻打咸阳宫，没料到那里也早有军队埋伏，叛众大败，嫪毐只得一人落荒而逃，没过多久便被逮捕。嬴政不仅将嫪毐车裂，曝尸示众，而且扑杀了他与赵太后生的两个私生子，并将赵太后迁往雍地软禁。

嬴政以果断的态度处理了嫪毐集团的叛乱。嫪毐事件第一次展示了这位年轻君王处理问题的魄力。然而这也改变了一个人的命运，他就是吕不韦。嫪毐作乱，吕不韦脱不了干系，因此，嬴政立即让吕不韦退休，回到河南的封地，两年之后吕不韦被逼自杀。至此，嫪毐被诛，吕不韦自杀，赵太后权力被夺，嬴政把秦国大权牢牢握在了自己手中。

掌握了大权的嬴政，开始从政策方面调整国家战略，他采纳李斯的谏言，收回逐客令；虚心听从顿弱的指点，出重金让他出使东方六国，收买和离间敌国人才；起用客卿姚贾说退四国联兵；任用尉缭治理秦国军队。总之，嬴政即位初年，展现出巧妙利用各派势力的政治技巧，改过迁善、采纳谏言的胸襟气度，这都说明他具有担当大任，带领秦国统一天下的领导能力。

在嬴政兼并六国的进程中，韩国首当其冲，成为当时六国中最先被灭掉的国家。韩国在七国中势力弱小，但所处地位极为重要。它扼制秦由函谷关东进的道路，秦国想要兼并六国，必须先灭韩国。灭韩之后，秦国以摧枯拉朽之势灭掉了赵、魏、楚、燕四国。从灭韩开始，到灭燕、赵为止，短短八年间，秦军尽灭关东五国。

其中，楚国的领土，在关东诸侯中是最庞大的。公元前228年，负刍杀楚哀王，楚国发生内乱，嬴政决定趁机吞并楚国。嬴政询问年轻将领李信："我打算拿下荆楚，在李将军看来，需要多少兵力？"李信回答说："不过用兵二十万。"嬴政再以同样的问题询问王翦，王翦说："非六十万人不可！"嬴政笑道："王将军老了啊，怎么如此胆怯了！"于是不用王翦，而派李信、蒙恬等率领二十万大军南下伐楚，结果大败而归。

嬴政大怒，不得已亲自到频阳请称病在家的王翦出山。王翦坚持说："如果不得已要用我，必须要六十万人才

通鉴识读

王闻之，大怒，自至频阳谢王翦曰：『寡人不用将军谋，李信果辱秦军。将军虽病，独忍弃寡人乎！』王翦谢：『病不能将。』王曰：『已矣，勿复言！』王翦曰：『必不得已用臣，非六十万人不可！』王曰：『为听将军计耳。』于是王翦将六十万人伐楚。

——《资治通鉴》卷七

行。”他解释说，楚国的领土太过庞大，大军攻伐，必须稳扎稳打，打下一地必须派兵驻守，这样下来，可能六十万人也未必够用。嬴政不敢再忽视王翦的意见，就给了他六十万大军，派他和蒙武共同南下。公元前224年，王翦率大军击破楚军，杀楚大将项燕。次年，楚国灭亡。

关东五国已灭，秦国统一天下的道路上就只剩下最东方的齐国了。齐国距离秦国最远，秦灭赵、楚、燕以前，双方土地毫无接壤，因此嬴政用远交近攻之策，一直结好和麻痹齐国，使齐军不能救援其他五国。嬴政还买通了齐相后胜，让他劝说齐王放弃合纵之策，与秦国交好，“不修攻战之备，不助五国攻秦”。这种苟安政策加速了五国的灭亡，也最终导致齐国自身的覆灭。

五国被秦陆续吞并后，齐王才感觉到唇亡齿寒，大事不妙。他匆忙和秦国断交，调派缺乏训练的部队去驻防西境。这番举动不但于事无补，反而给了秦国伐齐的借口。秦王政二十六年（公元前221年），秦国采取避实就虚的作战方针，派王贲从燕国故地突然率军南下，几乎没有遭到任何抵抗就逼近了齐都临淄。齐王见大势已去，只得“不战，以兵降秦”。齐国灭亡。

六国既灭，天下一统。

三、始皇功业

嬴政在李斯的辅佐下，逐渐统一了货币和度量衡，车同轨，书同文，在经济、文化事业上进行建设，为中国古代政治文明奠定了基础。

通鉴识读

王初并天下，自以为德兼三皇，功过五帝，乃更号曰『皇帝』，命为『制』，令为『诏』，自称曰『朕』。追尊庄襄王为太上皇。制曰：『死而以行为谥，则是子议父，臣议君也，甚无谓。自今以来，除谥法。朕为始皇帝，后世以计数，二世、三世至于万世，传之无穷。』

——《资治通鉴》卷七

秦王扫清六合、统一天下之后，定都咸阳。他自认为“德兼三皇，功过五帝”，于是改号为“皇帝”，命为“制”，令为“诏”，自称“朕”，废除了“子议父，臣议君”的谥法，不准臣子、后代评价自己。他追尊秦庄襄王为太上皇，规定自己是始皇帝，后世也要用数字来称呼，二世、三世甚至到达万世，要将自己创建的国家传之无穷。可惜秦国国祚不永，只传了二世便败坏在了他的儿子手里。

完成统一后的秦国疆土极其广袤，至于该如何治理，丞相王绾与廷尉李斯之间产生了意见分歧。王绾主张沿袭分封制，他进言说：“燕地、齐地、楚地太远了，如果不封王，就没法镇抚，请始皇帝分诸子前去治理。”李斯却认为，周文王、周武王分封同姓子孙非常多，但最后都疏远了，甚至互相攻击，彼此视为仇敌，周天子都没办法禁止。现在天下好不容易被陛下统一，都是秦国的郡县，把天下的赋税拿出一些赏赐给诸宗室功臣，这样他们就很容易制服了，天下人也不会有任何异议，这才是安宁国家的正道，设置诸侯的策略是不可取的。嬴政也不赞成实行分封，他说：“天下战乱不休，就是因为有侯王的存在。现今得到宗室神灵的保佑，我平定了天下，如果又分封诸王，就是在树立敌人，那样要获得天下的治理，就十分困难了！”

他采纳了李斯的建议，在地方实行郡县制，把天下分为三十六郡，之后又陆续增设至四十一郡；郡设置了郡守、郡尉、郡监，与中央设置的丞相、太尉、御史大夫的配置相似；又将六国的武器都聚集在咸阳，销熔之后筑为十二个金人，以削弱地方的反抗力量。

通鉴识读

丞相绾言：『燕、齐、荆地远，不为置王，无以镇之。请立诸子。』始皇下其议。廷尉斯曰：『周文、武所封子弟同姓甚众，然后属疏远，相攻击如仇雠，周天子弗能禁止。今海内赖陛下神灵一统，皆为郡、县，诸子功臣以公赋税重赏赐之，甚足易制，天下无异意，则安宁之术也。置诸侯不便。』始皇曰：『天下共苦战斗不休，以有侯王。赖宗庙，天下初定，又复立国，是树兵也；而求其宁息，岂不难哉！廷尉议是。』

——《资治通鉴》卷七

针对各国存在的货币制度、度量衡制度、车辆形制以及文字等方面的差异，嬴政在李斯的辅佐下，逐渐统一了货币和度量衡，车同轨，书同文，在经济、文化事业上进行建设，为中国古代政治文明奠定了基础。

赵高：三个步骤灭亡秦朝

“楚虽三户，亡秦必楚。”战国时期，楚国贤人楚南公的这句预言最终被验证了——陈胜、刘邦、项羽等楚国人起兵造反，“一夫作难而七庙隳”，秦朝迅速灭亡。

实际上，秦始皇统一六国后，国家的农业生产力很强，军事力量也空前强大。但为什么秦始皇死后一年，陈胜、吴广起义就引发了全国范围的反秦浪潮？为何刘邦几乎兵不血刃就打到咸阳？这虽不能排除秦始皇暴政的累积效应，但主要还是因为真正掌控朝政的赵高（？—公元前207）。甚至可以说：亡秦者，赵高也！

一、逼死扶苏，改立胡亥

赵高不希望辅佐扶苏的蒙氏兄弟掌权，就伙同胡亥、丞相李斯篡改了遗诏，称皇位继承人是胡亥。

赵高亡秦的第一个“贡献”，就是破坏了秦朝最高权力的顺利交接。

赵高是赵国人，本为秦国宗室远亲，秦始皇听说他为人勤奋，又精通法律，便提拔他为中车府令，掌管皇帝车舆，还让他教自己的小儿子胡亥判案断狱。赵高善于察言观色、逢迎献媚，很快就博得了秦始皇与胡亥的赏识和信任。有一次，赵高犯下重罪，蒙恬之弟蒙毅要依照律法处死他，秦始皇却网开一面，赦免了他并复其原职。从这时起，赵高就对蒙氏兄弟怀恨在心。

始皇三十七年（公元前210年）七月，秦始皇在出巡途中病重，死于沙丘。他死时只有50岁，生前未立太子，临终才立下遗诏，让大儿子扶苏速归咸阳继位。赵高不希望辅佐扶苏的蒙氏兄弟掌权，就伙同胡亥、丞相李斯篡改了遗诏，称皇位继承人是胡亥。同时，他又伪造了一封遗诏赐给扶苏，列举了扶苏和蒙恬的罪过，令他们自杀。

扶苏看到遗诏，哭着走入内宅，准备自杀。蒙恬阻止他说：“陛下如今身死宫外，也未立太子。朝廷派我率30万大军驻守边疆，让公子您来监督，这是关系天下安危的重大任务啊。如今只因为一个使臣的到来，您就想要自杀，谁知道这其中是不是有诈呢？您应该重新去请示一下，之后再死也不迟。”可是传诏的使臣在旁一再催促，扶苏只能对蒙恬说：“如果父亲命令儿子自杀，那还要再请示些什么呢？”说完，便自杀身亡。

扶苏与胡亥有何区别？虽然史料的记载不多，但还是可以看出二人在人生境界、思想格局上的重大差别。秦始皇“焚书坑儒”时，扶苏持反对态度。他对秦始皇说：“如今天下刚刚安定，不少边塞的百姓还没有归附，很多人都非常希望推崇儒家思想，而陛下实行这样的国策，我很担

通鉴识读

高曰：『君侯材能、谋虑、功高、无怨、长子信之，此五者皆孰与蒙恬？』斯曰：『不及也。』高曰：『然则长子即位，必用蒙恬为丞相，君侯终不怀通侯之印归乡里明矣！胡亥慈仁笃厚，可以为嗣。愿君审计而定之！』丞相斯以为然，乃相与谋，诈为受始皇诏，立胡亥为太子。

——《资治通鉴》卷七

心天下会因此而更加动荡。”秦始皇治国的重大错误之一，就是没有及时转变政策，经营好治国思想与社会文化。扶苏却看出了这一点的重要性。胡亥从小跟着赵高学习狱法，是其得意门生，即位后他都做了些什么呢？秦二世元年（公元前209年）四月，胡亥巡游全国后回到咸阳，对赵高说：“人生在世，白驹过隙啊！既然我已经君临天下，富有四海，我很想悉耳目之所好，穷心志之所乐，快快活活地过一辈子，你说可以吗？”可见，秦二世是个十足的败家子。

二、诛杀大臣，取代李斯

赵高得手之后，指鹿为马，完全垄断了朝廷权力，胡亥成了傀儡。

那么，赵高是怎么回应秦二世“以享乐终年寿”的问题呢？

他故作高深地说：“贤明的君主想要潇洒地生活，当然没有问题，可是昏庸的君主却决不能如此。尽管陛下您是明君，却还是不能这么做。为什么呢？请允许臣给陛下分析一下。通过沙丘之谋，陛下取代长兄扶苏登基，诸公子及大臣都心存疑惑。诸公子都是陛下的兄长，大臣又都是为先帝所用的老臣。陛下即位不久，这些人心怀叵测，并不服气啊。因为担心他们发动政变，臣战战兢兢，不敢掉以轻心，唯恐不得善终，所以，陛下您还能安心享受吗？”

于是，在赵高的建议下，胡亥大开杀戒。诛杀蒙恬、

通鉴识读

夏，四月，二世至咸阳，谓赵高曰：『夫人生居世间也，譬犹骋六骥过决隙也。吾既已临天下矣，欲悉耳目之所好，穷心志之所乐，以终吾年寿，可乎？』高曰：『此贤主之所能行，而昏乱主之所禁也。虽然，有所未可，臣请言之：夫沙丘之谋，诸公子及大臣皆疑焉；而诸公子尽帝兄，大臣又先帝之所置也。今陛下初立，此其属意怏怏皆不服，恐为变。臣战战栗栗，唯恐不终，陛下安得为此乐乎！』。

——《资治通鉴》卷七

蒙毅兄弟之后，他又将杀戮的矛头转向了宗室。据《资治通鉴》记载，胡亥在咸阳杀掉了十二位公子，又在杜邮杀死了十位公主，很多大臣被诬陷致死，“相连逮者不可胜数”。与此同时，他又征调全国农民继续修造阿房宫和骊山墓地，调动五万士卒戍守咸阳。除了常年的无偿劳役外，农民的赋税负担也日益加重。在这种情况下，陈胜、吴广起义爆发了。两个月之后，刘邦、项梁（项羽叔父）等各地义兵蜂拥而起，“伐无道、诛暴秦”的大火燃烧了起来。在丞相李斯等人的主持下，朝廷派章邯率二十万大军东征，消灭起义军。然而，就在国家危急的关头，赵高却出于一己私利，谋划着坐上李斯的位子。

李斯曾同右丞相冯去疾、将军冯劫上书劝胡亥停建阿房宫，以减轻民间徭役，没想到因此激怒了胡亥，被捕入狱。审讯工作由赵高负责，他自然不肯放过这个难得的机会，趁机诬告李斯与其子李由谋反，称他们与楚地起义军暗中往来。

在赵高的授意下，狱卒天天严刑逼供，李斯实在受不住，只得招了假供。《资治通鉴》记载，李斯之所以不自杀，是因为他自思有雄辩之才，又是秦朝有功之臣，且自己的确没有谋反，若上书表明实情，胡亥就会赦免他。但他不知道进谏之路已被赵高一党把持，申诉书全部落入赵高之手。赵高说：“一个囚犯怎么有资格向皇帝上书呢？”

赵高又派亲信扮成御史（监察官）、谒者（在国君左右掌传达等事的侍从）、侍中（往来殿内、厢房奏事的官员）轮番提审李斯，若李斯说实话，就对他严刑拷打，直到他坚持假供不再改口。后来胡亥真的派人来审讯，李斯仍以假供对之。胡亥看到假供，信以为真，对赵高感恩戴德，说："如果不是爱卿，朕几乎被丞相出卖了！"

秦二世二年（公元前208年），李斯被腰斩于咸阳闹市，被夷三族。此时距沙丘之变中赵高伙同李斯篡改秦始皇遗诏，不过两年光景。几个月后，赵高取代李斯成为秦朝的丞相。赵高得手之后，指鹿为马，完全垄断了朝廷权力，胡亥成了傀儡。

三、逼降章邯，终结秦朝

赵高破坏了最高权力的交接，除掉蒙恬、李斯等重臣，逼走前线统帅章邯，从内部击垮了秦国。

如果说赵高亡秦的第二个"贡献"是诛杀朝廷文臣，那么他亡秦的最终"贡献"，就是逼走前线的领兵统帅章邯。

章邯本是秦少府，这是主管皇家事务的九卿之一。陈胜等起兵，朝廷商量对策。章邯提出："现在从全国各地调兵已经来不及，不如赦免骊山刑徒（被判处剥夺一定时期自由的罪犯）及奴产子（私家奴婢的子女），组成军队，前往镇压。"于是胡亥大赦天下，派章邯为上将军，率兵二十万迎击起义军。章邯击败陈胜部下大将周文。此后秦军屡战屡胜，秦廷也得以苟延残喘，组织反扑。接着，章邯在临济城下大败齐、魏援军，杀死魏相周市和齐王田儋，又在定陶击败楚军主力部队，楚国实际领导人武信君项梁战死，诸侯皆闻风丧胆。

初，中丞相赵高欲专秦权，恐群臣不听，乃先设验，持鹿献于二世曰：『马也。』二世笑曰：『丞相误邪，谓鹿为马！』问左右，或默，或言马以阿顺赵高，或言鹿者。高因阴中诸言鹿者以法。后群臣皆畏高，莫敢言其过。

——《资治通鉴》卷八

章邯一路高歌猛进，却在进攻巨鹿时，采取了观望的态度。胡亥派人责问章邯，章邯便让部将司马欣前往说明情况。同时，他也希望司马欣借机了解朝廷的政情。执掌朝廷大权的丞相赵高理应立即接见使者，却采取了避而不见的态度。司马欣感到不安，便急忙赶回军营，所幸换了一条逃归路线，要不然他就在半路被赵高派人追捕、死于非命了。回到军营，司马欣向章邯哭诉："现在赵高把持朝政，其他人都不能有所作为。如果我们这次打了胜仗，赵高必定会嫉妒我们，如果不能打胜仗，也不会免于死罪。将军您要深思熟虑啊！"

巨鹿之战前，赵国上将陈余也写信给章邯劝降，信中列举了白起、蒙恬为秦将却都不得善终的例子。章邯开始犹豫不决，就暗中派人与项羽沟通约降条件，但"约未成"。后来秦军在巨鹿之战中连吃败仗，但主力尚存。章邯一想到赵高的阴险和胡亥的昏庸，一想到"有功亦诛，无功亦诛"的前途，不寒而栗。于是，他又派人去见项羽。最终，这位战功赫赫的统帅，无奈地率领二十万秦军投降了。

事实上，直至秦二世三年（公元前207年）七月，坐拥二十万大军的章邯仍有左右中国历史命运的能力和机会，对比后世的曹操、李渊，章邯的约盟选择充分证明了其政治上的短视。史料显示，章邯投降项羽的同一个月，南阳郡守吕齮归降刘邦。秦在关外一南一北连受重挫，自此，王朝的灭亡已只是早晚问题。

受降仪式结束后，章邯泪流满面地拜见项羽，谈的全是赵高弄权之事。章邯的投降，给了危机四伏的秦王朝致

通鉴识读

陈余亦遗章邯书曰：『白起为秦将，南征鄢郢，北坑马服，攻城略地，不可胜计，而竟赐死。蒙恬为秦将，北逐戎人，开榆中地数千里，竟斩阳周。何者？功多，秦不能尽封，因以法诛之。今将军为秦将三岁矣，所亡失以十万数，而诸侯并起滋益多。彼赵高素谀日久，今事急，亦恐二世诛之，故欲以法诛将军以塞责，使人更代将军以脱其祸。夫将军居外久，多内郤，有功亦诛，无功亦诛……』

——《资治通鉴》卷八

命一击。接下来，赵高杀掉了两年前扶持起来的秦二世。子婴被立为秦王，虽是秦始皇的孙辈，却并不称秦三世，秦国倒退回嬴政统一六国之前。至此，不待刘邦、项羽入咸阳，秦朝实际上已经终结了。

赵高亡秦的历史教训让我们重温了一句古训：堡垒首先是从内部攻破的，王国首先是从内部溃败的。赵高破坏了最高权力的交接，除掉蒙恬、李斯等重臣，逼走前线统帅章邯，从内部击垮了秦国。陈胜、吴广领众人揭竿而起，刘邦率大军攻入关中，项羽杀子婴火烧宫室，都只是顺势从外部将秦朝这个腐朽的巨人推倒了而已。

通鉴识读

九月，赵高令子婴斋戒，当庙见，受玉玺。斋五日。子婴与其子二人谋曰：『丞相高杀二世望夷宫，恐群臣诛之，乃诈以义立我。我闻赵高乃与楚约，灭秦宗室而分王关中。今使我斋、见庙，此欲因庙中杀我。我称病不行，丞相必自来，来则杀之。』高使人请子婴数辈，子婴不行。高果自往，曰：『宗庙重事，王奈何不行？』子婴遂刺杀高于斋宫，三族高家以徇。

——《资治通鉴》卷八

不要“面子”的刘邦

“高祖为人，隆准而龙颜，美须髯，左股有七十二黑子。”《史记·高祖本纪》中短短几句话，令刘邦（公元前256—前195）的形象跃然纸上。他性格豪爽，不喜读书，务农干活，喜欢喝酒，被其父训斥为“无赖”。但就是这样一位出身草莽的“无赖”，最终成为汉朝的开国皇帝。刘邦没学过“如何提高领导力”之类的管理课程，他的领导风格自出机杼，又不离大道，是一门属于他自己的独特领导艺术。

一、对属下：驾驭有方

能识人用人，能驾驭下属，在重用韩信这个问题上，刘邦将领袖风范表现得淋漓尽致。

公元前202年，刘邦定都洛阳（两年后迁都长安）。一天，他设宴款待群臣，酒酣耳热之时，一本正经地总结起成功经验。他询问群臣：“为什么我得到了天下，而项羽失了天下？”群臣借机好好恭维了一番，刘邦却摆摆手说：

“若说能在军帐之中运筹帷幄，决胜于千里之外，我比不上张良；安抚百姓，供应粮草，保障后勤供给，我比不上萧何；将兵百万，战必胜，攻必取，我比不上韩信。这三人可谓人中之杰。我是因为重用了他们，才取得了天下。”可见，刘邦不仅有自知之明，还有知人之智。其实，最能体现他识人用人魄力的，是重用了韩信。

韩信出身穷苦人家，年轻时胆小怕事，既没有被推选为官吏，又无经商谋生之道，常常去别人家蹭饭，还曾忍受“胯下之辱”，项羽因此瞧不起他。他在项梁、项羽叔侄手下一再建言献计，却不得重用。

韩信的故乡淮阴，离刘邦的故乡沛县并不远。韩信少年时的平庸，刘家军必定有所耳闻。刘邦入主汉中后，韩信前来投奔，但只被安排做管理仓库的小官。后来在夏侯婴、萧何的力荐下，刘邦一改先前的态度，拜韩信为大将军。刘邦身边有不少跟着他从沛县起兵的“老革命”，如周勃、灌婴、曹参、樊哙等。他们的年纪、资历和军功都在韩信之上。任命年仅28岁的韩信为大将军，凌驾诸将之上，刘邦既要说服自己，还要说服军中高层。但事实证明，此后诸将皆服从韩信。刘邦能把自己的意志贯彻下去，必定有其非凡的领导力。

韩信拜将后，展现出卓越的军事天赋，提出了“明修栈道、暗度陈仓”的策略。刘邦依此布阵，立即付诸行动。彭城之战失败后，刘邦又采纳了韩信建议，开辟北方战场，授以数万之众，令其独当一面。他又故意南下出兵宛、叶，把项羽引向南阳方向，以配合韩信在北边开展的军事行动，最终获得胜利。

通鉴识读

上曰：『公知其一，未知其二。夫运筹帷幄之中，决胜千里之外，吾不如子房；填国家，抚百姓，给饷馈，不绝粮道，吾不如萧何；连百万之众，战必胜，攻必取，吾不如韩信。三者皆人杰，吾能用之，此吾所以取天下者也。项羽有一范增而不能用，此所以为我禽也。』群臣说服。

——《资治通鉴》卷一一

如何驾驭韩信这样的军事天才，刘邦有自己的领导智慧。首先，“用人不疑，疑人不用”。韩信平定齐地后，项羽曾派人游说他背叛刘邦。韩信当即回绝了，说：“我侍奉项王时，只当了郎中这样的小官，职位不过是持戟的卫士，我献言献计，都不被采纳，所以我才背楚归汉。汉王让我做了大将军，统领几万人马，他脱下身上的衣服给我穿，把好食物让给我吃，对我言听计用，我能有今天全是因为汉王。我绝不会背叛他，到死也不变心。”

其次，刘邦驾驭韩信，并非仅停留在施恩笼络上，而是也有制约措施。韩信的监军张耳是刘邦的儿女亲家；韩信手下大将周勃、樊哙等，都是刘邦的心腹；韩信的军队对刘邦很忠诚。所以，破赵灭楚之后，刘邦很轻易地收回了韩信的军队。韩信要想背叛刘邦，并不是那么容易。能识人用人，能驾驭下属，在重用韩信这个问题上，刘邦将领袖风范表现得淋漓尽致。

通鉴识读

项王虽霸天下而臣诸侯，不居关中而都彭城；背义帝之约，而以亲爱王诸侯，不平；逐其故主而王其将相，又迁逐义帝置江南；所过无不残灭，百姓不亲附，特劫于威强耳。名虽为霸，实失天下心，故其强易弱。

——《资治通鉴》卷九

二、对项羽：棋高一着

彭城之战失败后，刘家军又吃了不少败仗，但是刘邦屡败屡战，不屈不挠。

西楚霸王项羽最大的特点是刚猛。公元前209年，项羽起兵于会稽郡，杀死郡守殷通。公元前208年，他攻克襄城，屠杀生灵无数。公元前207年，他斩杀宋义，夺得上将之位。巨鹿之战后，秦朝领兵统帅章邯投降，项羽在新安坑杀秦兵二十万，毫不手软。攻进咸阳后，他又屠城焚宫，杀死了秦王子婴……正如韩信所说，项羽的这些行为，有些是“匹夫之勇”，但更多的是残暴不仁。

与任性妄为的项羽不同，刘邦特别注意经营自己的声誉，爱惜自己的羽毛。他年轻时就以为人大度出名。西进入关之后，他约法三章，秋毫无犯。有人提议要诛杀已投降的秦王子婴，他断然拒绝，说：“当初楚怀王遣我入关，就是因为我宽容大度。既然他已经投降了，杀之不祥。”

从公元前206年到公元前202年，楚汉之争延续了四五年。彭城之战失败后，刘家军又吃了不少败仗，但是刘邦屡败屡战，不屈不挠。战术上，除在主战场上相持外，他还在北方战场、敌后地区互相策应，破坏敌方粮道，完成一个整体的部署。所以，刘邦下的是一盘大棋。项羽则被牵着鼻子走，虽然赢了局部战争，却输了整个战场。

垓下之战，败局已定，项羽黯然神伤地对部下说：“失败是天意，不是因为我不会打仗。”接着，他又下达突围的命令，斩杀汉将，砍掉帅旗。其实，统帅最重要的能力不是舞刀弄枪，而是运筹帷幄、知人用人。韩信、陈平都离开项羽投奔刘邦，范增也负气而走。手下没有了人才，项羽焉能不败？

项羽被汉兵追杀到江边，船夫劝他过江，卷土重来。他笑着回答：“天要亡我，渡江何为！当年我率江东子弟八千人渡江，今无一人还，我无颜见江东父老！”在生命的最后，除了“天命”的托词外，他还要面子——无颜见江东父老。面子上不好看，成了击垮项羽的最后一根稻草。

通鉴识读

汉骑追者数千人，项王自度不得脱，谓其骑曰：『吾起兵至今，八岁矣；身七十余战，未尝败北，遂霸有天下。然今卒困于此，此天之亡我，非战之罪也。今日固决死，愿为诸君快战，必溃围，斩将，刈旗，三胜之，令诸君知天亡我，非战之罪也。』

——《资治通鉴》卷一一

三、对自己：理性务实

与沽名钓誉的项羽相比，刘邦既注意维护自己宽厚仁慈的形象，又能理性地处理当下利益和根本利益的关系。

与爱面子的项羽不同，刘邦的最大特点是务实，他能够把握住当下利益与根本利益的关系。

刘邦到陈留时，郦食其前来拜见。郦食其当时只是一个穷酸儒生，引荐他的人也只是一个骑卒，身份不高，刘邦因此不太重视。郦食其进门时，刘邦正岔开脚丫，让两个女子帮他洗脚，确实很失礼。但是，当发现郦食其显露出不同凡响的气度时，刘邦马上整衣冠礼，听他高谈合纵连横的谋略。接着他又请郦食其吃饭，问“计将安出”。这前倨后恭的变化，毫无扭捏作态的中间过渡。

刘邦攻入咸阳后，住进了阿房宫，很是享受秦宫的金宝美人。樊哙、张良提醒他：“沛公是要做富家翁呢，还是要成就天下业？”刘邦猛然清醒，立即搬出阿房宫，还军灞上，以待项羽所率诸侯大军，表现得很理智。遭到项羽的猜忌后，刘邦放下身段去项羽军营释嫌，鸿门宴上更是卑躬屈膝、忍气吞声，最终躲过了一劫。项羽分封十八诸侯时，最先攻入关中灭秦的刘邦被封为汉王，统治巴蜀及汉中一带，因为项羽、范增认为他在关中会如鱼得水，不好掌控。此时的刘邦真想与项羽拼命，但经萧何、周勃一劝，很快就放弃了鲁莽想法，乖乖做了汉王。有一个地盘，总比和项羽拼命找死强。

通鉴识读

沛公见秦宫室、帷帐、狗马、重宝、妇女以千数，意欲留居之。樊哙谏曰：『沛公欲有天下耶，将为富家翁耶？凡此奢丽之物，皆秦所以亡也，沛公何用焉！愿急还霸上，无留宫中！』沛公不听。张良曰：『秦为无道，故沛公得至此。夫为天下除残贼，宜缟素为资。今始入秦，即安其乐，此所谓「助桀所虐」。且忠言逆耳利于行，毒药苦口利于病，愿沛公听樊哙言！』沛公乃还军霸上。

——《资治通鉴》卷九

从这些事中都能看出，刘邦是个现实主义者。此外，他的理性务实、审时度势，还体现在处理与功臣韩信、雍齿以及项羽大将季布的恩怨上。

刘邦之所以得天下，军事上大抵皆韩信之功也。但韩信在楚王的位置上待了一年左右，就被刘邦以莫须有的罪名降为淮阴侯。这是因为，彼时的刘邦已经意识到自己兵不如楚军，将不如楚王，楚国成为大汉江山的安全隐患。卧榻之侧，岂容他人鼾睡？于是他撤掉楚国的番号，改封韩信为侯，心里这才踏实。从此韩信“失职怏怏”，满肚子牢骚，五年之后，因为涉嫌谋反被吕后杀掉。

雍齿早年随刘邦起义，留守丰邑。公元前208年，在刘邦最困难的时候，雍齿投靠了魏国周市，献出丰邑。刘邦大怒，数次进攻丰邑，但都没有成功，只好跑到薛邑投奔项梁。虽然此后几经辗转，雍齿又归附了刘邦，还立了很多功，但是刘邦一直对他怀恨在心。公元前201年，刘邦封功臣为列侯。当时诸将纷纷争功，又担心不仅得不到分封，反而可能会因为往日的过失遭到清算，一时人心惶惶。张良进言说：“您要想稳定人心，就封一个您恨的人为侯。”于是，刘邦就选择了雍齿，封其为什方侯，食邑二千五百户，果然稳定了人心。

季布是项羽手下一员猛将，多次替项羽围困刘邦。刘邦称帝后，悬赏千金缉拿季布。季布于是隐姓埋名，髡发毁容，藏匿民间为奴。夏侯婴向刘邦进言说：“楚汉相争，为项王出力的人很多啊，像季布这样的人能全抓捕杀净吗？季布是能人，逼急了他逃到匈奴，将会成为您的大敌啊！”刘邦果真采纳了这个意见，请出季布，封他为郎中。

通鉴识读

留侯曰：『上平生所憎、群臣所共知，谁最甚者？』上曰：『雍齿与我有故怨，数尝窘辱我；我欲杀之，为其功多，故不忍。』留侯曰：『今急先封雍齿，则群臣人人自坚矣。』于是上乃置酒，封雍齿为什方侯；而急趋丞相、御史定功行封。群臣罢酒，皆喜，曰：『雍齿尚为侯，我属无患矣！』

——《资治通鉴》卷一一

到汉文帝时期，季布官至河东郡守。

总之，与沽名钓誉的项羽相比，刘邦既注意维护自己宽厚仁慈的形象，又能理性地处理当下利益和根本利益的关系。作为一位开国皇帝，刘邦确实高人一筹，项羽不是他的对手。至于嬉皮笑脸的不羁形象，那不过是刘氏领导风格的外衣罢了。

汉初的“一朝两制”

“郡国并行”，即封国与郡县并行，是汉朝初期一项基本的政治制度。这种制度既有周朝的封建制成分，又有秦朝的郡县制成分，所以可以称之为“一朝两制”。

“一朝两制”的产生有其特殊的时代背景，也曾在当时起过积极的作用。不过，随着社会形势的变化，这种政治生态在几十年后，也就是汉景帝即位初年，引起了一场大祸：以吴国与楚国为首的诸侯王，以“清君侧，诛晁错”为借口，发动叛乱，叛军气势汹汹，直逼京师，史称“吴楚七国之乱”。

一、郡国并行的背景

当时公认的道理是，一起打天下，就应该“分封”，由共同打天下的英雄瓜分利益是合法合情合理的。

刘邦为何搞“一朝两制”？

战国时期，七雄并立，各国内部大多实行郡县与封邑并行的行政体制。即使在秦国，商鞅变法之后，也有封邑存在，比如商鞅的商於、魏冉的陶邑等。公元前221年，秦始皇兼并六国，采纳李斯的建议，海内皆郡县，废除了分封制度。然而秦末，举国苦于暴政，人们反而怀念起战国时代的岁月，因此封建的理论又盛行起来。自陈胜、吴广发难后，各地起兵者纷纷拥戴六国王室的后裔，重演七国时代的局面。后来，项羽也迎合这种潮流，他称霸期间，完全恢复了分封制度，分封了十八个诸侯王，自称为“西楚霸王”。在这种大环境下，刘邦也无法例外。

楚汉战争时，刘邦已经封过几个异姓王。战争结束，他被诸侯拥戴为皇帝。《资治通鉴》记载：“（汉五年）正月……诸侯王皆上疏请尊汉王为皇帝。二月甲午，（汉）王即皇帝位于汜水之阳。”在形式上由韩信带头推举刘邦为皇帝，这是中国历史上唯一的一次，可谓“前不见古人，后不见来者”！这种看似形式主义的东西，背后体现的是时人对于政治体制的认识和当时的政治生态。当时公认的道理是，一起打天下，就应该“分封”，由共同打天下的英雄瓜分利益是合法合情合理的。或者说，刘邦赢了天下，分封异姓王是必须的！因此，为了酬勋，刘邦分封的异姓王有增无减。

通鉴识读

正月，更立齐王信为楚王，王淮北，都下邳。封魏相国建城侯彭越为梁王，王魏故地，都定陶。……诸侯王皆上疏请尊汉王为皇帝。二月甲午，王即皇帝位于汜水之阳。更王后曰皇后，太子曰皇太子；追尊先媪曰昭灵夫人。

——《资治通鉴》卷一一

当时有七个异姓王：韩王信、赵王张耳、楚王韩信、淮南王英布、梁王彭越、燕王臧荼、长沙王吴芮。他们有的在反秦及楚汉战争中立有大功，并且早已裂土为王，拥有很强的实力。刘邦即皇帝位后不得不承认这种既成事实，正式确认或分封他们为诸侯王。在这些诸侯王中，韩信、英布、彭越等人有很高的军事指挥才能，曾在楚汉战争中独当一面，功勋卓著。刘邦手下的将领如曹参等人，在军事才能上都比不上韩、英、彭等人。这些人拥有黄河下游及长江中下游的广大封地。

此外，刘邦还封了大批的侯，数目多至一百四十以上。王在当时称为“诸侯王”，侯称“列侯”，这两级封君的权威和封土范围差别很大：王国的领土，大都广至数郡，而侯国的领土很少大过一县。诸侯王在其国中，除了享有经济权如赋税及徭役等，还掌握相当大的统治权，如王国的官吏除丞相外，其余都由诸侯王任免；而列侯仅在其封国中享有定额户数的赋税及徭役。

二、“非刘氏不王”

后来的政治实践说明，刘邦的同姓分封，与当初的异姓王安排一样，是有现实收益的举措。

事实上，刘邦打心眼里认同的是秦始皇的“海内皆郡县”，分封异姓王只是他的权宜之计。

异姓诸侯王们拥有大片的封地，手中还握有精兵，实力强盛，刘邦怎么能放心？刘邦在皇帝任内的七年半，主要工作就是取缔异姓王。从楚王韩信开始，到梁王彭越、淮南王英布、燕王臧荼等，这些人先后被刘邦以各种理由消灭了。同时，刘邦又用同姓王取代异姓王，并杀白马与大臣盟誓，此后“非刘氏而王者，若无功上所不置而侯者，天下共诛之”。意思是非皇族成员不得封王，如果没有军功不得封侯，如果没有功劳而且皇上不册封却当了侯的，天下人要一起去诛灭他！

那么，刘邦为什么要分封同姓王？

在消灭异姓王的过程中，刘邦总结了教训，认为分封刘氏子弟为王能屏藩皇室，也无离心背德之虞。刘邦的兄弟并不多，兄弟的能力也不强。他的八个儿子中，除了结婚前的外室子刘肥、与吕后生的嫡子刘盈（后继位为帝）外，与其他妃嫔生的儿子，其时年纪都比较小。刘邦甚至把一些同族远亲如琅琊王刘泽都分封了，作为帮衬。至刘邦死时，被封为诸侯王的刘氏子弟共有九个。

刘邦期望的同姓诸侯王的屏藩作用，在吕后去世、文帝刘恒即位的政局博弈中体现了出来。其时刘邦死后，当权的吕后违背“非刘姓不王”的誓约，立诸吕为王。后来，在吕禄、吕产等“吕家帮”掌控朝廷大权时，最先起兵发难的就是齐王刘襄（刘邦的长孙）。此外，琅琊王刘泽也始终站在维护中央皇权的立场上。远在代国的中尉宋昌剖析政变后的时局，认为长安主政的元老，只能拥立刘家人为帝。他所列举的几条理由中，除老刘家统治得人心等“软实力”之外，属于“硬实力”的就是同姓王的威慑力。后来的政治实践说明，刘邦的同姓分封，与当初的异姓王安排一样，是有现实收益的举措。如果说，周政分封制是王道，秦政郡县制是霸道，那么刘邦的“郡国并行”便是霸王道杂之，也是“应时”之举，顺势而为，在巩固汉初政权中发挥了重要作用。

不过，任何正确的制度、理论，只有与一定的历史时空条件结合起来，才有意义。汉初的同姓分封也是这样。

汉初的同姓诸侯国，土地辽阔，户口众多，但由于同

冬，太后议欲立诸吕为王，问右丞相陵。陵曰：『高帝刑白马盟曰：「非刘氏而王，天下共击之。」今王吕氏，非约也。』太后不说，问左丞相平、太尉勃，对曰：『高帝定天下，王子弟；今太后称制，王诸吕，无所不可。』太后喜，罢朝。王陵让陈平、绛侯曰：『始与高帝啑血盟，诸君不在邪？今高帝崩，太后女主，欲王吕氏；诸君纵欲阿意背约，何面目见高帝于地下乎？』陈平、绛侯曰：『于今，面折廷争，臣不如君；全社稷，定刘氏之后，君亦不如臣。』陵无以应之。

——《资治通鉴》卷一三

姓诸王与高祖血统亲近，效忠汉朝，起着拱卫中央的作用，所以这时中央政权与地方诸侯国的矛盾并不突出。但到文帝时期，汉初所封的诸侯王，已经历了两三代的更迭，与汉文帝的血统关系逐渐疏远，政治上已不那么可靠，因而一再发生叛乱。

为了巩固自己的地位，汉文帝采取了一系列重要措施。其一是使列侯前往封地，功臣如绛侯周勃也不例外，目的是控制首都的局势，避免列侯掣肘。其二是封诸皇子为王，并把其封地选在牵制东方诸国、屏藩朝廷的关键位置。其三是采用贾谊提出的“众建诸侯而少其力”的策略，也就是最初的“推恩令”。公元前174年，当刘兴居、刘长先后叛乱并被平息之后，正在梁王太傅任上的贾谊上疏。在这篇后来被称为《治安策》的著名上疏中，贾谊尖锐地提出，解决诸侯王坐大的问题刻不容缓。他建议采取“众建诸侯而少其力”的办法，即现任诸侯王的子孙，依次分割其父辈封地。这样，诸侯王愈分愈多，而各诸侯国封地愈来愈少。“力少则易使以义，国小则亡邪心”，这就使诸侯国无力与中央政府对抗，不致成为中央政权的威胁，而是接受朝廷的统辖。贾谊的意见得到文帝的重视，不久就把齐国一分为六，把淮南一分为三。

通鉴识读

梁太傅贾谊上疏曰：『臣窃惟今之事势，可为痛哭者一，可为流涕者二，可为长太息者六；若其它背理而伤道者，难遍以疏举。进言者皆曰「天下已安已治矣」，臣独以为未也。曰安且治者，非愚则谀，皆非事实知治乱之体者也。夫抱火厝之积薪之下而寝其上，火未及然，因谓之安；方今之势，何以异此！陛下何不壹令臣得孰数之于前，因陈治安之策，试详择焉……』

——《资治通鉴》卷一四

三、七国之乱

秦始皇“海内皆郡县”的制度，经过汉初“郡国并行”的过渡，在汉武帝时代以更成熟的制度重新巩固下来。

不过，以当时诸侯王的实力，文帝采取的这些措施是远远不够的，不但不能抑制其发展，反而引起了诸侯王的猜忌，促成早日叛乱。

在刘兴居、刘长被消灭以后，吴王刘濞就成为反叛势力中的主谋和首领。刘濞是刘邦兄刘仲之子，公元前196年被封为吴王。吴国是刘邦所封的同姓诸侯王中第二个大国。在惠帝、吕后时期，刘濞就利用吴地有盐铁之利，在封国内铸铁、煮盐，坐收暴利。吴国经济富足，实力日渐强大。

汉文帝时，刘濞之子刘贤入朝，一次在与皇太子刘启（即后来的汉景帝）玩博戏时，因争吵而被太子刘启用棋盘砸死。刘濞从此不遵守诸侯对天子的礼节，称病不朝。文帝一开始还是采取怀柔政策，赐给刘濞几案和手杖，特免其按规定入朝，企图缓和矛盾。但刘濞同中央对抗的野心并未因此消除。

景帝即位后，御史大夫晁错向景帝上《削藩策》，主张借诸侯王触犯法网的时机，削减诸侯王的封地。景帝采纳了这个建议，于公元前154年，以各种罪名先后削去楚王戊的东海郡、赵王遂的常山郡和胶西王印的六个县。这一措施引起很大震动。刘濞担心削地没完没了，恐怕很快就要轮到吴国，于是决心公开叛乱。他亲自前往胶西，与胶西王刘印约定反汉事成后，吴与胶西分天下而治，同时还派人前往楚、赵、淮南诸国，通谋相约起兵。

不久，汉景帝降诏削夺吴王刘濞的豫章郡、会稽郡。诏令传到吴国，刘濞立即联合串通好的楚王刘戊、赵王刘遂、济南王刘辟光、淄川王刘贤、胶西王刘印、胶东王刘雄渠等六王公开反叛。刘濞征募了封国内14岁以上、62岁

通鉴识读

初，孝文时，吴太子入见，得侍皇太子饮、博。吴太子博争道，不恭；皇太子引博局提吴太子，杀之。遣其丧归葬，至吴，吴王愠曰：『天下同宗，死长安即葬长安，何必来葬为！』复遣丧之长安葬。吴王由此稍失藩臣之礼，称疾不朝。

——《资治通鉴》卷一六

以下的全部男子入伍，聚众20余万人，又派人与东越、闽越联系，以“请诛晁错，以清君侧”的名义，举兵西向，开始了西汉历史上的“吴楚七国之乱”。

面对来势汹汹的叛军，汉景帝先是冤杀了晁错，让七国师出无名，又派太尉周亚夫、大将军窦婴等前去平叛。周亚夫不负众望，叛乱从汉景帝三年（公元前154年）正月开始，到三月即被平息，七王皆死。参加叛乱的七国，除楚国得以保存另立新王外，其余六国皆被废除。

七国之乱平息后，同姓诸侯王的势力受到致命打击。汉景帝趁势收夺各诸侯国的支郡、边郡归朝廷所有，并进一步采取措施，削弱诸侯王的权力以加强中央集权。到了汉武帝时期，朝廷采取了更为有效的削藩措施。一是施行“推恩令”，借“推恩”之名给稀释政策披上仁孝的外衣，而且更加制度化，便于操作。这样数代之后，王国不断变小，自然趋于国将不国，被迫取消。二是用酷吏严惩违法乱纪的诸侯王，治其罪而废其国。秦始皇“海内皆郡县”的制度，经过汉初“郡国并行”的过渡，在汉武帝时代以更成熟的制度重新巩固下来。

西汉以后历朝，是实行郡县制还是分封制，虽然仍有所反复，但事实证明，中央集权下的郡县制，是适应历史发展的行政体制。

通鉴识读

主父偃说上曰：『古者诸侯不过百里，强弱之形易制。今诸侯或连城数十，地方千里，缓则骄奢，易为淫乱，急则阻其强而合从以逆京师。以法割削之，则逆节萌起，前日晁错是也。今诸侯子弟或十数，而适嗣代立，余虽骨肉，无尺地之封，则仁孝之道不宣。愿陛下令诸侯得推恩分子弟，以地侯之，彼人人喜得所愿。上以德施，实分其国，不削而稍弱矣。』

——《资治通鉴》卷一八

汉武帝："罢黜百家，独尊儒术"

公元前141年，景帝逝世，太子刘彻继立，是为武帝，时年十六岁。汉武帝刘彻少年即位，登上皇位后的第一个重大决策，就是"罢黜百家，独尊儒术"。这一决策，是他以后几十年不断加强封建专制统治的开始，也是汉代统治思想变化的重大标志。

一、"罢黜百家"的前奏

卫绾的上奏一提出，立即得到汉武帝的批准，说明他们在"罢黜百家"这一点上完全一致。

从汉初到武帝即位以前，西汉统治者皆奉行"黄老之学"的"无为而治"。这套统治策略对于除秦苛政之弊，休养生息，恢复和发展生产，安定封建社会秩序，起到了重要作用。但"无为而治"的黄老思想反映在统治政策上难免具有软弱、妥协的一面：汉初几十年，奉行无为而治的宽松政策，结果之一是民殷国富，经济发展；结果之二却是豪强崛起，漠视王法。从长期来看，这对汉王朝的发展是不利的。汉武帝时期，国家经过汉初几十年的恢复，已经积累起足够的财富，具有一定实力，此时，强化政权统治的需求占了上风，黄老思想显然已经无法满足统治者的要求。因此，新的指导思想和统治理论的出现也就成了必然。

建元元年（公元前140年）冬十月，刚即位的汉武帝下诏让大臣举荐优秀的人才，群臣纷纷响应。而此时身为丞相的卫绾却对大臣们举荐的人才有异议，他上奏指出，举荐的人当中，有学法家申不害、韩非以及纵横家苏秦、张仪之说的，信奉这些学说的人是在“乱国政”，请求皆“罢之”。这就是后来被称为“罢黜百家”的前奏。

卫绾的上奏一提出，立即得到汉武帝的批准，说明他们在“罢黜百家”这一点上完全一致。汉武帝、卫绾等之所以如此，实际上是想以儒家思想代替黄老之学。因为在先秦的诸子学说中，儒家思想更适合西汉政权加强中央集权的需要。也正因如此，在统治阶级内部，包括田蚡和窦婴在内的朝廷上大多数大臣及皇室贵族都倾向儒学。刘彻本人虽然是在黄老之学盛行的氛围中成长起来的，但因受他的舅氏田蚡和太子少傅王臧的影响，也颇为爱好儒术。

不过，在窦太后势力的干预下，“罢黜百家”之议提出后，在相当长的时间内，只是一纸空文。窦太后笃信黄老之学，她曾要求皇室宗族人人皆读道家的《老子》，其他人对《老子》稍有非议，都要遭到她的惩罚。当汉武帝批准“罢黜百家”时，窦太后还在以太皇太后的身份摄政，规定凡送皇帝之奏，亦须向她禀奏。后来，御史大夫赵绾及郎中令王臧又奏请上书不必奏事太皇太后，想趁机免去窦太后摄政的名位，结果不仅没有达到目的，反都被关押

通鉴识读

丞相卫绾奏：『所举贤良，或治申、韩、苏、张之言乱国政者，请皆罢。』奏可。

——《资治通鉴》卷一七

下狱，被逼自杀。因此，直到建元六年（公元前135年）窦太后去世，“罢黜百家”才得以顺利实现。

二、儒学复兴的实践

董仲舒提出的思想理论在当时来说可谓极具冲击性，但恰恰契合了汉武帝的心意。

儒学的真正复兴是在窦太后去世后。为儒学复兴作好理论准备和舆论准备的是董仲舒。

通鉴识读

冬，十月，诏举贤良方正直言极谏之士，上亲策问以古今治道，对者百余人。广川董仲舒对曰：『道者，所繇适于治之路也，仁、义、礼、乐，皆其具也。故圣王已没，而子孙长久，安宁数百岁，此皆礼乐教化之功也……』

——《资治通鉴》卷一七

董仲舒（公元前179—前104），西汉广川人。青年时以“三年不窥园”的苦读精神研究春秋公羊学，终成为一代儒学大师，号称“群儒之首”。汉景帝闻其高名，把他招为博士，主要工作还是经学讲授。汉武帝即位之初，多次要各地推举贤良、文学人才到朝廷参加对策。参加对策的前后约有一百多人。董仲舒作为贤良也被推举参加对策。

汉武帝提出三问，董仲舒对应三策。贤良第一策，天人感应：主张君命神授，意在巩固君王的统治地位，同时勉励人君推行仁政。贤良第二策，天下大一统：论证黄老之学与孔孟儒学的利弊，提出调和孔老、归宗儒本的治国之术。贤良第三策，罢黜百家，独尊儒术：论证“天不变道亦不变”，建议“诸不在六艺之科、孔子之术者，皆绝其道，勿使并进，邪辟之说灭息”，直截了当地提出独尊儒术。这三次对策文字，就是《举贤良对策》。

董仲舒把汉代的儒家思想与当时的社会需要相结合，

并吸收了其他学派的理论，创建出了一个以儒学为外衣的新的思想体系。儒学之所以被汉武帝用来代替黄老之学作为统治思想，固然由于其本身包含有利于统治阶级加强中央集权的思想因素，如天道观及“大一统”的思想，但更重要的乃是汉代儒者如董仲舒等对儒学的加工改造，使其成为维护封建统治的完整理论。

董仲舒提出的思想理论在当时来说可谓极具冲击性，恰恰契合了汉武帝的心意。武帝大喜，采纳了他的政策，开始推行儒学。

汉武帝为提倡儒学，在几十年间，先后不断采取不少措施，比如，设立五经博士，建立太学。“五经”就是被儒家奉为经典的《诗》《书》《礼》《易》《春秋》。建元五年（公元前136年），汉王朝就正式设置了“五经博士”。后来，在董仲舒的建议下，朝廷为专门培养“五经博士”又开始设立太学。不过，更重要的举措是“经明行修”（熟悉儒家经典，修养品行）、“射策选士”（主试者提出多个儒家经典相关问题，书之于策；受试人选取其中一策，叫作“射”，按所射之策上的题目作答），这成为士人进入官场获得利禄的重要途径。官府的引导作用，自然使得天下的读书人“靡然乡风矣”。

值得一提的是，董仲舒为汉武帝设计出治国理政的儒学体系，可谓功在千秋，汉武帝却只用其政不用其人。“天人三问”后，董仲舒被派往江都，担任武帝哥哥刘非的国相。后来，董仲舒因为《灾异之记》一文，触怒汉武帝，险些被斩首。

三、"独尊儒术"的尺度

汉武帝走的路子，是对内加强中央集权，对外开疆拓土，这就是外儒内法的路子。

虽说经明行修、射策选士是当时士人进入官场的最重要途径，但就汉武帝用人实践来说，绝对是不拘一格的。其中有两点特别值得注意。

第一，确保官员们都能在自己的本职工作上做出成绩、建立功业。例如，公孙弘为相，倪宽为左内史及御史大夫，赵禹、张汤主管法律工作，司马迁、司马相如在文学上有所成就，张骞、苏武有外交风采，卫青、霍去病立下赫赫战功，霍光、金日磾是顾命大臣，等等。可见，是否儒学出身，有多少儒学水平，不是汉武帝用人的绝对标准。相反，就儒学知识素养来说，董仲舒远远超过公孙弘，而且足足比公孙弘年轻二十一岁。但是，公孙弘心思比较灵活，具有实际政务操作能力，得到汉武帝重用，官至宰相。相比之下，较为迂阔的董仲舒，汉武帝却是嘉许其说，而不重用其人。

第二，有些官员虽然不是儒生出身，但是他们或者在道德品行上有上乘表现，不悖于儒家的价值观；或者努力向学，向儒家价值观靠拢。前者如石建、石庆为人笃实，汲黯、卜式为人质直，韩安国、郑当时为人忠厚。后者最典型的是张汤，本出身文法吏，但是，自从知道部下倪宽以经书判案断狱而得到汉武帝的肯定，张汤"由是向学"，重用倪宽帮助自己"以古法义决疑狱"。

通鉴识读

皇太子柔仁好儒，见上所用多文法吏，以刑绳下，常侍燕从容言：『陛下持刑太深，宜用儒生。』帝（注：汉宣帝）作色曰：『汉家自有制度，本以霸王道杂之。奈何纯任德教，用周政乎！且俗儒不达时宜，好是古非今，使人眩于名实，不知所守，何足委任！』乃叹曰：『乱我家者，太子也！』

——《资治通鉴》卷二七

东汉班固评价汉武帝“雄才大略”。汉武帝当朝大臣汲黯却当面批评武帝“内多欲而外饰仁义”，说他用仁义的形式掩藏内心的欲望，汉武帝对此十分尴尬，“默然良久”，退朝后对身边的近臣说：汲黯这家伙太鲁莽了！

汲黯的观察并没有错。汉武帝并不完全按照儒家的方式做事。汉武帝走的路子，是对内加强中央集权，对外开疆拓土。这就是外儒内法的路子，外面讲的儒家，内里用的法家；或者叫儒表法里，德主刑辅。汉武帝要建功立业、要开疆拓土、要加强集权，这些内在的要求都是很强烈的，但这与意识形态上提倡儒家、倡导大一统、提倡忠君，并不矛盾。

总之，汉武帝的所谓“独尊儒术”，首先是一种意识形态的倡导，统治秩序的构建，社会行为的规范，即所谓“教化”功能。为了将这种意志贯彻下去，必须有制度化措施，作为保障和驱策工具。于是，就有了太学和博士弟子员的设置，有了征辟、察举的入仕途径。然而，在实际的治国理政操作中，汉武帝是非常务实的。元封五年（公元前106年），汉武帝以朝廷缺乏文武人才，乃下诏求贤。在他看来，凡是非同寻常的功业，必须等待非同寻常的人才去完成，用人还需不拘一格。

可以这样说，汉武帝一方面批准丞相关于“所举贤良，或治申、商、韩、苏、张之言乱国政者，请皆罢”的奏章，因为就仕进渠道而言，朝廷并不崇尚法家和纵横家；另一方面，在实际人才选拔中，他又是不拘一格，注重实际干才。这样就出现了看似矛盾的现象，或者说印证了汲黯的观察，即汉武帝志在高远（内多欲）而外饰以仁义礼教。

通鉴识读

上以名臣文武欲尽，乃下诏曰：『盖有非常之功，必待非常之人。故马或奔踶而致千里，士或有负俗之累而立功名。夫泛驾之马，跅弛之士，亦在御之而已。其令州郡察吏、民有茂才、异等可为将、相及使绝国者。』

——《资治通鉴》卷二一

其实，这里并不矛盾。尊崇儒术，是道，是经；悉延百端之学，是术，是权。道与术的问题，也是儒家常常讲的“经”与“权”的问题。不变的原则与变化的世界，难免有不完全契合之处。于是，就要采取变通的措施和做法，这就是“权变”。

霍光："昭宣中兴"的功臣

霍光（？—公元前68）是西汉后期政治史上的重要人物。他出身外戚，早年得志，行事谨慎，出入禁闼二十余年，未尝有过；在危难之际受命，辅佐幼主，全力推行轮台诏书，坚持与民休息。昭宣中兴，霍光功不可没。奈何其权势过于煊赫，家族奢侈腐败，霍光死后，霍氏家族便被满门抄斩。

一、武帝托孤，辅佐幼主

武帝又命画工画了一幅《周公辅成王朝诸侯图》送给霍光，希望他能够像周公那样辅佐年幼的刘弗陵。

霍光是西汉抗击匈奴的名将霍去病同父异母的弟弟。他出身于民间，之所以能进入朝廷，后来又得顾命之托，任大司马大将军领尚书事长达二十年，离不开他与霍去病的特殊关系。

霍光的父亲霍仲孺，是一个县吏，曾在平阳侯曹寿府初，霍仲孺吏毕归家，娶妇，生子光。去病既壮大，乃自知父为霍仲孺。会为票骑将军，击匈奴，道出河东，遣吏迎仲孺而见之，大为买田宅奴婢而去；及还，因将光西至长安，任以为郎，稍迁至奉车都尉、光禄大夫。

——《资治通鉴》卷二〇

中当差。在这期间，他与曹府的侍女卫少儿私通，生下霍去病。不过，霍仲孺当差结束后回到家里，又娶妻生下霍光。后来，霍去病为骠骑将军，一次在出击匈奴时，特地到平阳看望了生身父亲霍仲孺，并把年仅十余岁的霍光带到长安，安置在自己的帐下。霍光得兄之荫，频频升迁，先是为郎，后又升为侍中。

霍去病24岁就英年早逝，霍光便一直在武帝宫中任侍从之职。常言道，“伴君如伴虎”，随侍在汉武帝身边，霍光行事格外谨慎。二十多年里，他从没有让汉武帝皱过眉头，深得武帝信任。

汉武帝晚年一直深受继承人问题困扰。公元前91年，武帝心爱的太子刘据因为在“巫蛊之祸”中受到诬陷，起兵自卫，结果兵败自杀，武帝非常痛心。此后，武帝便悉心培养自己与钩弋夫人的幼子刘弗陵。为了避免刘弗陵即位后出现太后专权的局面，他在临死之际，命人将钩弋夫人处死。接着，他又命画工画了一幅《周公辅成王朝诸侯图》送给霍光，希望霍光能够像周公那样辅佐年幼的刘弗陵。

公元前87年，汉武帝病死，刘弗陵即位，便是汉昭帝。霍光秉承武帝的遗诏，为大司马、大将军，与车骑将军金日磾、左将军上官桀、御史大夫桑弘羊一同辅佐时年八岁的汉昭帝。在几位托孤之臣中，霍光为首位。

“主少国疑”，霍光辅政，大家对于霍光处理政事的风格并不了解。公元前87年二月的一天夜晚，昭帝即位不久，宫中传有怪事，惊扰不安。那个时候靠烛光油灯照明，大家都担惊受怕，不知出了什么事情。霍光出于安全考虑，召来尚符玺郎（主管皇帝玺印的官员），想把玺印收取过来。皇帝年幼，霍光主政，玺印就是发号施令的依凭，对初次执政的霍光来说，自然要避免符玺的使用发生意外。但是，尚符玺郎坚持职守，拒绝了霍光，说即便头断也不放弃职责，随便交出符玺。霍光惊愕之余，非常赞赏尚符玺郎坚持原则的态度，不仅没有因为对方不给自己面子而降罪，反而因为他忠于职守而大加褒奖，给这个小官连升两级。“众庶莫不多光”，所有的人都赞赏霍光的做法。

霍光辅政的第一件事，就是稳定政治秩序，纠正汉武帝后期的失政。武帝后期，社会矛盾激化，天公也不作美，连年旱灾，灾情严重。各地民众暴乱此起彼伏，出现了群起造反的所谓“亡秦之迹”。武帝晚年昏聩多疑，巫蛊之祸致使戾太子被杀，牵连而死者数以千计。难能可贵的是，武帝认识到了国家的危机和自己的错误，下《轮台罪己诏》，改正了过失。霍光就忠实地继续推行武帝晚年纠错改过的政策。他还召开盐铁会议，请贤良、文学（民间知识分子）就国家的经济政策进行辩论，听取意见，纠正了原先政策执行中的一些偏差。

通鉴识读

光辅幼主，政自己出，天下想闻其风采。殿中尝有怪，一夜，群臣相惊，光召尚符玺郎，欲收取玺。郎不肯授，光欲夺之。郎按剑曰：『臣头可得，玺不可得也！』光甚谊之。明日，诏增此郎秩二等。众庶莫不多光。

——《资治通鉴》卷二三

二、平定叛乱，拥昭立宣

昭宣期间，霍光执天下政柄整整二十年。西汉历史上有所谓“昭宣中兴”，其中至少有霍光一半的功劳。

昭帝即位以后，没过多久便发生了一场激烈的政治斗争。

武帝之子燕王旦，早就对昭帝继位不满，一心想要发动政变，夺取皇位。而在朝廷内部，上官桀和桑弘羊这两位辅政大臣也因霍光而暗暗生了异心。霍光与其他几人同受武帝顾命之时，他的官职最小，资历也不如其他几人。但是，由于他主持推行了一系列很得人心的措施，威望越来越大，这就使得上官桀和桑弘羊等顾命大臣大为不快。为了提高自己的政治地位，进而取代霍光，上官桀与其子上官安合谋，企图通过昭帝的姐姐盖长公主的关系，将自己的孙女立为皇后，但被霍光驳回，这就引起了上官父子与盖长公主双方的不满。这种种因素，促使上官桀、桑弘羊、燕王刘旦、盖长公主联合起来，结成反对霍光的同盟。

通鉴识读

燕王旦自以帝兄不得立，常怀怨望。及御史大夫桑弘羊建造酒榷、盐、铁，为国兴利，伐其功，欲为子弟得官，亦怨恨光。于是盖主、桀、安、弘羊皆与旦通谋。

——《资治通鉴》卷二三

他们假托燕王的名义，趁霍光休假的时候向汉昭帝上书，诬陷霍光有不臣之心，想要昭帝罢黜霍光，进而达到他们废掉昭帝的目的。不过，他们没有想到的是，年仅14岁的昭帝并不相信他们。昭帝看了燕王刘旦的奏章，不但不予理睬，还亲自安抚霍光，下令追查上书人的来历。后来，汉昭帝还下令如有上书毁谤霍光者必追究到底。

上官桀等人见无法从昭帝处下手，便决定发动政变。没想到事情被人告发，霍光先发制人，族灭了上官桀和桑弘羊，盖长公主和燕王刘旦自杀。此后霍光成为朝政实际上的决策者。

元平元年（公元前74年），年仅21岁的汉昭帝病死，没有留下子嗣。霍光经过一番考虑后，决定立武帝孙昌邑王刘贺为帝。但是，让霍光万万没有想到的是，这个刘贺，目无礼法，毫无孝心，在为昭帝服丧期间，不遵守孝礼仪，行淫乱之事。尤其让霍光不能容忍的是，刘贺刚愎自用，不听劝谏，并把自己原来在封国时的一大批亲信带入朝中，严重地威胁到霍光的地位与权力。霍光听从大臣之言，废掉刘贺，并诛杀了他的众多谋臣。

废掉刘贺后，霍光召集群臣商议再立新帝问题。最后决定立武帝曾孙、戾太子刘据之孙刘病已为帝。因为他与其他诸王不同，出身民间，了解人民疾苦，这可保证在他即位后休养生息政策仍能继续实行；他的左右也没有对霍光构成威胁的心腹幕僚，这使霍光很放心。元平元年六月，刘病已登基，是为汉宣帝。

汉宣帝在位，霍光依然辅政，一直到公元前68年他去世。昭宣期间，霍光执天下政柄整整二十年（公元前87—前68年）。西汉历史上有所谓“昭宣中兴”（公元前87—前49年），其中至少有霍光一半的功劳。

通鉴识读

秋，七月，光坐庭中，会丞相以下议所立，遂复与丞相敞等上奏曰：『孝武皇帝曾孙病已，年十八，师受《诗》《论语》《孝经》，躬行节俭，慈仁爱人，可以嗣孝昭皇帝后，奉承祖宗庙，子万姓。臣昧死以闻！』皇太后诏曰：『可。』

——《资治通鉴》卷二四

三、权臣去世，家族随亡

既要有制度的刚性约束，又要通过学习提升自己内在的修炼。这两点，是霍光家族腐败给我们最重要的警示。

地节二年（公元前68年），霍光病重逝世。霍光去世之后，备极哀荣。可是霍光去世后仅仅两年，霍氏家族就被满门抄斩。这又是什么原因呢？对此，司马光自己的回答是，霍光权势过于煊赫，不受制约；家族奢侈腐败，不合法度。

初，霍氏奢侈，茂陵徐生曰：『霍氏必亡。夫奢则不逊，不逊则侮上。侮上者，逆道也，在人之右，众必害之。霍氏秉权日久，害之者多矣。天下害之，而又行以逆道，不亡何待！』

——《资治通鉴》卷二五

先说权势煊赫。《资治通鉴》记载，早在昭帝时，霍光的儿子霍禹和霍去病的孙子霍云就担任中郎将，霍云的弟弟霍山以及霍光的女婿都身居要职，或者给事禁中，或者带兵宿卫宫廷。其他兄弟、女婿、侄女婿、外孙之类，都在朝廷任职，结党营私，出入宫禁。霍光本人权力更大了，皇帝见了他，都“虚己敛容，礼下之已甚”。这说明霍光的作为，实际上损害了皇帝权威。皇帝表面上谦卑，心里面实际已经不满，别人看在眼里也不舒服。

再说家族腐败。霍家骄奢淫逸的第一人是太夫人霍显（霍光遗孀），给自家盖了很多豪华的高级住宅，弄了很多豪华的高级车乘。装修的标准都是一流的，房子、车子都有精美的图案装饰，锦绣的靠垫有黄金涂饰，车轮用熟牛皮和柔絮包裹着，侍女丫鬟用五彩丝绣挽着霍显在宅内游戏。她还不甘寂寞，与管家冯子都通奸。霍光的儿子、侄子、侄孙等也都占据高官厚禄，但不务正业，大肆修置豪宅，声色犬马。长安有一处宫观，叫平乐馆，始建于高祖刘邦时期，武帝时扩建，位置在皇家上林苑，成了他们走马逐猎的场所。还有渭北的黄山苑，也属于皇家上林苑的一部分，霍氏子孙带着狐朋狗友在这里围猎。他们本该在宫中上班（奉朝请），却出去游玩，让家仆去当差，给自己顶班，对此没有人敢说一个“不”字。霍显与女眷们不分白天、黑夜，进出上官太后所居长信宫，没有任何约束和规矩。

此时霍光已死，为什么霍氏家族还如此嚣张？其实，这与霍光本人不是完全没有关系的。举一个例子，霍光的夫人霍显，缺乏教养，而且野心极大。她是霍光的二婚，本来是霍光原配的侍婢，原配死后由小妾升级上位，应该比霍光年轻许多，为霍光生了个小女儿。为了把女儿送进宫，霍显竟然收买女医师淳于衍，毒死了妊娠中的许皇后。作为交换，霍显答应给淳于衍的丈夫安排一个好职位，相当于从原来的宫禁保安调到国营的盐业公司担任总经理。

皇后怀孕而死，这件事当然不能稀里糊涂就算了，有人上书要追查诸医的责任。霍显唯恐淳于衍顶不住会招供出来，就把事情的原委告诉了丈夫霍光，还补充说，既然已经做错了，无法挽回，千万别把女医师淳于衍逼急了。霍光听后大吃一惊，本来想检举老婆的不法行为，却不忍心，而隐忍了下来；又利用职权，包庇了淳于衍，蒙混过关。同时，他还满足老婆的心思，把小女儿嫁给了皇帝。这件事值得特别讨论，倒不是霍光不忍大义灭亲，而是此时此刻的霍光，为人风格发生了如此重大的变化。

从汉武帝时代入宫开始，到辅佐昭帝，霍光一直是战战兢兢，克己奉公。他的谨慎与正直，打动了汉武帝，也打动了所有人。为什么现在他却粗疏了，忍让家人犯法了呢？这才是特别值得我们深切留意和反思的。人总是在变的，即使是像霍光这样谦卑低调的人，时间长了，功劳大了，也会发生变化，变得苟且，变得不再对错误零容忍。在没有刚性的制度和法律约束下，甚至圣贤也会自觉不自觉地犯错违法，而且犯了错误还会心存侥幸。

既要有制度的刚性约束，又要通过学习提升自己内在的修炼。这两点，是霍光家族腐败给我们最重要的警示。

通鉴识读

臣光曰：霍光之辅汉室，可谓忠矣；然卒不能庇其宗，何也？夫威福者，人君之器也。人臣执之，久而不归，鲜不及矣。以孝昭之明，十四而知上官桀之诈，固可以亲政矣，况孝宣十九即位，聪明刚毅，知民疾苦，而光久专大柄，不知避去，多置私党，充塞朝廷，使人主蓄愤于上，吏民积怨于下，切齿侧目，待时而发，其得免于身幸矣，况子孙以骄侈趣之哉！

——《资治通鉴》卷二五

王莽：登帝位与行变革

西汉最后的几十年，是在各家外戚、权臣迭相专权的更替中度过的。王莽（公元前45—公元23）以外戚身份登场，依靠叔父以及结交名士造势扶摇直上，最终开中国历史上通过禅让当皇帝的先河，窃取了彼时已千疮百孔的刘氏政权。为了稳定政局，他进行了大刀阔斧的改革。然而，终究回天无力，新朝不过十五载便葬送在农民起义的怒涛中。

一、虔诚儒生

他常把自己的俸禄分给门客和平民，甚至卖掉马车接济穷人，在民间深受爱戴。朝野的名流都称赞歌颂王莽，他的名声甚至超越了他那些大权在握的叔伯。

王莽生于初元四年（公元前45年）。在王莽少年时，其父兄先后去世，他跟随叔父们一起生活。王莽的姑妈是汉元帝刘奭的皇后王政君。元帝死后，太子刘骜即位，是为汉成帝。王政君被尊为皇太后，王氏家族因此而得势，成为当时权倾朝野的外戚世家。王家先后有九人封侯，五人担任大司马，是西汉一代中最显贵的家族。

不过，王莽的发迹，却不全是因为外戚身份。他的几位堂兄弟和姑表兄弟，凭借着父亲荫庇或为将军、或封侯爵，一个个竞为奢侈。相较之下，王莽虽然“孤贫”，个人表现却优秀得多。

史书记载，年轻时的王莽“折节为恭俭”，是一个谦卑好学的青年。他刻苦攻读《礼经》，拜沛郡的陈参为老师，“勤身博学，被服如儒生”（穿的像普通学生）。在待人接物上，他对外广泛结交英才，对内尽心孝敬长辈，人缘和名声都极好。王莽的伯父王凤官居大司马之职，位高权重，王莽对他极为恭顺。王凤病重期间，他侍汤奉药，蓬首垢面，几个月都衣不解带，比王凤的儿子还孝顺。这让王凤大为感动，临死的时候，他极力向皇太后和成帝推荐王莽。成帝给了王莽一个黄门郎的小官，这一年他28岁。

之后，王莽一路升迁，扶摇直上。他的升迁秘诀有两个：一是依傍叔父，二是经营名声。王凤去世后，王莽的叔父王商、王根相继为大司马辅政。王商曾经上书，请求皇上把自己的封邑分给王莽，许多“当世名士”也都为王莽说好话，使成帝觉得王莽确实是个人才。永始元年（公元前16年），王莽被封为新都侯。可是，王莽身居高位，却从不以自己为尊，总能礼贤下士、清廉俭朴。他常把自己的俸禄分给门客和平民，甚至卖掉马车接济穷人，在民间深受爱戴。朝野的名流都称赞歌颂王莽，他的名声甚至超越了他那些大权在握的叔伯。

通鉴识读

初，太后兄弟八人，独弟曼早死，不侯；太后怜之。曼寡妇渠供养东宫，子莽幼孤，不及等比，其群兄弟皆将军、五侯子，乘时侈靡，以舆马声色佚游相高。莽因折节为恭俭，勤身博学，被服如儒生；事母及寡嫂，养孤兄子，行甚敕备；又外交英俊，内事诸父，曲有礼意。

——《资治通鉴》卷三一

上以王莽首发大奸，称其忠直；王根因荐莽自代。丙寅，以莽为大司马，时年三十八。莽既拔出同列，继四父而辅政，欲令名誉过前人，遂克己不倦。聘诸贤良以为掾、史，赏赐、邑钱悉以享士，愈为俭约。母病，公卿列侯遣夫人问疾，莽妻迎之，衣不曳地，布蔽膝，见之者以为僮使，问知其夫人。其饰名如此。

——《资治通鉴》卷三二

不过，王莽仕途真正的转折是从扳倒表兄淳于长开始的。淳于长是王政君姐姐的儿子，和成帝是姨表兄弟。他发迹在先，地位高于王莽，而且他善于阿谀奉承，又曾为成帝立赵飞燕为皇后出过力，深受成帝的信任，很快升为卫尉（九卿之一），掌管皇宫的禁卫。这时大司马王根准备退休，很多人认为淳于长应继任大司马。可是，淳于长行为不检点，与被废黜的许皇后之姊通奸，还在书信中戏弄许皇后。王根病重之际，淳于长自以为不久就可以接位，开始在外面胡乱吹嘘，封官许愿。王莽秘密搜集了淳于长的罪行，并且捅了出去，结果淳于长吃了官司，还在狱中被杀死。王莽则在王根的力荐下，顺利当上了大司马。这一年，他38岁。

二、辅政篡汉

两年后，王莽觉得时机成熟，便逼迫孺子婴将皇位“禅让”给自己，改国号为“新”。王莽是中国历史上第一个用“禅让理论”登上帝位的皇帝。

公元前7年，王莽以大司马辅政大约一年，汉成帝因为纵欲过度去世了。成帝无子，侄子刘欣即位，是为汉哀帝。哀帝的祖母傅昭仪和母亲丁氏家族成为新贵，哀帝的宠臣董贤为大司马。王莽被迫卸职隐居于封地新都，闭门不出。其间，他的二儿子王获杀死家奴，王莽严厉责罚了他，且逼得王获自杀。这一举动得到世人好评。

哀帝在位的七八年时间里，外戚傅家、丁家以及新贵董贤家族，疯狂地聚敛财富，掠夺百姓田地。这与王莽的折节下士、清贫廉洁，形成巨大的反差。举国上下都为王莽被罢免鸣不平，希望他复出。汉哀帝只得重新征召王莽回京城侍奉王太后，但没有恢复其官职。

元寿二年（公元前1年），哀帝驾崩，并未留下子嗣。太皇太后王政君立即取回玺印，召王莽入朝，并诏命他再任大司马。其后，王氏姑侄立哀帝的堂兄为新君，是为汉平帝。新皇帝即位时，年仅8岁，王太后名义上垂帘听政，实际政务操于王莽之手。元始元年（公元1年），大臣们向王太后提出，王莽“定策安宗庙”的功绩与霍光一样，应该享受与霍光相等的封赏。于是，王莽被众人推举为“安汉公”，地位在王公贵族之上。元始三年（3年），王莽的女儿被选为平帝的皇后，王莽地位更加尊崇。此后，王莽大力宣扬礼乐教化，因此得到了儒生们的拥戴。然而，随着地位的提升，王莽的野心也越来越膨胀。这时，汉平帝也长大了，王莽与平帝之间的矛盾日益加深。

元始五年（5年），王莽担心日渐年长的平帝亲政后会不利于自己，于是暗中毒杀了14岁的平帝。他从刘氏宗亲中找了一个两岁的孺子婴做新君，自己代掌朝政，自任“假皇帝”。假的始终不如真的好，此时，王莽距皇位只有一步之遥，他唆使自己的党羽不断以各种名义上表要求王莽做皇帝。两年后，王莽觉得时机成熟，便逼迫孺子婴将皇位“禅让”给自己，改国号为“新”。

王莽是中国历史上第一个用“禅让理论”登上帝位的皇帝。在一步步向最高统治者的宝座逼进的过程中，他始终扮演着“不得已”而遵“命”的角色，即使是最后将孺

通鉴识读

时帝春秋益壮，以卫后故，怨不悦。冬，十二月，莽因腊日上椒酒，置毒酒中。帝有疾。莽作策，请命于泰畤，愿以身代，藏策金縢，置于前殿，敕诸公勿敢言。丙午，帝崩于未央宫。

——《资治通鉴》卷三六

子婴赶下台时，他也做出一副流涕嘘唏、无可奈何的样子，声称“受天命所迫，非自己本意”。

不过，当了皇帝的王莽并不能高枕无忧。西汉后期，政治动荡，经济凋敝，再加上连年的灾荒，百姓流离失所，许多人为了活命，不得不铤而走险，揭竿而起。为了稳定局势，王莽将此前摄政时就开始的改革推向新高潮。

三、新莽改革

王莽的改革，不仅不能解决社会矛盾，还加剧了社会矛盾；既动了上层贵族豪强的蛋糕，又加重了普通百姓的负担。

王莽执政前后，进行了一系列改革，主要集中在财税、货币、土地、人力资源（奴婢问题）等方面。不过，王莽的改革不但没有解决问题，反而让不少百姓遭受巨大损失。

就货币改革而言，王莽第一次货币改革是他正式登基前的事。改革的内容是在流通的五铢钱外，增发大面值新币，包括两种复古的刀形币（契刀面值五百、错刀面值五千）和一种圆形币“大钱五十”。这些新币面值很大，可是重量并不与之相匹，例如“大钱五十”，实际重量只有12铢，却值50枚五铢钱。有人熔掉五铢钱，改铸成新币，获利百倍千倍。

市场的混乱促使王莽在即位的第一年进行第二次币制改革。他废除五铢钱和刀形币，只流通“大钱五十”，另

通鉴识读

莽复申下金、银、龟、贝之货，颇增减其贾直，而罢大、小钱，改作货布、货泉二品并行。又以大钱行久，罢之恐民挟不止，乃令民且独行大钱；尽六年，毋得复挟大钱矣。每一易钱，民用破业而大陷刑。

——《资治通鉴》卷三七

外增加发行一铢的小钱。于是，市面上流通的货币价值一下子减少了许多，出现通货紧缩的混乱。

市场的钱不够用，激起了王莽进行最为奇葩的第三次币制改革。王莽改钱币名为“宝货”，分为“五物、六名、二十八品”。“五物”是说宝货的材质由金、银、铜、龟、贝五种材料组成；“六名”是说宝货的规格共有金货、银货、龟货、贝货、钱货和布货六种；“二十八品”是说宝货的种类分为金货一品、银货二品、龟货四品、贝货五品、钱货六品、布货十品，总共二十八种样式。各种名品的货币价值不一：最高者黄金一品，值万钱；布货大的值千钱；钱货小的值一钱。如此复杂的货币，除了引起市场混乱外，没有任何作用。

王莽改革的初衷是什么？《汉书·食货志下》称王莽所兴造，都是依据前人。这是说王莽改革有复古主义或者理想主义倾向。

王莽个性狡黠，善于造势、伪装和推销自己，追逐权力的本能引其一路向上，最后竟然成为皇帝。但是，王莽究竟有多少治国的理想，有多少理政的本事，并没有政绩给予证明。

王莽改革的实践途径，过于简单粗暴。他以为颁发诏令就可以治国，把所有的权力都集中在国家层面，然后不停地发布改革法令，随意性太强，各种措施缺乏可操作性，甚至朝令夕改，令人无所适从。

王莽改革的导向，似乎是为了抑制豪强，实际却是以抑制豪强兼并的名义，为中央政府聚敛财富，普通老百姓并没有从王莽改革中得到真正实惠。比如，王莽指责汉朝田税太低，三十税一，使大地主多占低税的便宜，这个话并没有错。但是，改革后变成十税一，即便对豪强多征税了，普通农民的负担也增加了三倍。

王莽的改革，不仅没能解决社会矛盾，还加剧了社会矛盾；既动了上层贵族豪强的蛋糕，又加重了普通百姓的负担；承诺的好处如王田制，由于官吏的怠工和腐败，可以断定得不到切实实行；增加的赋税负担，却让普通民众的生活雪上加霜；一次次的货币改革，造成一次次的货币贬值，轻率废除已经发行的货币，实际上每次都是剥夺了人们的既有财富，使中产之家也濒临破产。

公元23年，绿林军攻破了都城长安，王莽也被起义军所杀，新莽王朝终于走到了历史的尽头。

撇开王莽个人品行和改革动机不谈，王莽改革的败局，至少给我们如下反思：改革的目标设计是否合理？改革的依靠力量是否足够？改革的措施是否切合实际？改革的部署是否有序而坚定？改革的成果是否能让多数民众分享？都是决定改革成败的重大因素！

通鉴识读

莽遣使者即赦盗贼，还言：『盗贼解辄复合，问其故，皆曰：「愁法禁烦苛，不得举手，力作所得，不足以给贡税；闭门自守，又坐邻伍铸钱挟铜，奸吏因以愁民。」民穷，悉起为盗贼。』莽大怒，免之。其或顺指言『民骄黠当诛』及言『时运适然，且灭不久』，莽说，辄迁官。

——《资治通鉴》卷三八

秀才刘秀的造反之路

中国历史上有“三刘”之说，指的是三位刘姓开国皇帝——汉高祖刘邦、东汉光武帝刘秀和蜀汉先主刘备。刘邦、刘备出身草莽，而刘秀（公元前6—公元57）则受过高等教育，青年时曾就读于当时的最高学府——太学。虽因经济原因中途退了学，但他绝对算得上高学历的开国皇帝。他一生参加过多场战役，经过十几年的统一战争结束了群雄割据的局面。所以，刘秀可以称得上一位能文能武的皇帝。

一、“怎么就知道不是我呢”

起兵造反之前，刘秀读书、种田、暗恋富家女，是一个普通农村青年，但他不甘平庸，胸怀“何用知非仆”这样的大志向。

刘秀是汉高祖刘邦的九世孙，出自汉景帝第六子刘发一脉。他的先世因遵行“推恩令”，从列侯递降，到刘秀的父亲刘钦这一辈，就只是济阳县令这样的小官了。刘秀

9岁时父亲去世，兄妹几个生活无依，只好回到祖籍南阳郡春陵乡，投靠叔父刘良，成了平民。

刘秀从小是个会耕田、爱读书的乖孩子，凭借自己的努力考入太学。他特别关心时政，朝廷有什么新消息，总是最先知道。公元8年，王莽推行改革，在太学读书的刘秀常跟同学讲述自己的看法，因为见解不凡，有了不少拥趸，后来的名臣邓禹就是其中之一。读书期间，刘秀还跟同学合伙买了一头驴，租赁出去赚钱当作学杂费和生活费。因为没有背景，也无人举荐做官，刘秀学了几年后，就回乡种地了。

通鉴识读

縯性刚毅，慷慨有大节，自莽篡汉，常愤愤，怀复社稷之虑，不事家人居业，倾身破产，交结天下雄俊。秀隆准日角，性勤稼穑。縯常非笑之，比于高祖兄仲。

——《资治通鉴》卷三八

刘秀的兄长名叫刘縯，性格豪放，喜结天下豪杰。他自诩汉高祖刘邦，将刘秀比作刘邦的二哥——老实本分能持家但没有雄才大略的刘仲。其实从很多细节看，刘秀当时就有很大的抱负。

有一次，刘秀与姐夫邓晨参加一个朋友聚会，大家谈到民间流传的一则谶文——“刘秀当为天子”。因为王莽国师刘歆改名为刘秀，所以大家说，这个刘秀指的是国师公刘歆吧。刘秀却半开玩笑地说：“何用知非仆邪？”意思是“怎么就知道不是我呢”？众人听后一阵哄笑。

阴氏家族是南阳新野的豪门大户，阴家小姐阴丽华美貌出众，一直是刘秀的梦中情人。有一次，刘秀看见皇家禁卫军执金吾（相当于警备司令）威风凛凛地走过，羡慕地说：“做官当做执金吾，娶妻当娶阴丽华！”

王莽推行的改革盲目崇古，不切实际，触动了官僚权贵和地主阶层的利益，也给百姓增加了负担；加之水、旱等天灾不断，中原大地哀鸿遍野。赤眉、绿林、铜马等数十股农民军纷纷揭竿而起，大批豪强地主也乘势倒莽。公元22年冬，刘縯在家乡舂陵举兵，反对王莽的统治，刘秀也积极追随。由于刘縯个性张扬，举事时大家颇为犹豫，担心受牵连，但见到刘秀也穿着军服入列，就安心了：“老成持重的刘秀也参加了，我们为啥不干！”

起兵造反之前，刘秀读书、种田、暗恋富家女，是一个普通农村青年，但他不甘平庸，胸怀“何用知非仆”这样的大志向。

二、一战成名，韬光免祸

昆阳之战，莽军几乎全部被歼灭。刘秀以少胜多，一战成名。

通鉴识读

王莽闻严尤、陈茂败，乃遣司空王邑驰传，与司徒王寻发兵平定山东。征诸明兵法六十三家以备军吏，以长人巨毋霸为垒尉，又驱诸猛兽虎、豹、犀、象之属以助威武。邑至洛阳，州郡各选精兵，牧守自将，定会者四十三万人，号百万；余在道者，旌旗、辎重，千里不绝。

——《资治通鉴》卷三九

刘秀兄弟以及南阳宗室子弟的兵马被称为舂陵军。他们兵少将寡，装备很差，刘秀甚至骑牛上阵，后经激战杀死了新野尉，才有了战马。舂陵军攻入湖阳县后，与平林、下江兵一起作战，初露锋芒，获得初胜，进而又去攻打整个南阳郡。行军过程中，因缴获的财物分配不均，“众恚恨，欲反攻诸刘”。这时刘秀站出来，收敛宗人所得财物，分给起义兵。可见刘秀在起兵之始，就显示出与农民军不同的价值取向——不贪浮财。

公元23年，绿林军领导者拥立刘秀族兄、性格怯弱的刘玄为帝，建立更始政权，复用汉朝旗号。刘縯被封为大司徒，刘秀被封为太常偏将军。更始政权的建立大大震动了新朝，王莽立即派遣大司空王邑、大司徒王寻带领40多万精兵扑向更始政权所在的昆阳、宛城一线，力图将其一举消灭。

此时刘縯正率领主力部队攻打宛城，绿林汉军正分散进攻南阳各县。昆阳在宛城之北，守住昆阳，顶住北来的新莽大军，事关绿林汉军的整体战略部署。但汉军的将领们看到王邑、王寻兵多势众，惊慌不安，都想从昆阳分散到其他城邑去。

刘秀对诸将说："目前城内兵少粮缺，城外敌军强大，如能合力抗敌，也许可以立功；如果大家各自分散回去，势必都不能保全。刘縯等人攻打宛城，尚未得手，也无力挽救我们。现在我们必须同心同胆、共举大业，怎么能只想着守住自己的妻儿和财物呢？"诸将向来轻视刘秀，听后大怒："你怎敢教训起我们来了！"恰在此时，探子来报："王寻大军即将到达城北，队伍连绵百里，不见队尾。"看到情况危急，诸将终于决定请刘秀谋划破敌之策。

刘秀于是说服各部将领，把分散在各县的军队调集起来，采取以点突围、内外合击的战术。他还亲自带领一千多人的先头部队到战场冲杀，斩下几十个敌兵的首级。将领们说："刘将军平时看到弱小的敌军还有些胆怯，现在见到强敌反而很勇猛，真是了不起！"昆阳之战，王莽军几乎全部被歼灭。刘秀以少胜多，一战成名。

刘縯等主力攻下宛城后，更始政权也随即迁到了宛城。当初刘玄被推为更始帝，刘縯及部下就有所不满。现在刘縯、刘秀二人都立了大功，舂陵刘氏之间的冲突就更为激烈。刘秀马不停蹄南下攻城略地时，收到了一个噩耗——刘縯被刘玄杀害了。他立即赶回宛城，面见刘玄。但他既

通鉴识读

刘秀至郾、定陵，悉发诸营兵。诸将贪惜财物，欲分兵守之。秀曰："今若破敌，珍宝万倍，大功可成；如为所败，首领无余，何财物之有！"乃悉发之。六月，己卯朔，秀与诸营俱进，自将步骑千余为前锋，去大军四五里而陈；寻、邑亦遣兵数千合战，秀奔之，斩首数十级。

——《资治通鉴》卷三九

不为刘缤解释，也不给自己争功，更不与刘缤的部下接触，只是为刘缤的不当行为谢罪。除此之外，他谈笑自若，甚至在此期间与阴丽华举行了婚礼。但据记载，自从刘缤被杀，刘秀独居时从不吃酒肉，枕席上也常有泪痕。他很清楚，只能韬光养晦，如果自己的行为引起刘玄的丝毫猜疑，就会落得与兄长一样的下场。

三、不仅靠天命，更赖“谋”和“略”

刘秀能文能武，领导素质更加全面，在中国历代开国皇帝中是比较少见的。

明末思想家、史学家王夫之曾说：“光武之得天下，较高帝而尤难矣。”刘邦的主要对手只有一个项羽，而刘秀要面对的是群雄割据。新朝覆灭后，黄河以北各州郡都持观望态度，未曾归附更始政权，赤眉军在山东发展迅速，同时还有铜马、尤来等起义军和隗嚣、公孙述等割据势力虎视眈眈。

公元23年，刘玄遣刘秀北渡黄河，为更始政权安定河北地区。同时他把政事都交给宠臣赵萌掌管，自己日夜在后宫宴饮。大臣们向刘玄奏事，他总因醉酒不能相见，不得已时就命侍中坐在帐幕里与群臣说话。赵萌专擅大权，随意杀人。刘秀巡抚河北途中，挚友邓禹追赶上他，说刘玄必败，劝他“延揽英雄，务悦民心，立高祖之业，救万民之命”。此话正合刘秀心意。

在河北地区，刘秀面对的最大敌人是在邯郸建国的王

通鉴识读

禹进说曰：『……历观往古圣人之兴，二科而已，天时与人事也。今以天时观之，更始既立而灾变方兴；以人事观之，帝王大业非凡夫所任，分崩离析，形势可见。明公虽建藩辅之功，犹恐无所成立也。况明公素有盛德大功，为天下所向服，军政齐肃，赏罚明信。为今之计，莫如延揽英雄，务悦民心，立高祖之业，救万民之命。以公而虑，天下不足定也！』

——《资治通鉴》卷三九

郎。王郎自称遗落民间的汉成帝之子，得到了河北豪强刘林、刘接的支持，势焰熏天。刘秀以拥护更始政权的信都、渔阳、上谷三郡为基础，又成功争取到真定王刘杨的支持。此外，更始政权也派尚书令谢躬带兵支援。凭着这几股力量，公元24年，刘秀消灭王郎，在河北站稳了脚跟。

更始政权对刘秀在河北的发展不放心，于是封刘秀为萧王，征其入朝。刘秀以河北未平为由予以拒绝，还兼并了谢躬一部，自立门户。实际上，出巡河北之前，他早已将这步棋谋划好了。与阴丽华结婚时，更始政权要求他把家属迁到都城，他却直接把家属送到老家安置下来。

公元25年，刘秀在河北鄗南千秋亭即位，公开与更始政权分庭抗礼。十多年后，他逐渐平定各地割据势力，建立了东汉王朝。登基后第三年，刘秀与邓晨谈及往事，聊到那句“安知非仆”，邓晨说：“你竟然做到了！”刘秀大笑。

清代学者赵翼认为，西汉开国功臣多出于亡命无赖，而东汉刘秀的功臣集团“皆有儒者气象”。刘秀本身具有“大学学历”，与刘邦鄙视儒生不同，他“好学问”，多次引公卿郎将讲经论理。天下还没完全统一，他就重建太学，还亲自去视察、讲学。

刘秀打天下依靠的是一路收揽的“云台二十八将”，但天下平定后，他“退功臣而进文吏”，对功臣采取了“赎买”的政策，给以高爵厚禄，但不任之以实职。

南宋事功学派代表人物陈亮评价说：“自古中兴之盛，无出于光武矣。刘秀在支持者甚少的情况下奋起，与拥兵无数的人对抗。兵力雄厚的人实力变弱，他慢慢变强。白手起家十余年后，他才得成大业、扬名天下。这其中虽然有天意，也有人的谋划。有一统天下的谋略，然后才有一统天下的功劳。”他认为刘秀的成功，不仅是天命攸归，更是依赖“谋”和“略”。在这两方面，刘邦有谋士张良、陈平，刘备有诸葛孔明。至于刘秀，他本人就能文能武，领导素质更加全面，在中国历代开国皇帝中，是比较少见的。

党锢之祸——东汉知识分子的灾难

从刘秀统一到董卓进京，裙带与阉寺始终是东汉政治生活的主题。一幕接一幕的外戚、宦官争权的斗争，在东汉朝廷上和宫闱内上演。

这种外戚、宦官迭相擅权的局面，在朝廷内部遭到一部分官员的强烈反对，他们联合太学生和郡国生徒奋起抗争，在历史舞台上演出了一幕壮烈的悲剧——“党锢之祸”。

一、外戚、宦官迭相擅权

东汉中期以后，外戚、宦官交替擅权，斗争一次比一次激烈。东汉政权的危机日益加深。

东汉时期，从第四任皇帝和帝之后，下至桓帝、灵帝，登基时都小于15岁，而寿终之时也只有30多岁。皇帝幼年即位，于是母后临朝；皇帝年纪轻轻驾崩，下一个皇帝登基，必然也是年幼，于是就有一个新的年轻母后垂帘听政。而多数皇太后都把朝政决策大权交给身为大将军的父兄掌握，于是，外戚裙带的颜色，也就随着皇太后的颜面而不断变化。

东汉一代女主临朝、外戚专权的先河，是由和帝的遗孀邓绥开启的。东汉元兴元年（105年），汉和帝驾崩，时年27岁。邓后将生下刚百余日的刘隆扶上皇帝的御座，便是汉殇帝，25岁的邓绥得以临朝称制。三个月后，邓后就封其兄邓骘为车骑将军、仪同三司，实际控制朝政。邓骘的兄弟悝为虎贲中郎将，弘、阊皆为侍中。从此，邓氏一门开始擅权。

邓氏专权期间尚属开明。邓绥主政后，恩施天下，明辨冤狱，对内帮助东汉王朝度过了“水旱十年”的艰难局面，对外则坚决派兵镇压了西羌之乱，使得危机四伏的东汉王朝转危为安，被誉为“兴灭国，继绝世”。然而，及至邓太后一死，宦官、外戚的矛盾立即激化起来。

因为自阴丽华之后，东汉皇后都不生育（灵帝皇后何后除外），当权的外戚，并不是皇帝真正的舅父或者外公。因而皇帝长大后，诛灭掌权的外戚，更多依靠宦官的力量。汉安帝刘祜就是一个典型。

汉安帝13岁被邓后推上皇位，在之后反对邓氏专权的斗争中，他的周围形成了以乳母王圣和中黄门李闰、江京为首的宦官集团。建光元年（121年）邓太后一死，安帝就根据宦官、宫人的诬奏将邓氏一门彻底铲除。安帝亲政后，宦官的势力更是与日俱增。

延光四年（125年），安帝在出巡途中驾崩，阎皇后与兄弟阎显等秘不发丧。他们合谋把安帝唯一的儿子刘保晾在一边，秘密迎立年仅周岁的宗室之子少帝刘懿，阎太后

通鉴识读

初，帝失皇子，前后十数，后生者辄隐秘养于民间，群臣无知者。及帝崩，邓皇后乃收皇子于民间。长子胜，有痼疾；少子隆，生始百余日，迎立以为皇太子，是夜，即皇帝位。尊皇后曰皇太后，太后临朝。

——《资治通鉴》卷四八

临朝称制。为了达到专权的目的，阎氏外戚集团迅速将曾擅权于安帝时的宦官、内侍集团主要成员消灭，只剩下一个宦官头目江京。

然而，仅七个月后，形势便急转直下。少帝夭亡，朝廷出现了政治危机，宦官孙程等十九人歃血为盟，发动宫廷政变，杀死阎显兄弟子侄，将阎太后迁出宫，拥立年仅11岁的刘保为帝，是为顺帝。事后十九位宦官因拥立功全部封侯。汉顺帝刘保靠宦官即位，这是宦官第一次掌握了朝廷大权。

建康元年（144年），顺帝去世，无嗣，冲帝即位。顺帝的皇后梁妠升为皇太后，其父亲梁商、兄长梁冀先后以大将军身份掌权。冲帝夭折，质帝即位，朝廷依然是梁家的天下。

通鉴识读

帝（注：汉质帝）少而聪慧，尝因朝会，目梁冀曰：『此跋扈将军也！』冀闻，深恶之。闰月，甲申，冀使左右置毒于煮饼而进之。

——《资治通鉴》卷五三

梁冀家族掌权，历经顺帝、冲帝、质帝、桓帝。在皇太后梁妠死后，梁家的情况发生了变化。和平元年（150年），梁氏的靠山梁太后去世。不久，因为一个叫邓猛的美女，桓帝在单超、具瑗、左悺、徐璜、唐衡五中常侍的辅助下，除掉了梁冀。事后，这五人因诛除梁氏有功，同日封侯，因而世谓之“五侯”。梁氏擅权结束后的东汉朝廷，立即被更为横暴的“五侯”专权所代替。

就这样，东汉中期以后，外戚、宦官交替擅权，斗争一次比一次激烈。东汉政权的危机日益加深。

二、士人、学子忧心愤懑

之后，在太学生、郡国生徒和在野的士大夫

的联合下，真正的反对外戚、宦官专权的党派势力才形成。

外戚、宦官迭相擅权，导致东汉政治日益腐朽，这就引起了一部分坚定的封建王权“怀王臣之节”的正直官僚反对。

早在和帝初年，窦太后临朝，窦宪一门专权时，司徒袁安及司空任隗就曾弹劾车骑将军窦宪无故兴师，损费国用。不过，窦太后掌权，告窦宪的状当然不会有什么好结果。太后不听，其他大臣都为他们捏了一把汗，但袁安等人并不畏缩。他们对骄纵不法、朋比为奸的窦宪、窦景兄弟的爪牙给以严厉打击，“贬秩免官者四十余人”。虽然窦氏对其恨之入骨，但抓不到他们的把柄，亦无可奈何。后来窦氏失败，虽非由于袁安等反对而产生的结果，但其行为堪称东汉末年反对外戚、宦官专权斗争的先驱。

至和帝死后，邓太后擅政时，又出现杜根、周章反对外戚专权、甚至密谋废太后之举。此后，随着外戚、宦官的政治统治日趋腐朽，朝廷上的反对派不断出现。杨震是其中突出者。

杨震是一代名儒，自命“清流”，而斥责弄权的宦官、外戚和依附他们非由正途仕进的官僚为“浊流”。杨震多次上书弹劾宦官专权，但奏书送到安帝案上之后，这个糊涂皇帝还拿给当事人看，结果可想而知。从此，内侍不仅有恃无恐，而且心怀忿恚，加深了对杨震等“清流”的仇恨。延光三年（124年），樊丰诬陷杨震有恚恨之心，得到安帝支持。杨震被罢官遣归故里。杨震行至洛阳城西，饮鸩自杀。

通鉴识读

（杨震）至城西夕阳亭，乃慷慨谓其诸子、门人曰：『死者，士之常分。吾蒙恩居上司，疾奸臣狡猾而不能诛，恶嬖女倾乱而不能禁，何面目复见日月！身死之日，以杂木为棺，布单被，裁足盖形，勿归冢次，勿设祭祀！』因饮鸩而卒。

——《资治通鉴》卷五〇

从袁安至杨震，朝廷上反对外戚、宦官专权的官吏虽已有“清流”之称，但他们的行动尚属个人的，相互间也没有联系。之后，在太学生、郡国生徒和在野的士大夫的联合下，真正的反对外戚、宦官专权的党派势力才形成。

东汉士人做官，多数通过征辟和察举等手段。征辟是指朝廷征召一些社会名士直接到中央任职。比如以德行高尚闻名的陈寔，仅任太丘县长，但是每次朝廷三公缺位，总有人会想到他。东汉末经学家郑玄，直接被征召为大司农（相当于农业部长），朝廷安排专车去迎接，一路上所过之处，“长吏迎送”。察举是指各郡国推举孝廉（孝子、廉吏），一般按照郡国人口比例，每20万人举1人，全国大约228人；入围条件一般是年40岁以上，“经明行修”。

但是，在宦官外戚的黑暗统治下，州郡牧守在察举、征辟时，往往逢迎当朝权贵的私意，望风行事，不附权贵的刚正士人则受到排斥。权宦、贵戚控制从中央朝廷到地方各级官府的权力，堵塞了知识分子的政治出路，这引起了太学生、郡国生徒及士大夫的极大愤懑。他们以太学为根据地，试图通过“清议”影响现实政治，反对当权的外戚、宦官。

随着外戚、宦官的权势日炽，部分清正官僚及在野的知识分子对他们的攻击也愈加激烈，在桓、灵时期，两者的斗争终于白热化而最后导致“党锢之祸”

三、党锢祸起

事实上，东汉党人为维护自己的政治与经济利益，把自己置于一种崇高的理想境界之中，祸及千家万户其实是很可质疑的。

李膺、张俭以极端的做法反对宦官，导致了这一场清洗士人的运动。可以说，党锢之祸“成于李膺、张俭”。

先说李膺，李膺是东汉的大名士，士人能被李膺接见，叫作“登龙门”，身价立马就高了。延熹九年（166年），李膺用非常手段“收捕”并“案杀”术士张成，惹出了第一次党锢之祸。

通鉴识读

时朝廷日乱，纲纪颓弛，而（李）膺独持风裁，以声名自高，士有被其容接者，名为登龙门云。

——《资治通鉴》卷五五

张成是一个妄人，以懂得占卜之术而知名。他推算出皇帝有大赦，就让儿子杀了仇人。李膺抓捕了他的儿子，继而朝廷大赦，张成之子果然在大赦之列。张成得意扬扬地说：“你看，诏书下来了吧。不怕司隶校尉不把我儿子放出来。”这话传到李膺的耳朵里，他不禁火冒三丈，不顾朝廷赦令，匆匆结案，立即把张成之子杀了。因为懂占卜术的缘故，张成与宦官的关系很密切，甚至桓帝也为占卜的事咨询过他。于是，宦官们唆使张成的弟子牢修等上书，控告李膺等藐视王法，“蓄养太学生和游士，交结各郡的生员，互相标榜，结成群党，诽谤朝廷，败坏风俗”。

于是，桓帝下诏抓人，太尉陈蕃反对，说所抓“皆海内人誉，忧国忠公之臣”，不肯签字。桓帝更加恼怒，就把李膺等人关押到黄门北寺狱，陈寔、范滂之徒二百余人都遭牵连。这是第一次党锢之祸。这次党锢之祸，只是禁锢了党人，并没有大规模的杀戮之举。党人因为禁锢反而声望更高。

永康元年（167年）冬，桓帝驾崩，无嗣，年仅十一岁的灵帝即位。窦太后垂帘听政，太后之父窦武为大将军执政。窦武素有剪除宦官之意，与不满宦官专权的陈蕃一拍即合。于是，他们在尽除宦官这一共同的政治思想下结成同盟。

在窦武和陈蕃的主持下，在桓帝时期被逮捕审讯的李膺、杜密、范滂等名士，均被赦免并获得重用，禁锢的党人被释放。他们摩拳擦掌，共商治国大计，意欲整顿朝纲，而整顿的重点，就是打击宦官势力。

次年五月，发生了日食，窦武以此为由，请求诛除宦官，并先除掉了中常侍管霸、苏康。窦太后觉得事情不可过分，反对尽数诛除宦官。尽诛宦官的谋划泄露后，陈蕃、窦武皆被杀，之后，宦官们寻到了机会反扑。

这个机会和张俭有关。张俭据说是楚汉之争时代赵王张耳之后，灵帝时担任山阳郡东部督邮。张俭愤于宦官侯览专权贪渎，用激烈手段抓捕侯览家人，甚至掘开侯览母亲的新坟，没收其家的财产。为此，侯览十分怨恨张俭。建宁二年（169 年），他授意乡人朱并诬陷张俭等人勾结党人，图谋造反。宦官们趁机簇拥着皇帝，发动反扑，动用禁军，流放、囚禁了六七百人，后来又拘捕了一千多名太学生。这一次迫害活动株连甚广，天下儒生势力几乎被一网打尽。这便是第二次党锢之祸。

对于东汉的党锢士人，多数人肯定其大无畏的向邪恶势力斗争的勇气。北宋苏轼幼时家教，读书至东汉的范滂，心生羡慕之情，其母也大加鼓励。但是，今日我们反思一下当时的情景，出于对党人及因为党人而受牵连的生命的珍重，还是可以有深入分析之处的。

事实上，东汉党人为维护自己的政治与经济利益，把

通鉴识读

臣光曰：天下有道，君子扬于王庭以正小人之罪，而莫敢不服；天下无道，君子囊括不言以避小人之祸，而犹或不免。党人生昏乱之世，不在其位，四海横流，而欲以口舌救之，臧否人物，激浊扬清，撩虺蛇之头，践虎狼之属，以至身被淫刑，祸及朋友，士类歼灭而国随以亡，不亦悲乎！

——《资治通鉴》卷五六

自己置于一种崇高的理想境界之中，祸及千家万户，其实是很可质疑的。党人的做法，除了沽名钓誉、抬高自己声誉之外，对于改进东汉政治，并没有多大的价值。

叁

汉末三国——群雄逐鹿

乱天下者何进也

东汉末年，宦官与外戚的政权斗争，互有输赢。灵帝时，宦官取胜，为了防止外戚再次站到自己的对立面，宦官郭胜、张让等把来自南阳、出身屠户的何贵人推上皇后之位，试图为将来少帝即位，预留一份保险。然而，人算不如天算，何氏外戚与宦官之间不仅爆发了激烈的冲突，甚至将自己彻底葬送。

通鉴识读

初，帝数失皇子，何皇后生子辩，养于道人史子眇家，号曰『史侯』。王美人生子协，董太后自养之，号曰『董侯』。群臣请立太子。帝以辩轻佻无威仪，欲立协，犹豫未决。会疾笃，属协于蹇硕。

——《资治通鉴》卷五九

一、谋宦官，何进被杀

灵帝托孤，在处理皇位继嗣问题上，如同儿戏；对于蹇硕，则所托非人。何进想借诛除宦官，扬名立万，更是缺乏政治谋略！这几个人的愚蠢叠加在一起，就把董卓送到了东汉政治的前台。

灵帝后宫众多，多有子嗣，却往往夭折，只留下来两个儿子。大儿子刘辩，何皇后所生；小儿子刘协，王美人所生。灵帝嫌弃大儿子刘辩，说他轻佻猥琐，“无威仪”，欣赏小儿子刘协文雅，年少老成。他想立刘协为太子，又没有勇气直接端出来说——毕竟刘辩是嫡长子，母亲是皇后，无论立嫡还是立长，都应该是他。说人家坐没有坐相，站没有站相，这是很主观的看法。怎么办呢？灵帝病重之际，把立刘协的事交给了心腹宦官蹇硕。

要完成灵帝的嘱托，蹇硕最忌惮的是国舅何进（？—189）。何进是何皇后同父异母的哥哥，因为外戚身份而发迹，从郎中一路升迁至侍中、将作大匠、河南尹。后来，黄巾起义爆发，何进被任为大将军，领兵守护洛阳。

一开始，蹇硕想用调虎离山的方式，他建议灵帝派何进西击凉州韩遂。但是何进识破了阴谋，他用缓兵之计把灵帝给拖死了。中平六年（189年）四月，灵帝驾崩，蹇硕秘不发丧，谎称灵帝召何进入宫，企图除掉何进。不料，蹇硕手下有人将信息泄露给了何进，何进称病不入。最后，大臣们按照立嫡以长的顺序，立十四岁的刘辩为帝，是为少帝，何太后临朝称制。何进得以掌控朝政大权，与袁绍等名士合作，计划诛灭宦官。

蹇硕与中常侍赵忠等宦官们谋议，先下手为强。然而中常侍郭胜与何氏家族有同乡之谊，何太后与何进能够飞黄腾达，郭胜大有功劳。所以郭胜亲信何氏，和赵忠等商议，把蹇硕出卖了。何进斩杀了蹇硕，自己统率其驻兵。

何进想一劳永逸，他起用的党人名士，极力主张诛除宦官，其中尤以袁绍最为激进。但是，何太后不同意。袁绍催促何进，不赶快采取行动，当年窦武反被宦官所杀的事情就会重演。他建议何进召外兵入京，声援扫除宦官的行动，以此向何太后施压。明眼人都能看出，这是个馊主意，主簿陈琳也极力劝阻，可是何进不听，执意召董卓率

绍等又为画策，多召四方猛将及诸豪杰，使并引兵向京城，以胁太后；进然之。主簿广陵陈琳谏曰：『谚称「掩目捕雀」，夫微物尚不可欺以得志，况国之大事，其可以诈立乎！今将军总皇威，握兵要，龙骧虎步，高下在心，此犹鼓洪炉燎毛发耳。但当速发雷霆，行权立断，则天人顺之。而反委释利器，更征外助，大兵聚会，强者为雄，所谓倒持干戈，授人以柄，功必不成，只为乱阶耳！』进不听。

——《资治通鉴》卷五九

西凉羌胡兵入京。

谁知走漏了消息，宦官提前下手，假借太后的名义召何进入宫，在嘉德殿将他杀害，并把他的人头扔出宫外。袁绍等人便借此机会带兵入宫，将宦官全部杀光。至此，东汉宦官之祸，算是了结。但是，朝廷大政却落入军阀董卓之手。

总之，灵帝托孤，在处理皇位继嗣问题上，如同儿戏；对于蹇硕，则所托非人。何进想借诛除宦官，扬名立万，更是缺乏政治谋略！这几个人的愚蠢叠加在一起，就把董卓送到了东汉政治的前台。

二、招外兵，董卓进京

何太后被迁出皇宫鸩杀，董卓完全掌握了朝廷大权。外戚、宦官专权之弊，至此被清除干净，东汉王朝也该寿终正寝了。

董卓（？—192），字仲颖，出身于河南颍川，祖籍陇西临洮，他原为灵帝末年戍守边塞的一个低级军官，为人狡黠，作战剽悍勇猛。在随军参加平定西北游牧民族叛乱的征战中，董卓屡立战功，后积功升迁至羽林郎，成为东汉末年镇守西北边疆的重将，并逐渐掌控了兵强马壮的西凉精锐，拥有了和朝廷分庭抗礼的资本。

董卓对朝廷一向桀骜不驯。当初朝廷征董卓为少府，董卓不肯受命，上书推辞："我下属的湟中义从、匈奴士兵都来拦住我的车，苦求我不要抛弃他们，我制止不了他们，只能留下来宽慰他们，如果情况有变我再向朝廷汇报。”对此，朝廷也无可奈何。后来，灵帝重病，下诏任董卓为并州牧，让他把下属军队转交给皇甫嵩。董卓接受任命，但是不肯交出军队，上书辩解道：“我掌兵十年，士兵上下和我关系太好了，都要为我卖命，我乞求带这帮士兵去并州，效力边陲。”灵帝下诏责备董卓后，董卓才带了五千人向并州出发，但他走到河东郡就停下来了，暗中观察朝廷局势。

通鉴识读

董卓闻召，即时就道，并上书曰：「中常侍张让等，窃幸承宠，浊乱海内。臣闻扬汤止沸，莫若去薪；溃痈虽痛，胜于内食。昔赵鞅兴晋阳之甲以逐君侧之恶，今臣辄鸣钟鼓如雒阳，请收让等以清奸秽！」太后犹不从。

——《资治通鉴》卷五九

正在这时，何进采纳袁绍的建议，召董卓进京，威逼太后谋诛宦官。得到消息的董卓大喜过望，马上率领部兵出发，同时，上书弹劾中常侍张让等人。

不久后何进醒悟过来，派谏议大夫种劭劝阻董卓进京。但请神容易送神难，董卓不从，上书辩解，并继续行军，进入河南尹。董卓率军抵达洛阳城外时，种劭出城再次要求董卓撤军。董卓担心情况有变，指使士兵上前威胁种劭。种劭大怒，斥责董卓，董卓自知理亏，不得已率军西撤到洛阳城二十里外的夕阳亭。后来，董卓望见洛阳上空浓烟滚滚，得知朝廷发生重大变故，于是急忙下令进军，赶往北芒山迎驾。

中平六年（189年）八月，董卓迎驾回宫，可是传国玺却在动乱中丢失。此时，宦官固然已经诛灭干净，何太后却仍然在朝。

为此，董卓分三步攫取了朝廷大权。第一，掌控兵权。董卓入京的兵马不多，但是他掌控了何进及其弟何苗统领的禁军；同时，又收买了吕布，兼并了并州丁原的部队。第二，董卓仍在极力争取文士的支持。他起用名满天下的蔡邕为幕僚，也努力争取袁绍兄弟。只因为袁绍反对董卓废黜少帝，两人才发生了冲突。第三，废帝弑后，掌控朝政。九月初一，董卓废黜少帝刘辩，立献帝刘协，倒是完成了汉灵帝派给蹇硕的任务。可是，董卓此举，只是为扳倒何太后铺路。董卓废黜了少帝，目的是迫使何太后让出权力。两天后，何太后被迁出皇宫鸩杀，董卓完全掌握了朝廷大权。外戚、宦官专权之弊，至此被清除干净，东汉王朝也该寿终正寝了。

三、讨董卓，乱世再现

后来的历史走向却是曹、孙以及当时还在草莽中的刘备，开启了三分天下的局面，其余各怀鬼胎的党人名士，拥兵自重，都被先后诛灭。

董卓统兵入京后，袁绍逃奔冀州。东郡太守桥瑁假借东汉三公的名义，号召天下州郡兴兵讨伐祸乱朝纲的董卓，关东州郡纷起响应。关东诸雄共推“四世三公”的高门子弟袁绍为盟主，分兵占据各战略要地，准备共击董卓。

面对关东联军，董卓一边安排向长安迁都，一边在洛阳一线实施抵抗。在迁都过程中，董卓动用军队驱赶洛阳居民，导致大批百姓丧命，兰台的藏书也在途中损失大半。他还放火焚烧宫殿、官府、民宅，趁机搜刮财物，又指使吕布挖掘帝王、公卿大臣的陵墓获取珍宝。而在洛阳一线，曹操领军五千冲上前线，被董卓大将徐荣所败，身负重伤。孙坚直接打到了洛阳附近，董卓派李傕诱和，表示愿意结婚姻之好，被断然拒绝。孙坚还意外地得到了落入井中的

通鉴识读

九月，癸酉，卓大会百僚，奋首而言曰：『皇帝暗弱，不可以奉宗庙，为天下主。今欲依伊尹、霍光故事，更立陈留王，何如？』公卿以下皆惶恐，莫敢对。卓又抗言曰：『昔霍光定策，延年按剑。有敢沮大议，皆以军法从事！』坐者震动。

——《资治通鉴》卷五九

传国玉玺。袁绍等其他各路英雄都在抢夺自己的地盘。可是，后来的历史走向却是曹、孙以及当时还在草莽中的刘备，开启了三分天下的局面，其余各怀鬼胎的党人名士，拥兵自重，都被先后诛灭。

董卓退守长安之后，滥行诛杀，不得人。他还在郿县建造了一个坞堡，高厚皆七丈，里面存放大量搜刮来的财物，并存有三十年粮食。董卓自己说：“我平定关东后，即雄踞天下，失败了，我也能守在郿坞活到老。”董卓的盗贼心态，说明其政治格局十分低下，注定失败。

董卓倒行逆施，甚至引起了自己的幕僚何颙、郑泰等人的不满。他们采用荀攸的意见，让董卓亲近的越骑校尉伍孚担任刺客，试图刺杀董卓。可惜，最后失败了。司徒王允也有心刺杀董卓，他说服了董卓的义子吕布。

吕布勇猛过人，与董卓为结义父子，负责董卓的私人宿卫。但是董卓性格偏狭，一次，吕布因一件小事不合董卓之意，董卓便暴跳如雷，挥戟刺向吕布。幸亏吕布反应敏捷，方才幸免于难。由此，吕布怀恨在心。此外，吕布利用守卫董家中阁的机会，与董卓的贴身侍女私通，一旦事情败露，定然性命不保。司徒王允正是利用了这一点，动员吕布以贴身警卫的身份刺杀了上朝途中的董卓。

董卓死后，董卓部将李傕、郭汜以为董卓报仇为由，率十万人马攻入长安，擒杀了王允和他的几个亲信。吕布趁乱杀出重围。之后，李傕、郭汜为争权夺利又相互厮杀火并，诸豪强也混战不休，杀得关中地区血流成河，“白骨蔽野”。

东汉末年朝廷的乱象给我们什么启示呢？首先，“家

中郎将吕布，便弓马，膂力过人，卓自以遇人无礼，行止常以布自卫，甚爱信之，誓为父子。然卓性刚褊，尝小失卓意，卓拔手戟掷布，布拳捷避之，而改容顾谢，卓意亦解。布由是阴怨于卓。卓又使布守中阁，而私于傅婢，益不自安。王允素善待布，布见允，自陈卓几见杀之状，允因以诛卓之谋告布，使为内应。布曰：『如父子何？』曰：『君自姓吕，本非骨肉。今忧死不暇，何谓父子？掷戟之时，岂有父子情邪！』布遂许之。

——《资治通鉴》卷六〇

天下”的最大危机是最高统治者人选的危机，尤其是东汉，宫闱不正，皇嗣乏人，导致最高权威失坠。其次，主政大臣因为裙带而上位，沽名钓誉，不仅身死名裂，而且家败国亡。最后，汉末乱象之中，不是没有明白人，但是，由于绝对君权体制缺乏自我纠错机制，眼见其沦亡，任何明眼人也无可奈何，这才是最大的悲剧。

袁绍：打烂一手好牌

公元200年的官渡之战，不仅是袁绍与曹操的对决，也是三国局面开始明朗的第一仗。

当时袁绍有精兵十万，曹操兵力只有两万，很多曹营人士都预测袁绍会赢，于是写信给袁绍，为自己谋划后路。可袁绍最后还是输了。为什么？因为他用十年的时间打烂了上天赐予的一手好牌。

一、政治上投机取巧

袁绍表现得投机取巧、首鼠两端、短视自私，不臣之心暴露无遗。所有这些，都不断地削弱他的政治号召力和公信力。

袁绍（？—202）出自东汉后期一个势倾天下的官宦世家“汝南袁氏”，他们家被称为“四世三公”。从他的高祖父袁安算起，袁家四世之中有五人官拜三公——高祖袁安为司徒，曾祖袁敞为司空，祖父袁汤为太尉，父亲袁逢为司空，叔父袁隗为太傅。袁绍生得英俊威武，甚得父亲、叔伯的喜爱。凭借世资，不到20岁，他已出任濮阳县长，还赢得了清正能干的名声。但不久其母病故，他就辞官服丧了，之后拒绝朝廷的辟召，在洛阳隐居。

东汉末年，宦官专政愈演愈烈，以官僚士大夫和太学生为代表的党人受到残酷迫害。袁绍虽自称隐居，表面上不妄通宾客，暗中却在结交张邈、何颙、许攸这样的侠义之士。184年，黄巾起义爆发，朝廷被迫取消党禁，大赦天下党人，袁绍这才进入大将军何进的门下。

此后权臣董卓在朝廷得势，他擅行废立、滥杀百姓，种种暴行引起了各阶层的愤恨。190年，关东各地群雄讨伐董卓，袁绍被推举为盟主。袁绍当时只是渤海太守，人们之所以推举他，不是因为他的军事实力强，而是看重他的政治优势。一方面，他是名士，在士林中有一定号召力；另一方面，董卓逼着汉献帝杀了包括袁隗、袁基在内的袁家一门。袁家的门生故吏遍及四海，遭此劫难，袁绍获得了天下人的同情。

通鉴识读

春，正月，关东州郡皆起兵以讨董卓，推勃海太守袁绍为盟主。绍自号车骑将军，诸将皆板授官号。

——《资治通鉴》卷五九

但是，从歃血为盟讨伐董卓，到诸家分道扬镳，乃至官渡之战败于曹操，袁绍的政治资本仅维持了十年。

袁绍曾谋划推举幽州牧（汉武帝时设十三州部，每部设一刺史，汉成帝时改刺史为州牧）刘虞为帝，曹操等人反对，刘虞本人也坚决不干。于是不少人怀疑，袁绍起兵讨伐董卓，无非也和董卓一样，企图挟天子以令诸侯而已。袁绍对献帝的不忠之心，昭然可见。

董卓被吕布杀死后，部将李傕、郭汜要为他报仇，于是逼杀王允，赶走吕布，掌握了朝权。后来两人互相猜忌，李傕劫持献帝，郭汜劫持百官，双方互不妥协，展开激战。

195年冬，成为人质的献帝幸而出逃，一路颠沛流离，东向洛阳。有人建议袁绍利用这个机会迎护汉献帝，但他却采取了回避的态度。

197年，袁绍堂弟袁术在淮南称帝，遭到曹操和吕布的轮番打击，不及两年，穷困败落。于是他派人把皇帝的尊号送给堂兄袁绍，说："汉朝王室的气数已尽了，袁氏应当接受天命为君王。"对于这种不靠谱的做法，袁绍居然接受了，还遣长子袁谭在青州接应。而袁术遭到刘备等人的拦截，吐血而亡。

大约是被堂弟转让皇位的事情所触动，袁绍也想称帝。他授意主簿耿苞密劝自己登基，又拿耿苞之言征求将士们的意见，结果遭到一致反对。最后，为了顾全自家面子，袁绍居然杀了耿苞为自己脱罪。

总之，袁绍作为东汉最大的既得利益者之一，在一系列政治事变中并没有表现出忠诚的本性。相反，他表现得投机取巧、首鼠两端、短视自私，不臣之心暴露无遗。所有这些，都不断地削弱他的政治号召力和公信力。被称为"王佐之才"的荀彧和"奇士"郭嘉，都在这个过程中离开他，投奔了曹操。

通鉴识读

初，袁绍与操共起兵，绍问操曰：『若事不辑，则方面何所可据？』操曰：『足下意以为何如？』绍曰：『吾南据河，北阻燕、代，兼戎狄之众，南向以争天下，庶可以济乎！』操曰：『吾任天下之智力，以道御之，无所不可。』

——《资治通鉴》卷六四

二、军事上花拳绣腿

袁绍作为主帅，听断不明、心胸狭窄。内部冲突不断，使他的核心凝聚力土崩瓦解。

在军事上，袁绍用兵不及曹操也是有公论的。他最受诟病的就是常常错失时机，所谓“多谋少决，失在后事”。

199年，袁绍刚刚赢了与公孙瓒十年之战，就想马上去攻打曹操。监军沮授进言说时机不对。因为多年战乱，百姓疲敝，仓库里没有粮食，当务之急是让百姓休养生息。此外，沮授还建议他派遣使者将消灭公孙瓒的捷报呈献天子，如果捷报不能上达天子，就可以上表说曹操断绝了他与朝廷的联系。沮授解释说：“获得政治上的主动权，再采取长远之策。现在曹操奉天子之命号令天下，您若举师南向，于义则违，兴师无名。”结果袁绍不但不听，还分解了沮授的兵权。

200年，刘备伙同董承等人谋害曹操的事情败露，曹操要去讨伐刘备。这时谋士田丰建议袁绍乘曹刘联兵未解之机，“举军而袭其后”。这正是曹操部将最担心的事情。袁绍却因儿子患病推辞了，错失了千载难逢的好机会。气得田丰举杖击地，大呼可惜。

待到曹操击破刘备，还军官渡，袁绍儿子的病也差不多好了，他就召集部下“乃议攻许”。田丰反对说：“曹操既然击败了刘备，那么许都肯定不是无兵之城了。而且曹操善于用兵，变化无穷，兵马虽少，却不可轻视。现在，不如按兵不动，与他相持。”因为袁绍据山川之固，拥四州之众，田丰给他出了一个万全之策，建议他对外结交英才，对内抓紧农耕以备战，再挑选精锐之士组成奇兵部队，频繁攻击敌人薄弱之处，“敌军救右，我军则击其左；救左，则击其右”，使得敌军疲于奔命，百姓无法安心生产，这样不到三年，就可坐等胜利。但袁绍不听，非要“决成败于一战”，还以强谏为由，把田丰关押起来。

通鉴识读

沮授谏曰：『近讨公孙瓒，师出历年，百姓疲敝，仓库无积，未可动也。宜务农息民，先遣使献捷天子。若不得通，乃表曹操隔我王路，然后进屯黎阳，渐营河南，益作舟船，缮修器械，分遣精骑抄其边鄙，令彼不得安，我取其逸。如此，可坐定也。』

——《资治通鉴》卷六三

不光选不准时机，袁绍选将的本领也很差。他重用的那些高级将领，诸如颜良、文丑、淳于琼等，皆有匹夫之勇，却无统御之才。即使张郃这样有才华的大将，在他的手下也表现平平，但投降了曹操之后，却表现出智勇双全的超凡能力。

而且，袁绍也未能正确处理好内部名士之间的关系。他接管冀州后，手下的名士按地域分成两个集团：一个是汝颍名士集团，包括荀谌、辛评、郭图等颍川名士，以及他从汝南老家招徕的汝南名士；一个是冀州名士集团，包括审配、田丰、沮授等冀州本土名士。这两个集团之间从一开始就存在着无法调和的矛盾。其中不仅有地域之见，更重要的还是内部权益之争。在这个问题上，袁绍作为主帅，听断不明、心胸狭窄。内部冲突不断，使他的核心凝聚力土崩瓦解。

三、队伍里人心背离

袁绍的兵马虽多，但法纪不严。田丰刚直，但常常冒犯上司；许攸贪财，又治理无方；审配专权，没有谋略；逢纪处事果断，但自以为是。这几个人，势必不能相容，一定会生内讧。

199年，袁绍挑选精兵十万，战马万匹，南下进逼许都。曹操进驻易守难攻的官渡。官渡之战的序幕由此拉开。在如此情况下，周边割据势力是如何选择支持对象的？《资治通鉴》记载，南阳张绣的谋士贾诩、凉州牧韦端的幕僚杨阜、荆州牧刘表的幕僚韩嵩都看好曹操。

张绣本来与曹操有仇，贾诩用三点理由劝说他归附了曹操：“第一，曹操有政治优势，挟天子以令诸侯。第二，袁绍兵力强大，我们以少数的部队追随他，他也不会重视我们，曹操力量孤弱，能得到我们的兵力，他定会非常高兴。第三，曹操有雄霸天下的雄心大志，所以一定会抛弃私人恩怨，以表明自己崇高的德行。”

杨阜的说法是：“袁绍宽容而不果断，爱用谋略却迟疑不决；不果断就会丧失威信，迟疑不决就会错过时机。如今他兵力虽强，但终究不能成就大业。曹操有雄才大略，当机立断，毫不迟疑，法令统一，兵强马壮，还能不拘一格任用人才，部下各尽其力，一定能成就大业。”

韩嵩的理由是：“曹操善用兵，贤才俊杰都为他效力，所以他势必战胜袁绍。倘若他再进军长江、汉水一带，恐怕抵御不住。”

这三个人里，贾诩强调的是政治优势，杨阜和韩嵩强调的是军事才能和人才优势。

面对袁绍的进攻，曹军的反应如何呢？“许下诸将闻绍将攻许，皆惧。”孔融是惧怕者的代表，他对荀彧说：“袁绍地广兵强，有田丰、许攸这样的智士为他出谋划策，审配、逢纪这样的忠臣为他办事，再加上颜良、文丑这样的勇将统领军队，恐怕难以战胜啊！”荀彧的分析耐人寻味：“袁绍的兵马虽多，但法纪不严。田丰刚直，但常常冒犯上司；许攸贪财，又治理无方；审配专权，没有谋略；逢纪处事果断，但自以为是。这几个人，势必不能相容，一定会生内讧。颜良、文丑不过是匹夫之勇，打一场仗就

通鉴识读

绣曰：『袁强曹弱，又先与曹为仇，从之如何？』诩曰：『此乃所以宜从也。夫曹公奉天子以令天下，其宜从一也；绍强盛，我以少众从之，必不以我为重，曹公众弱，其得我必喜，其宜从二也；夫有霸王之志者，固将释私怨以明德于四海，其宜从三也。愿将军无疑！』

——《资治通鉴》卷六三

于是绍军惊扰，大溃，绍及谭等幅巾乘马，与八百骑渡河。操追之不及，尽收其辎重、图书、珍宝……操收绍书中，得许下及军中人书，皆焚之，曰：『当绍之强，孤犹不能自保，况众人乎！』

——《资治通鉴》卷六三

可以捉住他们了。”

曹操的分析与荀彧高度一致：“袁绍人马虽多而调度无方，将领骄横而政令不一。他土地广大、粮食丰足，这些正好是为我们预备的啊！”

战争结果正是如此，双方相持了一年多，曹操派兵奇袭袁军粮仓乌巢，继而击溃袁军主力。袁绍大败，仓皇带八百骑兵退回河北，此后一直郁郁寡欢。201年，袁绍与曹操之间爆发仓亭之战，袁绍再度失败，一年后于冀州发病呕血而亡。

曹操：生杀予夺有规律

在中国历史上，曹操（155—220）是个很有争议的人物。《三国演义》里，他是奸诈多疑又狂妄的形象；但在当今的不少历史剧里，曹操文韬武略，登高必赋，形象很正面。单说用人这一方面，历来对曹操的评价也各有不同。陈寿在《三国志》里说曹操是“超世之杰”，能充分利用谋略，根据每个人的能力授予官位，能克制个人感情，尽释前嫌、招降纳叛。然而王夫之在《读通鉴论》中说：“操之所以任天下之智力，术也，非道也。术者，有所可，有所不可；可者契合，而不可者弗能纳，则天下之智力，其不为所用者多矣。”

实际上，曹操如何用人，又为何杀人，可以梳理出一定的规律性。

一、家庭出身是心结

曹操的父祖都不是文化人，他能取得这些文学成就，一方面因其自身的天赋和努力，另一方面也因为他非常注意结交名士。

青少年时代的曹操，最大的心结无疑是家庭出身问题。他的父亲曹嵩是大宦官曹腾的养子。东汉末年，宦官把持朝政。曹腾在宫中做事30多年，经历4位皇帝，为人比较收敛，并能推荐贤人。曹嵩也很谦卑低调，虽说花钱买了一个太尉，但在官场人缘一直不错。曹操可以说出身豪门，但总归是“宦官之后”，在时人眼中仍为“寒族”。这种社会地位使他自尊心极强，并且积极进取。他酷爱读书，经史典籍广泛涉猎，尤其爱读军事著作，在诗歌、书法、音乐方面的作品几乎能与名家媲美。曹操的父祖都不是文化人，他能取得这些文学成就，一方面因其自身的天赋和努力，另一方面也因为他非常注意结交名士。

蔡邕是当时著名的文学家、书法家，曹操非常敬重他，常向他请教。曹操统一北方后，见蔡邕没有子嗣，便用重金将他的女儿蔡琰从匈奴那里赎回，又嫁给董祀。可见他非常看重与名士蔡邕的交往。此外，曹操早年的很多密友都是名士，比如大名士袁绍、以侠义闻名的张邈等。

但这些名士果真欣赏曹操吗？不一定。许劭是当时的名士，也是著名的人物评论家，据说每月都要对当时的重要人物进行一次品评，人称“月旦评”。曹操曾经置办厚礼，很谦逊地求许劭为他谈相，但许劭看不起他，不肯说。最后，曹操找了一件事威胁许劭，他不得已才说：“子治世之能臣，乱世之奸雄。”曹操这才高兴地走了。

官渡之战中，“建安七子”之一的陈琳替袁绍写了一篇讨伐檄文——《为袁绍檄豫州》，里面是这么骂曹操的：“司空曹操祖父，故中常侍腾，与左悺、徐璜并作妖孽，饕餮放横，伤化虐民。父嵩，乞匄携养，因赃假位，舆金辇

通鉴识读

操少机警，有权数，而任侠放荡，不治行业。世人未之奇也，唯太尉桥玄及南阳何颙异焉。玄谓操曰：『天下将乱，非命世之才，不能济也。能安之者，其在君乎！』颙见操，叹曰：『汉家将亡，安天下者，必此人也。』玄谓操曰：『君未有名，可交许子将。』子将者，训之从子劭也……曹操往造劭而问之曰：『我何如人？』劭鄙其为人，不答。操乃劫之，劭曰：『子，治世之能臣，乱世之奸雄。』操大喜而去。

——《资治通鉴》卷五八

璧，输货权门；窃盗鼎司，倾覆重器。”意思就是说，曹操的祖父曹腾是臭名彰著的中常侍之一，与左悺、徐璜（东汉末期的宦官）这些妖孽，兴风作浪，伤害百姓；曹操的父亲曹嵩，小时候不过是一个要饭的孩子，被曹腾收养，贪渎财货，买得官位；曹操本人也是盗窃权位，擅作威福。这样的话从陈琳嘴里说出来并得到袁绍认可，至少表明了一些正牌名士心里真正的看法，只是翻脸之前，他们不说而已。

二、宽厚只留给人才

对曹操来说，真正的人才要特殊对待，即使他们名声不好，品行不端，甚至不仁不义，他都能大度包容，大胆驾驭。

在东汉末年的乱局之中，曹操能赢，除了他的政治军事才能外，还赢在胸襟气度上。194年，曹操征讨陶谦时，好友张邈与部将陈宫背叛了他，投奔了吕布，整个兖州几乎全部响应，只剩三座城的将领愿意跟随曹操。曹操的幕僚毕谌的母亲、弟弟、妻儿都被张邈劫持了，曹操于是对毕谌说：“你的老母亲在张邈那儿，你可以离去。”毕谌信誓旦旦地说绝无二心，曹操信以为真，感动得眼泪都流下来了。可毕谌一出门就跑到张邈那里去了。等到曹操击破吕布，活捉毕谌，大家都替他捏了一把汗，曹操却说：“作为人，他能孝顺自己的亲人，不也会忠于君主的吗？这正是我想要的人才啊！”结果他不仅没杀毕谌，还任命他为兖州下属的鲁国相。

类似的情况还有魏种和臧霸。魏种是被曹操举荐而走上仕途的，所以曹操算得上他的恩公。兖州之叛中，曹操自信地说："唯魏种且不弃孤也。"结果，魏种最后也叛变了，让曹操颜面扫地。他大怒说："只要你魏种不逃到南越或是北胡，我就一定不会放过你！"后来曹操活捉了魏种，又怜惜他是一个人才，"释其缚而用之"，让他作了河内太守，再也不提叛变的事。

198年，曹操战吕布时，割据一方的臧霸曾带兵协助吕布。等到吕布战败，臧霸就逃走了。后来曹操擒住臧霸，却赦免了他，还任命他为琅玡相，委之以青徐（古代青州和徐州的并称）方面的军务。后来，背叛曹操的部将徐翕、毛晖逃亡到臧霸那里，曹操让人传话给臧霸，让他送二人的项上人头来。臧霸回复说："以前我之所以能自立一方，就是因为绝不做不义之事。虽然我受主公之恩，不该违命，但一个追求王霸之业的君主应能晓之以义！"曹操听到这些话不但没有生气，反而赞叹臧霸有侠义之风，就任命徐翕、毛晖为郡守。当然，臧霸也投桃报李，后来曹操与袁绍相拒，臧霸将精兵投入青州，所以曹操才能不用顾念东方，专心应付袁绍。

这些例子并不能说明曹操有多么仁厚，因为他的宽厚总是给予他心目中的人才。他的过人之处就是很看重人才。他曾在一篇求贤令中这样写道："负污辱之名，见笑之行，或不仁不孝而有治国用兵之术，其各举所知，勿有所遗。"对他来说，真正的人才要特殊对待，即使他们名声不好，品行不端，甚至不仁不义，他都能大度包容，大胆驾驭。

通鉴识读

初，操在兖州，以徐翕、毛晖为将。及兖州乱，翕、晖皆叛。兖州既定，翕、晖亡命投霸。操语刘备，令霸送二首，霸谓备曰：『霸所以能自立者，以不为此也。霸受主公生全之恩，不敢违命。然王霸之君，可以义告，愿将军为之辞。』备以霸言白操，操叹息谓霸曰：『此古人之事，而君能行之，孤之愿也。』皆以翕、晖为郡守。

——《资治通鉴》卷六二

三、大刀落向两种人

孔融倚仗自己的才干与名望，屡次戏弄、嘲笑曹操，还随便发表议论，多与曹操意见不合。

那么，什么情况下曹操会表现得特别狭隘、恶意杀人呢？一种情况是面对不愿意继续为他效力的谋士。

官渡之战后，曹操曾想收留袁绍帐下谋士沮授，但沮授考虑到家人和财产都在河北，不敢背叛袁绍。曹操与沮授有旧，见他不肯加入自己的阵营，感到可惜，但仍然厚待他。可当他发现沮授密谋逃回袁绍阵营时，就把他杀了。吕布被杀后，曹操曾想赦免陈宫，但陈宫坚决不降，曹操也把他杀了。

另外一类被杀的，就是看不起曹操的名士，因为他们触及到了曹操青年时代的隐痛。

名士许攸就是其中之一。他年轻时与曹操交好，后来成为袁绍帐下谋士。官渡之战时，他的家人因犯法而被捕，他因此背袁投曹。他曾设计帮曹操偷袭袁军屯粮之所乌巢，袁绍因此大败。在征服冀州的过程中，他也有引导之功。但这人狂妄自大，不分场合直呼曹操小名，还常对曹操说："阿瞒，没有我，你得不到冀州。"曹操表面上嬉笑着赞同，但心里颇有芥蒂。一日，大将许褚骑马入邺城东门，正遇许攸，许攸对他说："此家非得我，则不得出入此门也。"意思是要不是他，曹操根本进不来邺城大门。许褚把这件事告诉了曹操，于是许攸被收押，最终被杀。

通鉴识读

许攸恃功骄嫚，尝于众坐呼操小字曰：『某甲，卿非我，不得冀州也！』操笑曰：『汝言是也。』然内不乐，后竟杀之。

——《资治通鉴》卷六四

“建安七子”之一的孔融更是不把曹操放在眼里。孔融与名士祢衡关系很好，曾郑重地向曹操推荐祢衡，为此还专门写了一篇《荐祢衡表》。但祢衡恃才傲物，也看不上曹操，他点评曹操新组建的领导班子时口出狂言，说：“陈群（名士陈寔之孙）、司马朗（司马懿之兄）不过是屠夫之流，荀彧只配给人哭丧，赵融只配监厨请客。”他看得上的只有孔融和杨修，其他的人，都不值一提。

因为孔融的推荐，曹操想见一见祢衡，但祢衡称病不往。曹操心中恼恨，就以祢衡擅长击鼓为名，封他为鼓史。宴请宾客之时，曹操让鼓史为大家鼓曲助兴，鼓史们都换上了专门的制服，唯有祢衡没有换装就上场了。受到下吏责问时，祢衡当场一件一件脱光衣服，赤身裸体不紧不慢地换上制服，接着击鼓。曹操自嘲说，没想到被这小子羞辱了一番，后来就把他遣送给了刘表。因为祢衡的事，曹操已经对孔融心有芥蒂。《资治通鉴》记载，孔融并没有因此收敛，反而倚仗自己的才干与名望，屡次戏弄、嘲笑曹操，还随便发表议论，多与曹操意见不合。曹操表面上容忍他的言行，而心里十分厌恶。

官渡之战后，曹操为节约粮食而禁酒，孔融不仅上书反对，还带头违抗。204年，曹操进攻邺城时屠杀居民，曹操的儿子曹丕私自娶了袁熙的妻子甄氏。孔融写信给曹操说：“武王伐纣，以妲己赐周公。”曹操不明白，问孔融这出于何经何典。其实这是孔融杜撰出来讽刺曹操的，就回答说：“按现在的事情量一量，想当然而已。”207年，曹操北讨乌桓，孔融又讥笑他说：“大将军远征，萧条海外，从前肃慎不进贡楛矢，丁零偷盗苏武的牛羊，可以一并讨

通鉴识读

壬子，太中大夫孔融弃市。融恃其才望，数戏侮曹操，发辞偏宕，多致乖忤。操以融名重天下，外相容忍而内甚嫌之……融与郗虑有隙，虑承操风旨，构成其罪，令丞相军谋祭酒路粹奏：『融昔在北海，见王室不静，而招合徒众，欲规不轨。及与孙权使语，谤讪朝廷。又，前与白衣祢衡跌荡放言，更相赞扬。衡谓融曰「仲尼不死」，融答「颜回复生」，大逆不道，宜极重诛。』操遂收融，并其妻子皆杀之。

——《资治通鉴》卷六五

伐啊！”

曹操发现孔融的议论范围越来越广，对孔融更加忌惮。与孔融一向不睦的郗虑趁机给曹操吹耳边风，罗织了不少孔融的罪状。曹操于是下令逮捕孔融，连他的妻子儿女也一起处死了。对于看不起自己的文人，曹操动辄用权力消灭对方，是很不仁厚的。大约这也是后人“畏其威而不怀其德”的缘故吧。

刘备的仁厚与坚忍

刘备（161—223）没有履历，没有家族背景，甚至不擅长打仗，与众豪杰逐鹿中原，他可以打的牌不多，可依赖的本钱也很少。然而，刘备素有仁德之名，凭借这点仁厚的长者形象，他往往可以绝处逢生，逢凶化吉。

一、江湖声誉

有人劝刘备放弃百姓，刘备却说："想要成大事必须以人为本，现在这么多人背井离乡跟着我，我怎么忍心抛下他们！"

通鉴识读

初，涿郡刘备，中山靖王之后也。少孤贫，与母以贩履为业，长七尺五寸，垂手下膝，顾自见其耳；有大志，少语言，喜怒不形于色。

——《资治通鉴》卷六〇

刘备，字玄德，父祖"世仕州郡"，为一般吏职。父亲早故，他与母亲相依为命。年少时，刘备便表现出仁厚豪爽的一面。《三国志》记载，刘备"善下人，喜怒不形于色，好交结豪侠"。他善待下人，喜欢结交豪杰，因而乡里的少年都愿意依附他。

中平元年（184年），黄巾起义爆发，24岁的刘备在与黄巾军作战中，略有微功，而后又于中平五年（188年）

参与镇压张纯叛乱的战斗，凭军功被封为安喜县县尉。不久，朝廷有令：因军功而成为官吏的人，需要被精选淘汰。该郡督邮要遣散刘备。刘备得到消息后，立即赶到督邮入住的驿站求见，但督邮称疾不肯见刘备。这让刘备很火大，他把督邮捆绑起来杖打，然后弃官和关羽、张飞一起逃亡。

之后刘备与青州刺史田楷一起对抗冀州牧袁绍，他在任期间，对外抵御贼寇，对内乐善好施，即使普通百姓都可与他同席而坐，同簋而食。一次，有刺客受命来暗杀刘备。刘备不知情，还对刺客十分礼遇，结果刺客深受感动，不忍心杀害刘备，就把实情告诉刘备，然后离开了。

刘备的名声就这样逐渐传扬开来。后来，北海相孔融被黄巾军围困，情势危急，就派太史慈突围向刘备求救。对于孔融的求救，连刘备自己也感到惊讶：“北海相孔融居然知道世上有刘备！”

兴平元年（194年），陶谦被曹操所逼，病重之际，说“非刘备不能使徐州安定”，就让没有履历，没有家族背景，甚至不擅长打仗的刘备出任徐州刺史。对此，刘备自己还心有疑虑，不肯接受，但袁绍、陈登、孔融、麋竺这些不同背景的人，都认可他。

刘备的仁厚为他赢得了人才，也赢得了人心。先说人才。关羽、张飞在刘备“出道”之前，就是铁杆兄弟。公孙瓒帐下的赵云忠勇善战，性情谦和。刘备一见倾心，深相接纳，从此子龙追随刘备一生，甘苦与共。最有名的是诸葛亮，三顾茅庐，千古佳话。诸葛亮比刘备年轻二十岁，刘备不仅能用诸葛亮，而且坦诚托孤，使诸葛亮鞠躬尽瘁、死而后已。

通鉴识读

亮曰：『今曹操已拥百万之众，挟天子而令诸侯，此诚不可与争锋。孙权据有江东，已历三世，国险而民附，贤能为之用，此可与为援而不可图也。荆州北据汉沔，利尽南海，东连吴会，西通巴蜀，此用武之国，而其主不能守，此殆天所以资将军也。益州险塞，沃野千里，天府之土；刘璋暗弱，张鲁在北，民殷国富而不知存恤，智能之士思得明君。将军既帝室之胄，信义著于四海，若跨有荆益，保其岩阻，抚和戎越，结好孙权，内修政治，外观时变，则霸业可成，汉室可兴矣。』

——《资治通鉴》卷六五

或谓备曰：『宜速行保江陵，今虽拥大众，被甲者少，若曹公兵至，何以拒之！』备曰：『夫济大事必以人为本，今人归吾，吾何忍弃去！』。

——《资治通鉴》卷六五

再说人心。刘备在荆州受到刘表的猜忌，难有作为，可人心却在刘备这边。刘表死后，荆州士民皆归附于刘备，诸葛亮劝他袭取刘表懦弱的遗孤刘琮，刘备不听。曹操南下攻荆州，刘琮投降，数以十万计的百姓追随刘备南逃，每天只能走十几里，有人劝刘备放弃百姓，刘备却说："想要成大事必须以人为本，现在这么多人背井离乡跟着我，我怎么忍心抛下他们！"对此，晋朝史学家习凿齿也不禁赞叹刘备："虽颠沛险难而信义愈明，势逼事危而言不失道。"

刘备的仁厚，不仅是他的美德，也是他的智慧所在：即使他起意袭取荆州了，能够保证一定成功吗？即使袭取成功了，面对曹操南下的大军，能保住荆州吗？刘备心中应该是很清楚的。

二、困境机遇

赤壁之战的失利使曹操失去了在短时间内统一全国的可能性，而刘备则借此机会开始发展壮大自己的势力，他向孙权借荆州后实力迅速壮大。

刘备前半生虽然因为仁德之名算得上幸运，但是少有真正得意的日子。当初陶谦病重，将徐州拱手让与刘备，可惜这从天而降的馅饼刘备没有接住——他领徐州后，袁术又率大军逼来，吕布也趁机偷袭，结果刘备丢了徐州，输给了吕布。此后，他就在吕布手下苟且过活。没过多久，吕布也容不下他，他先后又投奔了曹操、袁绍、刘表。直到48岁，刘备还在刘表手下混饭吃，可谓不得志。

不过，即使身处困境，屈身他人屋檐下，刘备也没有灰心丧志。他坚忍、变通，借力发力，努力在困境中求生存。刘备在荆州一共有七年时间，其间深为刘表所忌惮。刘表身居天下要冲，对北方战局采取中立态度，实际上是坐等毙命。刘备在荆州期间，广结恩信，又先后得到了徐庶、诸葛亮这样的人才，只等一个出头露面的机会。

终于，机会来了。刘表去世后，曹操南下，荆州局势崩盘，孙权暴露在曹操的打击之下，战事一触即发。孙权与刘备联合，谋划共抗曹操。

其时，刘备以及关羽、刘琦（刘表长子，其手下军队万余人归于刘备）有两万人，周瑜所动员的军队也只有三万人，照理说，二人出兵相当，确实是孙刘联盟。可是，无论是曹操，还是孙权，都没有把刘备真正作为一方平等相待。孙权更愿意把刘备看作是前来投奔自己的，就像当初刘备在曹操、袁绍和刘表手下那样。这是导致孙刘两家为荆州问题大动干戈的原因之一。

曹操屯军于江北的乌林。曹操著名的《短歌行》："月明星稀，乌鹊南飞，绕树三匝，何枝可依？山不厌高，海不厌深。周公吐哺，天下归心。"就是赤壁之战前与诸将宴饮时的兴会之作。当时，因为曹操手下的士卒大多来自北方，不习惯坐船，于是曹军将舰船首尾连接起来，使人马在船上如履平地。黄盖见机诈降，给战船装上干荻和枯柴，在里边浇上油，趁着东南风，在快靠近曹军时点燃，把曹军战船全部烧光，火势还蔓延到曹军设在陆地上的营寨。趁此时机，刘备从陆路、周瑜从水路并进追击，结果，曹

通鉴识读

时操军众，已有疾疫，初一交战，操军不利，引次江北。瑜等在南岸，瑜部将黄盖曰：『今寇众我寡，难与持久。操军方连船舰，首尾相接，可烧而走也。』乃取蒙冲斗舰十艘，载燥荻、枯柴，灌油其中，裹以帷幕，上建旌旗，豫备走舸，系于其尾。先以书遗操，诈云欲降。时东南风急，盖以十舰最著前，中江举帆，余船以次俱进。操军吏士皆出营立观，指言盖降。去北军二里余，同时发火，火烈风猛，船往如箭，烧尽北船，延及岸上营落。顷之，烟炎张天，人马烧溺死者甚众。

——《资治通鉴》卷六五

操大败而逃。孙刘联军赢得了赤壁之战的胜利。

赤壁之战的失利使曹操失去了在短时间内统一全国的可能性，而刘备则借此机会开始发展壮大自己的势力，他向孙权借荆州后实力迅速壮大。可以说，赤壁之战是刘备一生的转折点。

三、赫然寂灭

通鉴识读

法正至荆州，阴献策于刘备曰：『以明将军之英才，乘刘牧之懦弱；张松，州之股肱，响应于内；以取益州，犹反掌也。』备疑未决。庞统言于备曰：『荆州荒残，人物殚尽，东有孙车骑，北有曹操，难以得志。今益州户口百万，土沃财富，诚得以为资，大业可成也！』。

——《资治通鉴》卷六六

刘备能识人、团结人，致其死力；刘备能广播恩信，所在之处均能获得民心归附，也能争取到当地豪强的支持；刘备性格坚忍，能屈能伸，百折不挠，最终成就了一番偏安的霸业。

赤壁之战结束后，刘备终于得到了一块属于自己的地盘。这是他失去徐州之后，再一次真正拥有一块根据地。可是，荆州与徐州类似，也是四战之地。凭刘备如此单薄的实力，根本不可能固守。此时，益州向刘备招手了。

割据汉中的张鲁投降了曹操，使得汉中成为曹操进攻成都的跳板。益州牧刘璋在僚属张松、法正的鼓动下，决定迎请刘备入川，北击张鲁。刘备于是有了染指益州的机会。

建安十六年（211年），应刘璋邀请，刘备率庞统等人统数万兵马进川，刘璋甚至没有让其进城，就遣他直接去白水关前线，准备攻打张鲁。其间刘璋的部下张松、法正暗助刘备。次年，张松因勾结刘备取益州的阴谋败露被杀，刘备于是和刘璋反目，调诸葛亮等进川辅佐。建安十九年

（214年），刘备攻入成都，刘璋被送往江陵安置。

建安二十四年（219年），刘备攻取汉中，并自任汉中王，事业达到峰巅。刘备在成都，魏延在汉中，关羽在荆州，当初诸葛亮为刘备规划的横跨荆益的蓝图已经成为现实。可是，这个现实包含着一个巨大的风险，就是荆州与益州之间的水上通道经过三峡，十分险阻，兵马与物资均难以顺畅调动。而益州是“险固四塞”，刘备的兵力被切割为三。益州之外，北边的汉中直面曹操西北的军事压力，荆州面临孙权的觊觎和曹操河南地区的军事压力。连接荆益之间陆上通道的关键点——襄阳和樊城，掌控在曹操手上。

于是，关羽急于求成，出兵攻打襄、樊。不过，他没有照顾到孙权的情绪。最终，吕蒙以白衣渡江，袭取荆州，关羽被吴军擒获，遭到杀害。这给刘备带来了沉重的打击。

不久曹操去世，曹丕禅代。刘备也于魏黄初二年，即221年即位称汉帝，年号章武。此时的蜀汉，本当巩固政权，徐图良策，可是刘备却以为关羽报仇的名义，发动了征讨东吴的夷陵之战。战前张飞已经被杀，诸葛亮、赵云都无法阻拦刘备的冲动行为。夷陵战败，蜀汉元气大伤，刘备一病不起，最终驾崩于223年。

在东汉末年的政治江湖上，刘备曾属于弱者。行伍出身却不擅长打仗；自称皇叔，最弱的一项就是出身。论心机，刘备不如曹操；论家业，刘备逊于孙权。但是，刘备能识人、团结人，致其死力；刘备能广播恩信，所在之处均能获得民心归附，也能争取到当地豪强的支持；刘备性格坚忍，能屈能伸，百折不挠，最终成就了一番偏安的霸业。

通鉴识读

秋，七月，汉主自率诸军击孙权，权遣使求和于汉。南郡太守诸葛瑾遗汉主笺曰：『陛下以关羽之亲，何如先帝？荆州大小，孰与海内？俱应仇疾，谁当先后？若审此数，易于反掌矣。』汉主不听。

——《资治通鉴》卷六九

“天下英雄谁敌手？曹刘！”三国纷纭，大浪淘沙，刘玄德“折而不挠”、奋斗不止的品性，不得不令人佩服。

江东名将周瑜

周瑜（175—210），字公瑾，是三国时期的名人。他少年时代就与孙策是朋友，其后又辅佐孙权巩固江东的统治，尤其因为在赤壁之战中的优异表现而扬名立万。赤壁之战是保卫江东的关键一战，周瑜的表现有三点特别突出：首先，他坚定了孙权抗战的决心；其次，他是这场战争的统帅，也是身在一线的指挥者；最后，他在战后进一步巩固战争的成果，遏制刘备势力对江东的损害。

由于文学作品和戏曲等的影响，周瑜给世人的形象是才华横溢，但不及诸葛亮，即所谓“瑜亮情结”；心胸狭窄，即所谓“三气周瑜”，最后郁郁而终。《资治通鉴》作为一部信史，会告诉你不一样的周瑜。

一、佐助孙策打天下

周瑜得知孙策带着数千兵马经营江东，立马率兵来迎，大力资助粮饷。孙策大喜，说：“有老兄你相助，我的事一定能成！”

周瑜的一生与孙氏家族密切相关。孙策的父亲长沙太守孙坚，在关东军讨董卓战争中颇有战功。其后他奉袁术之命征讨荆州刘表，死于黄祖部将的暗箭之下。长子孙策年仅17岁，一心想为父亲报仇。他把父亲安葬之后，就举家迁往江都（今江苏扬州），安顿好母亲与弟弟们。

当初袁术割据淮南，孙坚与袁术互相联合。孙坚那个挂名的豫州刺史还是袁术要来的。由于在拥立汉帝问题上袁绍和袁术的意见不一致，加上各有异志，兄弟反目。袁绍任命他人挂名豫州刺史，挤兑了孙坚；又让刘表去攻打袁术。这样一来，袁术与孙坚因为共同反对袁绍，而成为“命运共同体”。这才有袁术派孙坚去攻打刘表的事。现在孙坚死在战场上，儿子孙策向袁术讨要父亲的部曲（孙坚原来的私兵部队），要求复仇。袁术并不情愿，又无法硬性拒绝。按照那个时代的道理，私兵部曲，犹如个人财产，是要传给子孙的。袁术于是和孙策讲条件，说你打下九江，我就任命你为太守，派你去给父亲报仇。最后孙策打下九江，袁术却任命自己的亲信为太守。后来袁术又向孙策承诺，说如果你拿下庐江，我就任命你为太守。结果再次食言。

于是，孙策坚决要求离开袁术，帮助曾任丹阳太守的舅舅吴景经略江东。袁术大约也觉得对不住孙策，同时也不认为他能搞定江东，就给孙策封了一个折冲校尉的官，让他带千余人渡江经略。孙氏家族在江东本来就有人脉，孙策儿时的伙伴之一，就是舒城人周瑜。在孙坚外出打仗之前，孙策一家就受周瑜之邀搬来舒城住，周瑜让出自家的道旁大宅给孙策，两家互通有无。

通鉴识读

初，孙坚娶钱唐吴氏，生四男策、权、翊、匡及一女。坚从军于外，留家寿春。策年十余岁，已交结知名。舒人周瑜与策同年，亦英达夙成。闻策声问，自舒来造焉，便推结分好，劝策徙居舒；策从之。瑜乃推道旁大宅与策，升堂拜母，有无通共。

——《资治通鉴》卷六一

周氏家族在当地也有势力，周瑜的叔父周尚时任丹阳太守。周瑜得知孙策带着数千兵马（刚开始只有约一千人，一路招募已经有五六千）经营江东，立马率兵来迎，大力资助粮饷。孙策大喜，说：“有老兄你相助，我的事一定能成！”

这时候朝廷派遣的扬州刺史是刘繇，可是袁术占领着扬州刺史的治所寿春不放，刘繇只能渡江到曲阿去上任。帮助刘繇的当地豪杰，正是孙策的舅舅吴景等人。现在袁术派孙策来经营江东，刘繇就很担心。孙策一路上攻城略地，迫使刘繇逃离江东。

建安二年（197年），袁术称帝，孙策立马与其翻脸。曹操挟天子令，任命孙策为讨逆将军，封吴侯，让他去对付袁术。袁术任命周瑜为居巢长、鲁肃为东城长，二人知道袁术无能，弃官渡江投奔了孙策。周瑜参加了孙策领导的多次战争，并取得胜利。最有名的是攻打皖县（今安徽潜山）之战，获得桥家两位美貌的姑娘，大桥（民间演义讹为大乔）嫁给孙策，小桥（民间演义讹为小乔）嫁给周瑜。孙、周二人成了亲戚。

通鉴识读

策说术曰：『家有旧恩在东，愿助舅讨横江。横江拔，因投本土召募，可得三万兵，以佐明使君定天下。』术知其恨，而以刘繇据曲阿，王朗在会稽，谓策未必能定，乃许之。表策为折冲校尉，将兵千余人、骑数十匹。行收兵，比至历阳，众五六千。时周瑜从父尚为丹阳太守，瑜将兵迎之，仍助以资粮。策大喜，曰：『吾得卿，谐也！』

——《资治通鉴》卷六一

二、赤壁之战当主角

“曹操率领中原疲病之卒，驱使荆州狐疑之众，军队人数再多，也不足为惧。给我周瑜精兵五万，就足以遏制其进攻。”

建安五年（200年）四月，孙策身亡，18岁的孙权继任。临终前孙策留下遗嘱，要孙权内事不决问张昭，外事不决问周瑜。当时张昭的职务是长史，相当于幕僚长；周瑜为中护军，相当于参谋长。

孙氏政权的主要对手是刘表。周瑜驻扎在鄱阳湖，防范荆州。建安十三年（208年）春，由于黄祖部将甘宁献计，周瑜以先锋破黄祖，占领了江夏。这时距离曹操七月挥师南下，仅剩4个月。拔掉江夏郡对于江东接下来的抗曹意义重大。

九月，曹操大举南下，重病在身的刘表受惊吓而死。次子刘琮继位，选择了投降。曹军压境，刘备屯兵的新野首当其冲。刘备一路南下，在长坂坡遇到前来打探情况的鲁肃。鲁肃建议刘备归附江东，并引诸葛亮来见孙权。当时，周瑜在巴丘（今湖南岳阳，有人考订巴丘有多处，可备一说）御敌，而不是在吴郡（治今江苏苏州）。《资治通鉴》用比较大的篇幅记载了孙权内部的意见分歧。

曹操给孙权下战书，说率领大兵八十万，要会猎于吴。张昭、秦松等都是江东要人，从孙策时起就是重要谋士，主张议和。鲁肃和诸葛亮则劝孙权抵抗。但是，作为客人，诸葛亮只能说：要抵抗就组织兵力，要投降就赶紧迎接曹操，自己选择，不要犹豫不决；至于我们刘备这边嘛，只能听天由命，拼死一战。

鲁肃毕竟是新人，不敢直接与张昭、秦松等老臣直接唱反调。议论的空隙间，孙权起身更衣，鲁肃追上去说："我们这些人可以迎降，主公您不行啊。我降曹，无非是乡党评议，悠游士林，仕宦州郡而已。您的位置他没有办法安排呀！"鲁肃说的是大实话，他人微言轻，曹操不会把他怎么样。张昭等位高权重，必须趁早表态立功，归附朝廷，妻子财产可保无虞。从当时曹操打的旗号来说，那是归附中央政权，是归顺朝廷。归顺朝廷、放弃割据，这种说辞让张昭等人没有不忠的心理负担，孙权也无法完全反驳。

鲁肃劝孙权立即召还周瑜。最终，周瑜一锤定音。周瑜对孙权说的一番话，《资治通鉴》有详细记述。首先，周瑜一针见血地否定了所谓归顺朝廷的说辞，否定了曹操南下的合法性："操虽托名汉相，其实汉贼也。"如果不把这个否定掉，孙权的抵抗就缺乏正当性。同时他还说明，经过十来年的经营，江东已经具备了抵抗曹操的势力。接着他从军事战略层面进行分析：第一，曹操北方并不稳定，马超、韩遂在关西，是其后患；第二，曹操士兵不习水战，舍长用短，与吴越争衡，何来优势？第三，北人远涉江湖，水土不服，难免患病。这几条是兵家大忌，曹操都犯了。给我周瑜数万兵力，进屯夏口（今湖北汉口），保证为您击败来犯之敌。孙权听了这一席话，立即召集诸将会议，对着大家说："曹操老贼，早就想要废汉自立，只是忌惮二袁（袁绍、袁术）、吕布、刘表与孤耳；如今数雄已灭，惟孤尚存。孤与老贼势不两立！"说完，他举起佩剑，砍下案头一角，说："诸将吏还有敢说投降的，与此案同斩！"江东抗曹的决心遂定。

周瑜以上的话主要是从战略上分析问题。既然决定要打仗，那还必须从战术上考虑具体安排。这天夜间，周瑜再次面见孙权，他分析道："曹操来信说带水步兵八十万，都是吹牛。实际上，曹操从北方带来的军队不过十五六万，而且长途奔袭，师劳兵疲；所得刘表荆州军最多七八万，

通鉴识读

时周瑜受使至番阳，肃劝权召瑜还。瑜至，谓权曰：操虽托名汉相，其实汉贼也。将军以神武雄才，兼仗父兄之烈，割据江东，地方数千里，兵精足用，英雄乐业，当横行天下，为汉家除残去秽；况操自送死，而可迎之邪！

——《资治通鉴》卷六五

尚怀狐疑。曹操率领中原疲病之卒，驱使着荆州狐疑之众，军队人数再多，也不足为惧。您给我周瑜精兵五万，就足以遏制其进攻。将军（孙权现在名义上是朝廷封的讨虏将军）您就放心吧！”

孙权欣慰地拍着周瑜的背说：“公瑾，卿言至此，甚合我意。子布（张昭字子布）、元表（秦松字元表）诸人，各顾妻子，怀有私心，令我失望；独卿和子敬（鲁肃字子敬）与我志同意合，真是老天爷让你们二人佐助我呀！五万兵难以一下子凑齐，我已选定三万精兵，备好了船粮战具。卿与鲁肃、程普先出发，我自当后续派遣兵员，多载资粮，为卿后援。”于是，孙权任命周瑜、程普为左、右督，统兵与驻扎在夏口的刘备组成孙刘联军，合力迎击曹操；命鲁肃为赞军校尉（相当于随军参谋），协助筹划方略。

三、战后谋划遏制刘备

对于刘备，周瑜心中十分清楚，知道是养虎遗患。他专程去见孙权，畅谈破曹之后的战略规划。

赤壁之战包括两个阶段，第一个阶段是黄盖诈降，火烧曹军北岸的战船，连及岸上的营垒；第二个阶段是周瑜和刘备一个在水上，一个在陆上，追击北归的曹军，因为主要战场在乌林，故又称乌林之役。刘备军只参加了后面这个阶段的战斗。大家注意到没有，孙权在战前动员大会上抨击曹操“欲废汉自立久矣，徒忌二袁、吕布、刘表与孤耳”，唯独没有列举就在眼皮底下等待联合抗敌的刘备。

因为刘备自出道以来，就不曾构成独立的一方。除了当过短暂的徐州牧，他一直寄人篱下，现在也无非是投奔了孙权。所以，孙权不视之为一方势力，代表荆州的不是投降了的刘琮，至少也是刘表的大儿子刘琦。刘琦手头有一万兵力，关羽麾下还有一万人，其实刘备这两万人的规模不比周瑜三万人少很多。但是，周瑜是战争总指挥，是主；刘备是配合作战，是客。

曹操北撤后，留下征南将军曹仁、横野将军徐晃守江陵，折冲将军乐进守襄阳。荆州被分割为三块：北边一块归曹操，靠近长江下游扬州的一块归孙权，靠近长江上游益州的一块归刘备。刘琦不久病死，刘备就俨然成了荆州的代表。

周瑜出任南郡太守，实际上是面对曹军的第一线。周瑜向对岸的曹仁发起了凌厉的攻势，迫使曹仁后撤。同时，对于刘备，周瑜心中十分清楚，知道是养虎遗患。他专程去见孙权，畅谈破曹之后的战略规划，建议由他与孙瑜（孙权从兄）共同带兵攻入西蜀，拿下汉中的张鲁；然后让孙瑜驻守成都，他再返回荆州，与孙权谋划北伐中原，孙瑜从汉中出兵相呼应。这个意见，几乎与诸葛亮“隆中对”横跨荆益、北伐中原的设想不谋而合，只能说英雄所见略同罢了。因此，压制刘备，抢夺先机，是周瑜整个计划中不可缺少的一环。可惜，回到荆州不久，周瑜就赍志以殁。真可谓“出师未捷身先死，长使英雄泪满襟”。

再说赤壁之战后，刘备的荆州部众越来越多，周瑜给的地盘明显不够。他亲自去见孙权，说周瑜所给的地盘过小，不足以容纳其部众，希望能都督荆州。周瑜立即上书，

> 刘备表权行车骑将军，领徐州牧。会刘琦卒，权以备领荆州牧，周瑜分南岸地以给备。备立营于油口，改名公安。权以妹妻备。妹才捷刚猛，有诸兄风，侍婢百余人，皆执刀侍立，备每入，心常凛凛。
>
> ——《资治通鉴》卷六六

建议孙权要留住刘备，说：“刘备乃一代枭雄，又有关羽、张飞两员虎将为羽翼，不会长期寄寓人下，为别人打工。愚以为从长远考虑，应该征调刘备到都城，为他修筑宫室，多配备美女玩物，以娱其耳目；将关张二人调开，各守一方，使之加入到我们的战斗部队中去，如此则大事可定。现在倒好，我们给刘备这么多土地，资助他形成气候，刘关张合在一起，驰骋疆场，就像蛟龙得到云雨，终归不是池中之物。”实际上就是建议软禁刘备，拆散关张。但孙权考虑到曹操的威胁仍在，联合刘备的力量，仍然是自保江东的必要选项，就没有采纳周瑜的建议。后来，周瑜的计谋也传到了刘备耳朵里，刘备感慨地说：“天下智谋之士，真是所见略同。此行之前，孔明就劝我不要去见孙权，担心的就是把我扣下。只是事情紧急，不得不往，这一次真是冒险啊，差一点就栽在了周瑜手上！”

四、周瑜的为人与评价

> 反观魏晋以降南方割据小朝廷，内部争取苟安，走向灭亡，更可以看出周瑜顾全大局，雅致高逸。

《三国演义》以及各种戏剧，都把周瑜描绘成一个心胸狭窄的小人，不能容人，尤其是民间还有“既生瑜，何生亮”这样的话，以及诸葛亮三气周瑜、“赔了夫人又折兵”这样的段子。历史上真实的周瑜完全不是这样。

当年曹操南下，孙权决定抵抗，安排周瑜与程普为左、右督统领前线的军队，就有互相牵制之意。这也是通常的“帝王术”吧。程普是老资格，对年轻的周瑜颇为不服。程普早年就追随孙坚征讨黄巾军，当时的周瑜只是十岁左右的“儿童团”。初平元年（190年），关东军讨董卓，程普随孙坚击破董卓，攻城野战，作战勇猛，曾多次负伤。孙策继位之后，程普作为父亲的老部下，尤其获得信任和重用。现在晚辈周瑜居然位居己上，程普很不高兴，摆老资格，常用言语顶撞周瑜，让周瑜难堪。但是，周瑜总是温和谦卑地应对，从来不与之计较。一段时间共事下来，程普非常佩服周瑜的胸襟气度，总是对人说，与周公瑾打交道，犹如饮美酒佳酿，不觉令人心醉，转而对周瑜敬重有加。

周瑜很爱惜人才。鲁肃隐居乡间，周瑜去征求军粮，鲁肃奉上一个大粮仓，分文不取；甘宁是黄祖的部将，周瑜慧眼识珠，争取其归附。鲁肃、甘宁都是周瑜推荐给孙权的。

周瑜处事顾全大局，还体现在对孙权的尊重上。孙权18岁继位之时，还没有很高的威信，孙家在江东的基业也并不巩固，孙权母亲吴夫人让他以兄事周瑜。孙权的职位只是讨虏将军而已，并没有与文武官员形成牢固的君臣关系，相互之间的礼仪尚简约。尽管周瑜家族在扬州也是很有势力的，但是周瑜不仅不争权，容忍孙权安排程普对自己进行牵制，还率先以君臣之礼敬奉孙权。这对于团结内部力量，巩固江东政权，具有标志性意义。

至于周瑜对刘备集团的防范，试图用美人计、富贵温柔乡来松懈刘备的斗志，这只是各为其主的谋略，与心胸

通鉴识读

曹操密遣九江蒋干往说周瑜。干以才辨独步于江、淮之间，乃布衣葛巾，自托私行诣瑜。瑜出迎之，立谓干曰：『子翼良苦，远涉江湖，为曹氏作说客邪！』因延干，与周观营中，行视仓库、军资、器仗讫，还饮宴，示之侍者服饰珍玩之物。因谓干曰：『丈夫处世，遇知己之主，外托君臣之义，内结骨肉之恩，言行计从，祸福共之，假使苏、张更生，能移其意乎？』干但笑，终无所言。

——《资治通鉴》卷六六

气量毫不相干。赤壁之战后，曹操曾经派蒋干去周瑜那里，想把周瑜争取过来。《三国演义》中“蒋干盗书”属于虚构，蒋干去找周瑜，是想策动他归附曹操的。周瑜知道其来意，带着他察看自己的军营与设施，言辞之中，抒发情意，透露自己与孙权名为君臣，实则恩同骨肉、情为知己，让蒋干终于开不了口。他回去对曹操说，周瑜雅量高致，是不能用言语离间的。可以这样说，周瑜对孙权的忠诚，是不亚于诸葛亮之于刘备的。反观魏晋以降南方割据小朝廷，内部争取苟安，走向灭亡，更可以看出周瑜顾全大局，雅致高逸。

生子当如孙仲谋

孙权及其父孙坚、其兄孙策是三国英雄谱中一道独特的风景。曹操曾说："生子当如孙仲谋！刘景升儿子若豚犬耳！"意思是生儿子应当像孙权，至于刘表的儿子，不过是猪狗！为什么一代枭雄对孙权有如此高的评价？因为孙权在年少时就表现出的政治成熟度和政治手腕，是一般人无法达到的。

一、初出茅庐，不同凡响

当时只有18岁的孙权身份还是汉臣，不宜暴露自己的政治意图，于是为了掩盖自己的战略方向故作沉吟。事实上，这个对策后来成为东吴的治国方针，因为是在榻上提出的，又叫"榻上策"。

年少时，孙权常跟在兄长孙策左右，参与军队内部的决策，显露出一些才能。每当宴请宾客，孙策常回头看着孙权说："这些人，以后都会是你的手下。"孙策收得会稽郡后，十五岁的孙权被任命为会稽郡阳羡县县长，后来吴郡太守朱治举荐他为孝廉，扬州刺史严象又举荐他为茂才。

《三国志》作者陈寿说：“孙权屈身忍辱，任才尚计，有句践之奇英，人之杰矣。”他认为孙权有阴柔手段，能够像勾践那样屈身忍辱，笼络人才，善用计谋。也就是说，与父亲孙坚、长兄孙策不同，孙权的优势不在战场。

建安五年（200年），孙策遭刺杀身亡，孙权继而掌事，成为一方诸侯。鲁肃与孙权初次相见，合榻对饮时，孙权问：“如今汉王室垂危，我想建立齐桓公、晋文公那样的功业，你有什么办法可以帮我？”

鲁肃回答：“从前汉高祖一心想拥戴义帝而不能如愿，原因在于项羽从中破坏。现在曹操就像从前的项羽，将军怎么能成为当世的齐桓公、晋文公呢？我私下认为，汉朝不会再复兴，曹操也不可能一下子除掉。将军您只可占据江东，静观天下的形势变化，先保持住这块地盘，然后等待北方多事之时，消灭黄祖，进攻刘表，将长江据为己有。到时候打出帝王的旗号以谋取天下，这就是汉高祖的功业啊！”对于鲁肃描绘的这个蓝图，孙权的回答是：“如今我尽力经营一方，只是希望辅佐汉王室罢了，你所说的这些我还没有想到。”

孙权这样表态，与刘备听到“隆中对”后的表态相比，应该说各有千秋：刘备立即说“善”，是要给自己和团队打气；当时只有18岁的孙权身份还是汉臣，不宜暴露自己的政治意图，于是为了掩盖自己的战略方向故作沉吟。事实上，这个对策后来成为东吴的治国方针，因为是在榻上提出的，又叫“榻上策”。

孙权执掌江东后，做的第一件事就是树立威信。他

通鉴识读

肃曰：『昔高帝欲尊事义帝而不获者，以项羽为害也。今之曹操，犹昔项羽，将军何由得为桓、文乎！肃窃料之，汉室不可复兴，曹操不可卒除，为将军计，惟有保守江东以观天下之衅耳。若因北方多务，剿除黄祖，进伐刘表，竟长江所极，据而有之，此王业也。』权曰：『今尽力一方，冀以辅汉耳，此言非所及也。』

——《资治通鉴》卷六三

“分部诸将，镇抚山越，讨不从命”。庐陵太守孙辅担心孙权太年轻，保不住江东，便暗中遣使与曹操来往，结果被人告发。孙权于是尽杀孙辅的近臣，将他流放到东部幽禁。还有庐江太守李术，本来是因为孙策的举荐才当上太守，但孙策死后，他不服孙权的管束，甚至招纳孙权的部众。孙权向他讨要，他却回复说：“有德者归附，无德者叛离，哪有归还之理！”

孙权大怒，但没有莽撞行事。他先上书曹操，说李术这家伙杀了扬州刺史严象，我现在要剿除他，他肯定会向中央报告求援，希望您不要理睬。果然，曹操没有救李术，孙权于是“屠其城，枭术首，徙其部曲二万余人”。能够忽悠住曹操，让其听任自己兼并异己势力，可见初出茅庐的孙权确实不同凡响。

二、手段温和，化解矛盾

前线将帅不和乃是兵家大忌，孙权对此没有采用生硬的手法，而是动了些心思，温和地化解了矛盾。

历史上，领袖的成功原因和领导风格各不相同，但治国理政莫先于用人，用人始终是领导艺术的核心内容。孙权能一直占据江东，除了地理优势外，很大一个原因是有一批文人武才衷心地辅佐他。就连诸葛亮都多次提到这一点。孙权在用人方面也有自己的特点，不求全才，人尽其用。

他就任后的人事安排，《资治通鉴》有一些记载：第

通鉴识读

权料诸小将兵少而用薄者，并合之。别部司马汝南吕蒙，军容鲜整，士卒练习。权大悦，增其兵，宠任之。

——《资治通鉴》卷六三

一，进行了一次军队改革，合并了一些兵员少、力量弱的队伍；第二，开始重用出自基层但带兵出色的吕蒙；第三，采纳骆统的建议，接纳各地士人，征询他们对自己的意见，同时询问他们的生活起居，以示亲近，观察其志向，以便进一步发现人才。

孙权曾经评论过吴国的三位重要人才——周瑜、鲁肃和吕蒙。对于周瑜，他肯定其过人胆量，因为无论赤壁之战还是开拓荆州，周瑜都极为勇猛。对于鲁肃，他肯定其超群的见识。曹操大兵压境之时，张昭、秦松等人都主张投降，只有鲁肃力主抗击，并劝孙权让周瑜总领兵事，最终获胜。当然鲁肃也有明显的失误，比如力主借荆州给刘备，但孙权并没有苛责他，认为瑕不掩瑜。

对于吕蒙，孙权赞赏他不仅果敢有胆，而且评价他“越是年长，学问越好，韬略常常出奇制胜”。吕蒙带兵后，孙权劝他多学习，说：“你现在掌权用事，应该多花时间读读书。”吕蒙以军中事情繁忙推辞。孙权耐心劝导：“我不是让你去当经学博士啊！我只是要你去浏览书籍，了解历史成败。你说自己事务多，跟我比比怎么样？我的事情也多，但我常读书，觉得大有裨益。”从此，吕蒙注意读书学习，进步很快。后来，鲁肃路过寻阳，跟吕蒙谈论，不由得大吃一惊：“你今天的才识智略，已不是当年的吕蒙。”吕蒙不无得意地说：“士别三日，当刮目相待。”

赤壁之战后，孙权与曹操在濡须、合肥一带有过多次拉锯战，所以孙权常年在濡须口屯兵。

建安十八年（213年），孙权派大将周泰统兵，却发现朱然、徐盛等部将觉得周泰出身寒微，不甘心归其统属。

通鉴识读

初，权谓吕蒙曰：『卿今当涂掌事，不可不学。』蒙辞以军中多务。权曰：『孤岂欲卿治经为博士邪！但当涉猎，见往事耳。卿言多务，孰若孤？孤常读书，自以为大有所益。』蒙乃始就学。及鲁肃过寻阳，与蒙论议，大惊曰：『卿今者才略，非复吴下阿蒙！』蒙曰：『士别三日，即更刮目相待，大兄何见事之晚乎！』肃遂拜蒙母，结友而别。

——《资治通鉴》卷六六

前线将帅不和乃是兵家大忌，孙权对此没有采用生硬的手法，而是动了些心思，温和地化解了矛盾。孙权与诸将宴饮，酒酣耳热之际，他命周泰解开衣禁，见其身上累累伤痕，故意问道："周将军，你这遍体鳞伤是怎么回事啊？"周泰听后，将每处伤疤是何时何地哪场战斗所致，一一道来。等周泰说完，穿好衣服，孙权已泪流满面，紧紧拉住周泰的手说："幼平（周泰字幼平），卿为孤兄弟，战如熊虎，不惜躯命，被创数十，肤如刻画，孤亦何心不待卿以骨肉之恩，委卿以兵马之重乎？"宴会结束后，朱然、徐盛等人对周泰心服口服，再无怨言。

三、战略灵活，审时度势

孙权年轻时，尚能改过迁善，约束权力；到了晚年，却听信谗言，昏聩骄狂。

三国的外交纵横中，东吴的手段最柔软，或是联刘抗曹，或是降魏攻刘。孙权只看国家的现实利益，从来不感情用事。

赤壁之战后，刘备从东吴借来了荆州的南郡，才有力量北抗曹操，建立了蜀汉基业。孙权能借出南郡，一是因为赤壁之战中刘备确实有功；二是鲁肃力主孙刘联盟，对付北边的曹操，把刘备当作看家护院的。此后，孙权一直惦记着荆州。刘备夺取益州后，受曹魏汉中势力的威胁作出让步，将荆州一分为二，东边三郡归孙吴，西边三郡留给自己，算是暂时平息了荆州之争。

公元219年，刘备拿下汉中，称汉中王，大将关羽在荆州采取行动，猛攻襄、樊，意欲从陆路上打通荆州和益州。孙权不想刘备计谋得逞，希望将其势力彻底从荆州清除。司马懿看出了孙权心中的小算盘，于是曹魏和东吴联合，让关羽丢了性命。

220年正月，曹操去世，十月曹丕禅代称帝。次年八月，孙权遣使称臣“卑辞奉章”，曹丕封孙权为吴王。刘备为关羽报仇而挥兵东征，气势强劲。孙权求和不成，决定一面向曹魏修好，避免两线作战；另一面派陆逊率军应战。东吴战胜蜀汉后，曹丕要求孙权将长子孙登作为人质送到洛阳。孙权拒绝，称儿子尚幼，未曾娶妻，父子之情难舍，一旦离乡会水土不服。不久，曹丕再次要求孙登入质，孙权再次拒绝。魏吴之间的关系持续恶化，最终曹丕决定攻打东吴，孙权屡次派使节和谈，皆未遂。孙权于是宣告和魏脱离臣属关系。

这年秋，曹丕派兵征讨东吴。孙权一边发兵临江拒守，同时又想与蜀国修好。蜀汉这时已经没有力量再战，与曹魏又不存在和解的可能性，只好接受了东吴联盟的请求。223年，刘备驾崩，刘禅继位，诸葛亮主持朝政，又主动遣使与东吴修好。于是东吴与蜀汉维持了40年的和平，直到三国鼎立的局面结束。

孙权年轻时，尚能改过迁善，约束权力；到了晚年，却听信谗言，昏聩骄狂。他后来疑心很重，犯了不少错误。赤壁之战前，为了牵制周瑜，他派程普与周瑜为左、右督。及至吕蒙带兵征战荆州，他又想派孙家人去牵制，吕蒙进言说当初周瑜与程普并不协调，两人几乎闹出事来，孙权

通鉴识读

帝（注：曹丕）问曰：『吴主何等主也？』对曰：『聪明、仁智、雄略之主也。』帝问其状，对曰：『纳鲁肃于凡品，是其聪也；拔吕蒙于行陈，是其明也；获于禁而不害，是其仁也；取荆州兵不血刃，是其智也；据三州虎视于天下，是其雄也；屈身于陛下，是其略也。』

——《资治通鉴》卷六九

才就此作罢。最要命的是，孙权在接班人选择上反复无常，终至死后留下一个烂摊子。

诸葛亮：两朝开济老臣心

三国群雄角逐，诸葛亮（181—234）出场比较晚，名声却极大。他出生在琅邪郡阳都县（今山东临沂沂南）的一个官吏之家，身长八尺，容貌伟岸，年轻时就显露出超群才华和英雄气概。汉末遭遇动乱，他随叔父诸葛玄到荆州避难，亲自耕种田地。

207年，刘备三顾茅庐，诸葛亮以“隆中对”一举成名，从此把一生献给了刘备追求的光复汉室事业。“刘备托孤”是诸葛亮一生的转折点。此前，他只是刘备的辅佐；此后，他成了蜀汉事业的主角。

一、出谋划策，务实变通

诸葛亮决定不派官员管理，用区域自治的制度，灵活地解决了民族地区治理问题，稳定了后方，还获得了许多战略物资。

民间有一副对联细数诸葛亮的功绩：收二川，排八阵，七擒六出，五丈原前点四十九盏明灯，一心只为酬三顾；取西蜀，定南蛮，东和北拒，中军帐里变金木土革爻卦，水面偏能用火攻。

诸葛亮一生之所以能取得如此多的成就，除了足智多谋外，一个主要原因是他的务实与变通。

诸葛亮为刘备立下的第一份大功，是促成了孙刘联盟。208年，曹操南征荆州，刘琮不战而降，刘备势单力薄，几乎没有取胜的可能。就在曹军压境之际，年仅27岁的诸葛亮出使东吴，求孙权发兵救援。孙权本来就景仰刘备，又见诸葛亮卓尔不凡，当即派出3万人马。刘备最终借援军平定了江南地区。

此后，诸葛亮一直务实地坚持孙刘联盟这个策略。221年，刘备为替关羽报仇，出兵东吴。诸葛亮、赵云等都坚决反对，但意见没有被采纳，最后蜀军兵败。223年，刘备病逝，当年九月，诸葛亮就迅速遣使者到东吴修复关系，两国再次联盟。

229年，诸葛亮第二次北伐，吴王孙权派使者到蜀国通告自己已称帝，提议两国“并尊二帝”（即互相承认对方为皇帝）。蜀汉朝野不少人反对，认为名号体制不顺，应该显明正义，与吴国断绝友好盟约。但诸葛亮没有意气用事，而是务实地分析了蜀国的处境：“首先，孙权称帝之心由来已久，蜀汉之所以容忍不计，是为了取得犄角为援。如果双方关系恶化，蜀汉必须移兵东戍，若两国交战，只有并吞其疆土，才能完成讨伐中原大业。但是东吴人才济济，将相和睦，并非一朝一夕可以取胜。双方斗得难解难分，将士疲惫，反而使北边的曹氏政权得便宜。所以应该与吴结盟，不可逞匹夫之忿。”于是，诸葛亮派人出使东

通鉴识读

丞相亮曰：『权有僭逆之心久矣，国家所以略其衅情者，求犄角之援也。今若加显绝，雠我必深，当更移兵东戍，与之角力，须并其土，乃议中原。彼贤才尚多，将相辑穆，未可一朝定也。顿兵相守，坐而须老，使北贼得计，非算之上者。……』

——《资治通鉴》卷七一

吴，“贺称尊号”，吴蜀联盟再一次经受住了考验。

此外，诸葛亮还有安定后方之功。225年，为平定南中地区的反叛，诸葛亮亲自出征，临行前问计于马谡。马谡说，南蛮之人以攻心为上，若仅靠武力征服，则反复叛乱，不可收拾；若要斩尽杀绝，不仅伤害天理，而且不是朝夕可致。诸葛亮大为赞同，后来七擒孟获，终至心悦诚服。

南中平定后，有人曾劝谏诸葛亮留兵镇守，但他分析说，这个政策会导致三个不易：如果留外地人在此为官，就要派遣驻军，有驻军就得供应粮草，这是第一个不易；这些夷族刚刚经受了战争之苦，父兄多有死伤，怨气未消，任用外地人而不留驻军队，定有祸患，这是第二个不易；夷族叛乱分子屡次三番杀死和废掉官吏，自知有罪，与我们隔阂很深，若留下外地人为官，终究难以被他们信任，这是第三个不易。最后，诸葛亮决定不派官员管理，用区域自治的制度，灵活地解决了民族地区治理问题，稳定了后方，还获得了许多战略物资。

《资治通鉴》记载，诸葛亮网罗孟获等当地名人，任命为地方官，在其有生之年，这一地区再没有发生叛乱。

二、小大兼综，事必躬亲

诸葛亮“躬自校簿书，流汗竟日”，不但承担了全国军政大计的决策和推动，还亲自监督兴修水利、桥梁、道路、驿舍等工程，组织养蚕、织锦、煮盐、冶铁、铸钱等重要工作。

据《三国志·诸葛亮传》记载，刘备入川前，诸葛亮已为他做了三件重要的事：第一，用“隆中对”给刘备指明了未来发展方向，此为战略谋划；第二，在赤壁之战前出使东吴，向孙权剖析利害，双方达成联合抗曹联盟，此为外交策划；第三，赤壁之战后，刘备占据江南之地，任命诸葛亮为军师，派他督守零陵、桂阳、长沙三郡，征调三郡的赋税以补充军需，此为行政治理。

211年，刘备平定成都后，任命诸葛亮为军师，并代理左将军府的事权。刘备领兵外出期间，诸葛亮留守成都，以保证兵充粮足，这时诸葛亮承担着后勤保障的任务。

在政治上，诸葛亮“躬自校簿书，流汗终日”，不但承担了全国军政大计的决策和推动，还亲自监督兴修水利、桥梁、道路、驿舍等工程，组织养蚕、织锦、煮盐、冶铁、铸钱等重要工作。在实施“科教严明，赏罚必信”、奖励农桑、与民生息等正确政策后，蜀汉逐渐恢复了元气。

然而，人无完人，诸葛亮并不是在所有领域都有很好的成绩。陈寿在《三国志》中指出他在奇谋制敌方面有所短缺，且没有发现、培养将才。陈寿分析说：“昔日萧何举荐韩信，管仲举荐王子城父，都是因为考虑到了自己的才能长于治国，缺少军事指挥的才干。诸葛亮的治国才干或许不亚于二人，可惜他当时找不到城父、韩信那样的名将，致使自己的功业难成，统一的理想不能实现。”

此外，诸葛亮的属僚对他也是有微词的。他们说诸葛亮事必躬亲，查核文书档案这样的事也亲自去办。主簿杨颙劝谏说：“治国理政有一定的分工体制。以家事打比方，家奴主耕，家婢主炊，鸡司晨，狗吠盗，牛载重，马涉远，作

亮尝自校簿书，主簿杨颙直入，谏曰：『为治有体，上下不可相侵。请为明公以作家譬之。今有人，使奴执耕稼，婢典炊爨，鸡主司晨，犬主吠盗，牛负重载，马涉远路。私业无旷，所求皆足，雍容高枕，饮食而已。忽一旦尽欲以身亲其役，不复付任，劳其体力，为此碎务，形疲神困，终无一成。岂其智之不如奴婢鸡狗哉？失为家主之法也。是故古人称「坐而论道，谓之王公；作而行之，谓之士大夫」。故丙吉不问横道死人而忧牛喘，陈平不肯知钱谷之数，云「自有主者」，彼诚达于位分之体也。今明公为治，乃躬自校簿书，流汗终日，不亦劳乎！』亮谢之。及颙卒，亮垂泣三日。

——《资治通鉴》卷七〇

为一家之主人，可以坐享其成。这并不是主人的智慧不如奴婢鸡犬，而是因为一家之主自有家法。汉代的名相丙吉、陈平都明白什么事最重要，什么事要交给主管部门去做。您如今主持政务，竟然躬自校簿书，流汗终日，不亦劳乎！”诸葛亮听到这些话，什么也没说，唯“谢之”而已。

三、矢志向汉，千载垂范

诸葛亮的鞠躬尽瘁，不是为了个人的高官厚禄，而是为了自己所作出的承诺，为了心中的信念，为了追求的理想。他的一生演绎了君臣际遇的最佳范本。

除了上述问题，很多人也质疑诸葛亮为何执着于北伐。从228年到234年，诸葛亮北伐6次。是蜀汉受到了曹魏的威胁吗？并非如此。而且，两国兵力确实有不小的差距。

据《通典》记载，蜀汉灭亡时全国人口94万，曹魏人口443万。蜀汉人口几乎只有曹魏的1/5。人口多则兵力强，而且对手曹真、司马懿都是人中之杰，诸葛亮想战胜曹魏，难度可想而知。

也有人说，诸葛亮北伐的主要意图并非一举收复中原，而是想把陇右作为基地，进攻关中。这种推测有一定合理性，但是由于军力、人才、物资等实力对比悬殊，也是没有成功希望的。结果6次北伐都是劳民伤财、无功而返。其实诸葛亮也是在知其不可为而为之。他在《后出师

通鉴识读

汉主病笃，命丞相亮辅太子，以尚书令李严为副。汉主谓亮曰：『君才十倍曹丕，必能安国，终定大事。若嗣子可辅，辅之；如其不才，君可自取。』亮涕泣曰：『臣敢不竭股肱之力，效忠贞之节，继之以死！』

——《资治通鉴》卷七〇

表》中说："我只有鞠躬尽瘁，死而后已，至于成败得失，不是我所能预见的了。"究其原因，从三顾茅庐到白帝城托孤，是刘备的知遇之恩、托付之重感动和激励了诸葛亮。

223年，刘备在永安白帝城托孤，对诸葛亮说："你的才干胜过曹丕十倍，定能安邦定国，完成统一大业。如果刘禅可以辅佐，你就辅佐他；如果他确实无能，你就取而代之。"诸葛亮流着泪说："臣下怎敢不竭尽全力辅佐太子，忠贞不二地为国效命，至死不渝！"受命以后，他日夜忧虑叹息，唯恐辜负重托。为什么要事事躬亲？他不是不明白杨颙所说的道理，但只能用鞠躬尽瘁来实现自己的承诺。

234年，诸葛亮最后一次北伐，孙权也响应蜀汉，亲率十万大军北上攻魏，但被魏明帝曹叡率军打败。魏、蜀两军相峙百日，其间诸葛亮多次派人挑战，司马懿就是按兵不动。因为寻战不得，又失去了东吴的策应，诸葛亮一病不起，最后病死于军中。

在留给后主的表文中，他写道："臣在成都有桑树八百棵，薄田十五顷，子孙们的日常衣食费用已有宽余。臣在外任职期间，没有额外的花费，随身衣服饮食全由国家供应，也没有再置其他产业。待臣离开人世，不能让家里有多余衣物，外面有多余钱财，使自己辜负陛下的恩宠和信任。"其治家之严，由此可见。诸葛亮死后30年，他的长子诸葛瞻和长孙诸葛尚一起为抗击魏军战死疆场。

诸葛亮的鞠躬尽瘁，不是为了个人的高官厚禄，而是为了自己所作出的承诺，为了心中的信念，为了追求的理想。他的一生演绎了君臣际遇的最佳范本。感动后世君王的，是诸葛亮的才能与忠诚；激励后世士大夫的，是诸葛

通鉴识读

初，亮表于汉主曰：『成都有桑八百株，薄田十五顷，子弟衣食，自有余饶，臣不别治生以长尺寸。若臣死之日，不使内有余帛，外有赢财，以负陛下。』卒如其所言。

——《资治通鉴》卷七二

亮获明主重用从而一显身手的际遇。忠诚、勤勉、公平、廉洁、有担当、有理想，正是这些高贵的品质，使诸葛亮成为中国历史上伟大的丰碑之一，成为中华民族最喜爱的政治家之一。

司马懿的上位史

司马家族掌控曹魏政权的开山祖是司马懿（179—251）。《晋书》称赞他说：“和光同尘，与时舒卷；戢鳞潜翼，思属风云。”这句话是说，司马懿善于掩盖自己的锋芒，与时俯仰，沉潜之时窥伺着风云之变。事实上，司马懿在其政治生涯中，的确是常常在沉潜中窥伺时机，从一度拒绝曹操征召，到协助曹丕储位之争，到受命和曹真辅佐魏明帝曹叡，再到受命和曹爽辅佐幼帝曹芳，直至最后发动高平陵政变，司马懿这一路稳扎稳打，应时而动，顺势而为，终于成功上位，使得曹魏军政大权紧握在司马氏手中。

通鉴识读

司马懿，少聪达，多大略。崔琰谓其兄朗曰：『君弟聪亮明允，刚断英特，非子所及也。』

——《资治通鉴》卷六五

一、低调踏入政坛

《资治通鉴》里面记载了司马懿为曹操献的两个计策，一个是得陇望蜀，另一个是解樊城之围，都是高招。

曹操时代，司马懿很少显山露水。他曾拒绝在曹操手下做事。

司马懿年少便有声名，得到一些名士赏识。建安六年（201年），当时曹操正任司空，听说司马懿的名声后，便派人征辟他到府中任职。可是司马懿并不想为曹操卖命，便找了个借口，说自己患了风痹症（痛风），卧病在床，行动不便，无法任职。曹操不相信，派人夜里去刺探消息。探子一看，司马懿果然躺在床上一动不动，像真染上风痹一般，便回去如实禀报。

司马懿躲过了这次征辟，但一直装病不是长久之计，曹操也不会放过他。就这样，司马懿最终“不情不愿”地投入曹操麾下，低调踏入政坛。

《资治通鉴》里面记载了他为曹操献的两个计策，一个是得陇望蜀，另一个是解樊城之围，都是高招。

建安二十年（215年），曹操征讨张鲁，司马懿随军。拿下汉中之后，司马建议趁势进一步进攻蜀中，取下成都。但是曹操却说：“人苦于不知足，已经得到了陇右，怎么还能想着得到蜀地！”所以没有听从司马懿的计策。

建安二十四年（219年），关羽围曹仁于樊城，水淹七军，斩庞德，降于禁，威震华夏。洛阳附近的一些草莽武装，也都响应关羽的行动。樊城距离曹操大本营许昌很近，曹操因此感到威胁，为避关羽锋芒，他甚至一度准备迁都黄河以北。司马懿建议曹操稳住阵脚，他出主意说：“于禁被大水所淹，不是战略上的失误，对国家的大局并没有大损失，如果因为这事而迁都，既是向敌人示弱，又会使人心惶惶。刘备、孙权外亲内疏，如今关羽坐大，孙权必定不安，我们可以把这件事告知孙权，使他牵制关羽，樊城

通鉴识读

羽威震华夏。魏王操议徙许都以避其锐，丞相军司马司马懿、西曹属蒋济言于操曰：『于禁等为水所没，非战攻之失，于国家大计未足有损。刘备、孙权，外亲内疏，关羽得志，权必不愿也。可遣人劝权蹑其后，许割江南以封权，则樊围自解。』操从之。

——《资治通鉴》卷六八

之围即可得解。”曹操听从了这个计谋，最后孙权果然派吕蒙袭取荆州，俘杀关羽。

二、辅佐曹家数代

从当初装病不入曹操门下，到如今装病消除曹爽怀疑，司马懿玩着同样的把戏，以退为进，窥伺着机会。只是这一次，他等待的是绝地反扑。

在曹植与曹丕的争位过程中，司马懿是支持曹丕的，因而在曹丕时期得到重用。曹丕病重临终时，令司马懿和曹真、陈群、曹休为辅政大臣。到曹叡时期，司马懿也是主要的统帅，带兵打仗，对付蜀汉，平定辽东。曹魏第三任皇帝曹芳即位时只有八岁，司马懿又受曹叡之托为顾命大臣，与曹爽一起辅政。

刚开始，司马懿和曹爽两人合作得很好，他们各统精兵三千，轮流值宿，共执朝政。后来，曹爽以天子的名义下诏书，把司马懿排挤出了权力中枢，升其为空名的太傅。曹爽的亲信纷纷担任朝中要职，几个兄弟也都掌控禁军。曹爽大权独揽，司马懿靠边站了。

但是问题来了，如果曹爽真的有独自辅国之才，为什么当初曹叡要司马懿和他共同辅政呢？可见曹爽并非有经天纬地之才，和司马懿相比，他的能力有些不足。

在这种受排挤的情况下，司马懿索性撂挑子了，至少从正始八年（247年）开始，他就称病不与政事。曹爽对此也不是没有怀疑，他曾经让心腹李胜去探视司马懿的病

通鉴识读

大将军爽用何晏、邓飏、丁谧之谋，迁太后于永宁宫；专擅朝政，多树亲党，屡改制度。太傅懿不能禁，与爽有隙。五月，懿始称疾，不与政事。

——《资治通鉴》卷七五

情。李胜对司马懿说："天子命我出任荆州刺史，我现在特来向您辞行。"司马懿知道他的来意，便故意装傻，穿着衣服，衣服都往下掉，口渴进粥，洒得满身都是，还说自己死在旦夕，希望大将军多照顾自己的孩子。李胜一看，老头子都病成这样子了，便回去禀报。曹爽一听自然就放心了，心想着司马懿这不都开始安排后事了嘛。

从当初装病不入曹操门下，到如今装病消除曹爽怀疑，司马懿玩着同样的把戏，以退为进，窥伺着机会。只是这一次，他等待的是绝地反扑。

那么曹爽的问题是什么？第一，他想排挤的对手，远比他自己有本事、有谋略。第二，他信任的帮手，都是轻佻狂妄之人。第三，对于有本事的人，如号称"智囊"的桓范，曹爽却不相信。除了这些问题以外，还有曹爽本人能力并不过硬，他骄奢淫逸，贪恋富贵，大权在握，却不懂得用权，自然就会给司马懿留下翻盘的机会。

三、高平陵政变

从曹操到曹芳，司马懿历仕曹家四代，走过汉、魏两个政权，期间隐忍沉潜，伺机而动，最终大权在握，司马氏政权也自此肇基。

司马懿与其子司马师、司马昭对篡夺之事预谋已久，只是在等待一个合适又恰当的时机罢了。曹爽兄弟经常一起出洛阳城游玩。桓范提醒他，你们一起离开京城，一旦有人把城门关了，不让你们回洛阳，局面控制不住，怎么办？曹爽不以为意，说没人敢这样做！正始十年（249年）正月，这个机会终于到来了。十年前的正月，魏明帝托孤，十年后的正月初六，皇帝曹芳带着曹爽兄弟，到城外高平陵去拜谒皇陵，殊不知一场夺权的阴谋正在展开。

司马懿借皇太后的名义，关闭城门，命令军队扼守洛水浮桥上，又命高柔、王观分别占领曹爽与曹羲的大营。高柔与王观均为曹魏老臣，此时都参与了司马懿的政变，可见曹爽兄弟及其亲信非常不得人心。司马懿又给城外的皇帝送去表文，指责曹爽“背弃顾命，败乱国典，内则僭拟，外则专权”，非常嚣张跋扈，而且还“伺察至尊，离间二宫，伤害骨肉，天下汹汹，人怀危惧”，真是罪大恶极，要求皇帝罢免曹爽及其兄弟的兵权。曹爽看到司马懿的奏章后，非常恐慌，“迫窘不知所为”。后世将司马懿在洛阳发动的这次政变，称为“高平陵政变”。

政变发生后，司马懿还给了曹爽一个诱饵，说只要交出兵权就可以保他性命无虞，还指洛水为誓。司马懿特地派曹爽信任的官员尹大目传达这个信息。曹爽听了之后犹豫了：第一，鱼死网破跟司马懿拼的话，怕自己干不过；第二，一旦死拼，自己在洛阳的娇妻美妾、金银财宝不都没了吗？曹爽犹豫了一宿，最终决定投降。他以为若认输的话，交出兵权，也许司马懿会留他一条命，做个富家翁得了。

老谋深算的桓范知道后特地跑出城外劝阻曹爽，并且跟他讲：“匹夫手握人质，还求活命，何况你跟着天子呢？像你现在这样身份，怎么能够投降，怎么能回去过平静的富家翁生活？你看看，这儿到许昌，不过半宿路程，许昌

通鉴识读

春，正月，甲午，帝谒高平陵，大将军爽与弟中领军羲、武卫将军训、散骑常侍彦皆从。太傅懿以皇太后令，闭诸城门，勒兵据武库，授兵出屯洛水浮桥，召司徒高柔假节行大将军事，据爽营，太仆王观行中领军事，据羲营。

——《资治通鉴》卷七五

有钱财、有武库，周边有屯田，大司农军印我也带着，不愁事不成。”桓范的意思是要曹爽以天子的名义直接与司马懿对着干！可是，正如蒋济跟司马懿讲的，桓范虽然有智慧，但是“驽马恋栈豆”，曹爽不想吃苦拼斗，他那点儿出息，就想守住现有的荣华富贵，所以曹爽一定不会听桓范的。

蒋济是对的，桓范看错人了。曹爽不听建议，桓范痛心疾首地说：“曹子丹（曹真）何等英雄，生你们这几个兄弟，真是猪狗不如啊！”桓范有谋略智慧，可惜他看错了人。

最后，曹爽束手就擒，司马懿没有兑现不杀的承诺。曹爽等人都以谋反罪被杀，桓范也搭了性命。曹魏的大权完全掌控在司马懿手里了。

从曹操到曹芳，司马懿历仕曹家四代，走过汉、魏两个政权，期间隐忍沉潜，伺机而动，最终大权在握，司马氏政权也自此肇基。

初，爽以桓范乡里老宿，于九卿中特礼之，然不甚亲也。及懿起兵，以太后令召范，欲使行中领军。范欲应命，其子止之曰：『车驾在外，不如南出。』范乃出。至平昌城门，城门已闭。门候司蕃，故范举吏也，范举手中版示之，矫曰：『有诏召我，卿促开门！』蕃欲求见诏书，范呵之曰：『卿非我故吏邪？何以敢尔！』乃开之。范出城，顾谓蕃曰：『太傅图逆，卿从我去！』蕃徒行不能及，遂避侧。懿谓蒋济曰：『智囊往矣！』济曰：『范则智矣，然驽马恋栈豆，爽必不能用也。』

——《资治通鉴》卷七五

肆

两晋南北朝——风云激荡

“居治忘危”的晋武帝

晋武帝司马炎（236—290）是西晋的开国皇帝，也是西晋灭亡的始作俑者。唐太宗很重视总结晋朝历史经验，关注新《晋书》(此前已经有数以十计的不同《晋书》）的编纂工作。他亲自为《晋书·武帝纪》写评论，说司马炎在全国统一后，有“骄泰之心”，“居治而忘危”，埋下了亡国的种子。

一、沉迷酒色鼓励炫富

通鉴识读

春，三月，诏选孙皓宫人五千人入宫。帝既平吴，颇事游宴，怠于政事，掖庭殆将万人。常乘羊车，恣其所之，至便宴寝；宫人竟以竹叶插户，盐汁洒地，以引帝车。

——《资治通鉴》卷八一

这些标榜士族高门的人，却表现得如此没有文化修养，令后人难以想象。

266年初建国，280年灭亡东吴统一三国，西晋接下来经历了一段太康盛世的日子，算是上升时期。但表面光鲜之下，晋武帝进取之意已经衰退。吴主孙皓酷爱搜罗美女。平吴后，孙皓宫中美女5000人，被司马炎悉数收入宫中。面对数以万计的美人，他不知道该临幸哪家，竟然坐在羊拉的车上，任其所之，羊跑到哪家，他就去哪家过夜。这个荒诞的故事，创造了一个成语“羊车望幸”。

皇帝荒淫，统治上层也“竞以奢侈相高”。石崇与王恺斗富，王恺以米汤刷锅，石崇用蜡当柴火；王恺用紫丝制成步障四十里，石崇就用织锦做成步障五十里；石崇用带香味的椒刷房子，王恺装修的时候就用色彩鲜亮、纹理细腻的赤石脂涂料。

对于这些乱象，晋武帝不仅不加以制止，反而暗助舅舅王恺一臂之力。他曾经赐给王恺一株珊瑚树，高达两尺，可谓稀世珍宝。王恺拿出来向石崇炫耀，不想石崇顺手用铁如意将之打碎。王恺大怒，石崇却从容地说：“你不要生气，还你就是。”然后让人拿出自己的宝贝——三四尺高的珊瑚树有六七株，像王恺那株两尺高的有很多。

当时还有一个叫何曾的太尉，一顿饭要花上万钱，明明满桌佳肴，还说没有食物可以下筷子。这些标榜士族高门的人，却表现得如此没有文化修养，令后人难以想象。西晋真正的高门，是琅琊王氏。王敦与王导曾受邀参加石崇的家宴，后者让家中美女劝酒，并且立下规矩，若客人不喝，就杀掉劝酒的美女。王敦死活不喝，石崇竟真的杀死数名女子。

二、为了孙子而立太子

司马炎很欣赏这个聪明伶俐的长孙，说他很像自己的祖父司马懿。所以他就想，即使儿子有些痴呆，传到孙子也必然能兴旺家业。

琇，景献皇后之从父亲也；后将军王恺，文明皇后之弟也；散骑常侍石崇，苞之子也。三人皆富于财，竞以奢侈相高。恺以粭澳釜，崇以蜡代薪；恺作紫丝步障四十里，崇作锦步障五十里；崇涂屋以椒，恺用赤石脂。帝每助恺，尝以珊瑚树赐之，高二尺许，恺以示石崇，崇便以铁如意碎之；恺怒，以为疾己之宝。崇曰：『不足多恨，今还卿！』乃命左右悉取其家珊瑚树，高三四尺者六七株，如恺比者甚众。恺怳然自失。

——《资治通鉴》卷八一

司马炎立太子，是他最大的败笔。他有26个儿子，成活13个。皇后杨艳生有三子，老大夭亡，老二司马衷生性愚鲁，却成为太子。司马炎想换掉这个太子，担心其“不堪奉大统”，但皇后不同意。儿子愚鲁，本就令做母亲的难过心疼，她不愿再让儿子失去皇位继承权。这原本是“妇人之仁”，司马炎却稀里糊涂地答应了。当然，这其中另有缘由。

通鉴识读

初，帝以才人谢玖赐太子，生皇孙遹。宫中尝夜失火，帝登楼望之，遹年五岁，牵帝裾入暗中曰：『暮夜仓猝，宜备非常，不可令照见人主。』帝由是奇之。尝对群臣称遹似宣帝，故天下咸归仰之。帝知太子不才，然恃遹明慧，故无废立之心

——《资治通鉴》卷八二

据说司马衷的儿子皇长孙司马遹聪明颖悟，深得司马炎宠爱。他常对人说：“此儿当兴我家。”有一次，宫中失火，司马炎在楼上观察救火，年仅5岁的司马遹拉着爷爷的衣裾说：“事起非常，不要站在有亮光的地方，您站在暗处也能看见别人，别人却看不见您，这样安全些。”又有一次，司马遹与爷爷一起到猪圈，看见一只很肥的猪，他就说这头猪很肥，得吃多少粮食，不如杀了，以饷将士。司马炎很欣赏这个聪明伶俐的长孙，说他很像自己的祖父司马懿。所以他就想，即使儿子有些痴呆，传到孙子也必然能兴旺家业。

司马遹的母亲谢玖本是武帝才人，司马衷结婚前，武帝派她去侍寝，教以男女之事，谢玖怀上了身孕。后来，司马衷纳贾南风为妃，此人为人阴狠，迫害其他怀有司马衷骨肉的小妾。谢玖害怕，便请求回到西宫，获得司马炎同意。回到武帝宫中后不久，谢玖便生下了武帝的孙子司马遹。司马遹长到三四岁，司马衷还不知道自己有这么个儿子，直到有一次他去朝见父皇，在宫中与各位皇子拉手，拉到司马遹时，司马炎才告诉他：“这是你的儿子。”场面十分荒唐。

289年，五十多岁的司马炎患病，把朝政交给外戚杨骏打理。杨骏是当时皇后杨芷之父，而杨芷是前任皇后杨艳的堂妹。杨艳担心自己死后儿子的太子之位不保，在临终前一把鼻涕一把泪地请求司马炎迎娶自己的堂妹杨芷入宫为皇后。司马炎心一软，就答应了。杨骏没有辅国之才，司马炎以为他会依靠宗室，而不专擅朝政，可事实并非如此。杨骏用阴谋手段换掉了司马炎身边所有的忠臣亲信。弥留之际，司马炎诘问他：“你怎么能这样？”最终带着无奈死去。

三、枕边人与“八王之乱”

司马炎建国后，吸取了曹魏没有分封同室宗亲的教训，既用外戚辅政，又封了27个同姓王，建立诸侯国。结果在外戚与宗室的内斗中，司马家族的政权也走向了终点。

290年，司马炎的儿子司马衷即位，是为晋惠帝，外戚与宗室开始恶斗。

杨骏攫取首席顾命大臣的位置后，却不具备执政的能力。他独揽大权，激起了司马家族的愤怒。工于心计的贾南风，此时已登上皇后之位。她利用司马氏的不满，引楚王司马玮入朝，先后诛杀杨骏及汝南王司马亮，然后又以伪造手诏罪名，诛杀司马玮，自己掌控了朝廷大权。

在贾南风掌权的10年间，西晋朝廷延续着奢侈糜烂的风气，结果八王之乱兴起，导致匈奴有机可乘，将其灭亡。

通鉴识读

帝为人戆騃，尝在华林园闻虾蟆，谓左右曰：『此鸣者，为官乎，为私乎？』时天下荒馑，百姓饿死，帝闻之，曰：『何不食肉糜？』

——《资治通鉴》卷八三

为什么会有“八王之乱”？这还要从外戚专权谈起。

贾南风生了三个女儿，没有儿子，所以对太子司马遹心怀恨意。她以阴谋手段废其太子之位，将其软禁。结果太子的部下奋起反击，预谋策动赵王司马伦（司马懿之子）发动政变，杀死贾南风，营救太子。可司马伦不仅不帮忙，还故意泄露出废太子要复仇的信息，促使贾南风“撕票”，毒死了司马遹。这时，司马伦再借为太子报仇之名，发动政变，诛杀了贾南风及其亲党，掌握了朝廷大权。

301年，司马伦谎称宣帝司马懿托梦，让他登基称帝，让司马衷逊位。这激起了司马家族其他诸王的反对：齐王司马冏、河间王司马颙、成都王司马颖联合起兵，长沙王司马乂举兵相应，攻向洛阳，杀死了司马伦。随后，诸王之间又发生了火并：帝位先是落在司马颖手中，不久，东海王司马越以迎护惠帝的名义起兵，杀死司马颙与司马颖，掌控朝政。凡此种种，加上贾南风动员的诛杀杨骏的司马亮、司马玮，共有八王陷入内斗。《晋书》将这八王列入一个传中，史称“八王之乱”。

“八王之乱”后，西晋元气大伤，北方诸民族乘机举兵，造成五胡乱华的局面。311年，在匈奴三次围攻后，洛阳失守，晋怀帝被俘，随后遇害。316年，长安沦陷，西晋至此终结，随后开始了长达100多年的大动乱，各族陆续在北方建立国家，史称“五胡十六国”。

回顾历史不难发现，新政权总会吸取旧朝灭亡的教训，改革政治制度，以图稳固统治。东汉末年，朝中有外戚宦官专权，地方有军阀割据，朝纲不正。曹魏接受这个教训，让外戚宦官靠边站，宗室靠边站，最后就给了司马

通鉴识读

帝乘羊车，肉袒、衔璧、舆榇出东门降。群臣号泣，攀车执帝手，帝亦悲不自胜。御史中丞冯翊吉朗叹曰：『吾智不能谋，勇不能死，何忍君臣相随，北面事贼虏乎！』乃自杀。曜焚榇受璧，使宗敞奉帝还宫。

——《资治通鉴》卷八九

家族篡权的机会。

司马懿在中央发动政变，朝中无外援，地方无屏藩，江山立即变色。等到司马炎建国后，吸取了曹魏没有分封同室宗亲的教训，既用外戚辅政，又封了27个同姓王，建立诸侯国。这些诸王，可以选拔自己封国中的文武官员，收取封国的租税，还统领着军队。后来贾南风和杨骏这些外戚，也都参与到前台来干政。结果在外戚与宗室的内斗中，司马家族的政权也走向了终点。

其实制度本身并无好坏之分，关键要看具体的历史条件。一是不能片面总结前朝经验，否则防范了老问题，又来了新问题；二是再好的制度，关键还是在人，看谁掌控局势，这就跟接班人的选拔密切相关。在帝王时代一个王朝的接班人，就是皇帝的儿子，他本身或昏或明，或贤或愚，跟王朝的兴衰、国家的命运关系很大。晋武帝选愚鲁的司马衷当皇帝，就算制度再好，也落实不了。中央君主糊涂，地方诸王坐大，社会矛盾尖锐，加上对少数民族的管理疏漏，让西晋王朝坐在了火山堆上，无法逃脱迅速灭亡的命运。

魏晋风度的底色——从何晏到王衍

魏晋时期的名士有一个标志，就是喜欢挥麈谈玄，时而长啸，抑或弹琴。聊什么呢？当然不是柴米油盐，主要话题来自《易经》《老子》《庄子》，谓之“三玄”，谈有无，谈本末，不切实际，谓之清谈。他们也谈人生，但谈的不是常识里的人生，而是玄之又玄的东西，所以他们被称为“玄学家”。

一、正始玄学：何晏及其同党

曹魏时期最早以“清谈”知名的是玄学家何晏、王弼等人。他们活跃在正始年间，故称“正始玄学”。

东汉读书人好“清议”，清议的内容不乏指斥朝政、抨击宦官。桓帝、灵帝时期的两场党锢之祸，就与此有关。三国时期，政治江湖十分险恶，与朝廷相关的话题高度敏感，所以大家就都谈一些天地玄黄的事，因为不涉时政，“清议”变成了“清谈”。曹魏时期最早以“清谈”知名的是玄学家何晏、王弼等人。他们活跃在正始年间，故称“正始玄学”。

何晏（？—249）是东汉末年大将军何进之孙，其父亲死后，曹操娶了其母尹夫人，他也就依养于曹家，后来还娶了曹操的女儿，因而成为曹魏政权的核心成员。但是，曹丕与曹叡都不大欣赏何晏。何晏幼时聪悟，颇得曹操喜爱，成年之后却是一个花花公子。曹氏三代虽然格局和韬略各有差别，但都是务实的帝王。因此，早年的何晏颇不得志。

《资治通鉴》对何晏的记载包括三方面的内容：一是说他好老庄；二是说他瞧不起人，虚荣心很强；三是说他权力欲很强，帮助曹爽排挤他人。这样三个特点好像有些矛盾。

先说好老庄。据《资治通鉴》记载，何晏生性风流，颇为自赏，尤其喜好老庄之书，与夏侯玄、荀粲、王弼等人清谈玄理，崇尚虚无之论，说六经是圣人的糟粕，引得天下士人争相效仿，形成一时风气。这里提到的夏侯玄，出身曹魏名门夏侯氏，是曹爽的表弟；荀粲，是曹操的大谋士荀彧的儿子；王弼，是玄学代表人物之一，曾任尚书郎，大约与何晏同时，两人初次见面，王弼谈玄，何晏惊为天人。“非汤武而薄周孔，越名教而任自然”，这是魏晋玄学家高扬的旗帜。

再说目中无人。何晏颇为自负，刚刚当政时，自认为是当世奇才，没有人能比得上。他品评天下名士，引用《周易·系辞上》的名言：“唯深也，故能通天下之志；唯几也，故能成天下之务。”意思是说只有明白了解幽深事

通鉴识读

何晏性自喜，粉白不去手，行步顾影。尤好老、庄之书，与夏侯玄、荀粲及山阳王弼之徒，竞为清谈，祖尚虚无，谓六经为圣人糟粕。由是天下士大夫争慕效之，遂成风流，不可复制焉。

——《资治通鉴》卷七五

何晏等方用事，自以为一时才杰，人莫能及。晏尝为名士品目曰：『唯深也故能通天下之志，夏侯泰初是也。唯几也故能成天下之务，司马子元是也。唯神也不疾而速，不行而至，吾闻其语，未见其人。』盖欲以神况诸己也。

——《资治通鉴》卷七五

理，才能会通天下心志；只有观察把握细微征兆，才能成就天下事务。因此，何晏说夏侯玄“唯深”，也就是只能谈谈事理，司马师“唯几”，也就是只能处理实务，唯独他“不疾而速，不行而至”，是神仙一样的人物。这种自我吹嘘的态度，与老庄玄学似乎背离很远。

最后是揽权之事，史书记载尤为具体。据《资治通鉴》记载，曹爽的许多作为，都有何晏的身影。何晏等人依附于曹爽，喜好变更法度。曹爽还采纳何晏等人的计谋，把太后迁居到永宁宫，独揽朝政大权，广泛提拔党羽。这些信息有价值判断，也有事实描述。事实描述部分，一是说何晏好改变法度，更易制度；二是说他依附曹爽，多树亲党；三是揽权专政。这三条加起来，可以理解为何晏他们搞了一场制度变革，虽然这些制度变革的内容不清楚，但方式上明显是独断专行。

同僚傅嘏很不屑于何晏等人之所为。夏侯玄、何晏、邓飏等人想结交傅嘏，傅嘏避而远之。双方共同的朋友荀粲感到不解，傅嘏便逐一评论了这几个人，其中对何晏的评价是：“何平叔（何晏字平叔）言远而情近，好辩而无诚，所谓利口覆邦国之人也。”意思是，何晏讲起话来是一套高远的道理，其实就是俗人一个（“言远而情近”）；他喜欢辩论，却没有是非准则（“好辩而无诚”）。

二、竹林玄学：嵇康等七贤

竹林七贤的放浪形骸大抵如此。但是，嵇康最终为自己的这种放达付出了生命代价。

司马懿之后，司马师、司马昭兄弟相继掌权。高贵乡公曹髦一句“司马昭之心，路人皆知”，把司马家族的政治野心揭露无遗，但当时坐在金銮殿上的依然是曹家人。于是，政治江湖上，在霸府与朝廷之间，上演着表面和谐下的对手戏。竹林里的书生们也被卷入其中。

当时，嵇康、阮籍、山涛、向秀、刘伶、王戎及阮咸七位名士，常聚会于山阳县（今河南辉县一带）的竹林之中，饮酒纵歌，清谈玄理，世人谓之“竹林七贤”。竹林七贤对周孔名教的态度是有分歧的。嵇康、阮籍、向秀、刘伶及阮咸，大体弃薄周孔名教；山涛、王戎则都是名教中人。但是，他们都有几个共同点：一是喜好老庄，能谈玄；二是嗜酒，时或不修边幅；三是为人风雅，颇善弹琴之类。

通鉴识读

谯郡嵇康，文辞壮丽，好言老、庄而尚奇任侠，与陈留阮籍、籍兄子咸、河内山涛、河南向秀、琅邪王戎、沛国刘伶特相友善，号竹林七贤。皆崇尚虚无，轻蔑礼法，纵酒昏酣，遗落世事。

——《资治通鉴》卷七八

竹林七贤中居首位的是嵇康（223—263），《资治通鉴》对他的评论是“尚奇任侠”。关于这一点，我们可以细细讨论。

当时，钟会是司马昭身边的红人，在平定淮南之叛时他献言献策，得到司马昭赞赏。钟会从小就是嵇康的“粉丝”，年轻的时候曾写过一篇文章，想送请嵇康看，又觉得不够水准，就远远地从嵇康家窗户里扔进去，然后转身就跑。如今他成为当权者的座上宾，就想与嵇康套近乎。这一天，他来到嵇康家拜访，嵇康正在打铁，“箕踞而锻，不为之礼”，只顾自己打铁，旁若无人，把钟会晾在一边。钟会感到很难堪，只得悻悻离去。这时嵇康说话了：“何所闻而来，何所见而去？”钟会恼怒地说：“闻所闻而来，见所见而去！”从此两人结下了梁子。我认为嵇康的这种不近人情、博取眼球的做法，就是“尚奇任侠”。

同样的情况，也见于另外一位竹林名士阮籍。阮籍是步兵校尉，这是个不用干事就拿工资的职位。据传阮籍母亲去世时，他正在和人下棋，听到母亲的死讯，照下不误。对方要求停止，他却坚持一决胜负。下完棋后，他喝了两斗酒，高声一喊，吐血数升，极度哀痛。在居丧期间，他也和平日一样饮酒无度。阮籍到底是孝还是不孝？听到母亲的死讯，继续下棋，居丧饮酒无异，这都是不孝的表现。可是，因为母亲去世，伤痛得吐血数升，身体消瘦，又是一个十足的孝子模样。司隶校尉何曾很讨厌阮籍，曾当着司马昭的面指责阮籍是“纵情、背礼、败俗之人”！

竹林七贤的放浪形骸大抵如此。但是，嵇康最终为自己的这种放达付出了生命代价。

嵇康隐居不仕，屡屡拒绝当官。山涛着意官场，当时官职升迁，便举荐嵇康代替自己原职。嵇康因此写了一封慷慨激昂的《与山巨源绝交书》（山涛字巨源）。这篇一千多字的长信，一开始就说他与山涛的相知是误会，他们不是一路人。接着嵇康谈到交友的原则贵在相知，又说自己根本就不是做官的人，表示要“离事自全，以保余年”。这篇脍炙人口的散文，为嵇康赢得了清誉，却激怒了当权的司马昭。钟会趁机诬告嵇康曾经想帮助叛军，又说嵇康这些人“有盛名于世，而言论放荡，害时乱教，宜因此除之”。于是嵇康被下令处死。

《资治通鉴》引孙登的话来评论此事。孙登精通“三玄”，弹琴长啸，无所不通，是标准的玄学名家。嵇康曾向孙登请教，孙登说：“子才多识寡，难乎免于今之世

阮籍为步兵校尉，其母卒，籍方与人围棋，对者求止，籍留与决赌。既而饮酒二斗，举声一号，吐血数升，毁瘠骨立。居丧，饮酒无异平日。司隶校尉何曾恶之，面质籍于司马昭座曰：『卿，纵情、背礼、败俗之人，今忠贤执政，综核名实，若卿之曹，不可长也！』因谓昭曰：『公方以孝治天下，而听阮籍以重哀饮酒食肉于公座，何以训人！宜摈之四裔，无令污染华夏。』昭爱籍才，常拥护之。

——《资治通鉴》卷七八

矣！”意思是嵇康才华横溢但缺少见识，为世所不容，故其死在所难免。

嵇康的才华罕有其匹，但为什么说他“识寡”呢？孙登所指的见识又是什么呢？司马光在评论东汉末年的党人时也有类似的评论，大体是说识时务者为俊杰，既能世事洞明不糊涂，又能应对现实复杂环境，方才是高明之人。嵇康并不能真正潇洒于竹林，他还是想用自己的方式出名，“尚奇任侠”，即此类也。

263年，在嵇康赴刑场这天，洛阳城里万人空巷，刑场周围人山人海。距离行刑还有一段时间，嵇康便要来了一架古琴，弹起了名曲《广陵散》。琴声潇洒，嵇康的表演更潇洒。当然，在赴刑场之前，嵇康还做了两件很务实的事：一是告诉年方十岁的儿子嵇绍要做忠臣，要谨小慎微地与上司打交道，不要学自己；二是把儿子托付给了曾经要绝交的山涛，而不是交给竹林里的朋友向秀等人。在山涛的培养下，嵇绍成为西晋王朝的忠臣，挺身庇护以“何不食肉糜”而知名的晋惠帝，死于敌人手下。

嵇康在刑场上的表现与他赴难前对儿子的安排判若两人。从这个角度来看，嵇康与何晏没有什么不同。

通鉴识读

山涛为吏部郎，举康自代。康与涛书，自说不堪流俗，而非薄汤、武。昭闻而怒之。康与东平吕安亲善，安兄巽诬安不孝，康为证其不然。会因谮：“康尝欲助毌丘俭，且安、康有盛名于世，而言论放荡，害时乱教，宜因此除之。”昭遂杀安及康。康尝诣隐者汲郡孙登，登曰：“子才多识寡，难乎免于今之世矣！”

——《资治通鉴》卷七八

三、将无同：王衍的虚谈废务

挥麈谈玄的背后，是人生的算计。王衍的人格分裂与前面的何晏、嵇康可谓异曲同工！

入晋之后，玄学的韵致已经发生了转变。身居庙堂之上的衮衮诸公，居然也峨冠博带地谈起玄学来了，这当中最典型的就是王戎（234—305）、王衍（256—311）。其流风余韵，一直影响到东晋南朝。

王戎出身琅琊王氏，本为竹林七贤之一，因为与司马氏为姻亲，走出竹林后，累官至尚书右仆射、司徒，身为三公。据记载，王戎荒政不务正业，并且贪婪爱财到了匪夷所思的程度。他到处购买田产，日夜计算钱财收入。家里有上好的李树，长出的李子能够卖钱，他又怕李树种子为人所得，竟然钻穿李子的核。

王戎提拔的官员也是务虚不务实的。阮咸之子阮瞻曾去拜见王戎，王戎问他：“圣人贵名教，老、庄明自然，其旨同异？”阮瞻回答说：“将无同！”意思是没什么不同吧。据说王戎对这个回答赞叹不已，让阮瞻担任司徒府幕僚。时人谓之“三语掾”，意思是仅凭三个字就被聘为幕僚。阮瞻为人谦和，善于弹琴，与世无争，在虚名之外并没有什么作为。

看重阮瞻的高官还有王衍。王衍是王戎的堂弟，历任黄门侍郎、尚书令、司空、太尉。《资治通鉴》对王衍的事迹有比较多的记述。据说王衍少年时代就长得清秀精神，山涛见了之后嗟叹良久，说：“是什么样的老妇人，竟能生下这样的孩子！但是将来妨害天下百姓的，未必就不是此人。”山涛的判断最终言中。王衍身居高位，高谈玄理，不以经世为务。在西晋危机四伏之时，不思救治，只想狡兔三窟。他还以天下大乱需要重臣镇守地方为借口，作出制度安排，让自己的两个兄弟王澄、王敦分别出任荆州、青州刺史。

通鉴识读

是时，王衍为尚书令，南阳乐广为河南尹，皆善清谈，宅心事外，名重当世，朝野之人，争慕效之。衍与弟澄，好题品人物，举世以为仪准。衍神情明秀，少时，山涛见之，嗟叹良久，曰：『何物老妪，生宁馨儿！然误天下苍生者，未必非此人也！』

——《资治通鉴》卷八二

308年五月，最早出来造反称帝的匈奴人刘渊派大将石勒等进攻洛阳，连续几年的进攻，使西晋危如累卵。王衍等人借给东海王司马越送葬的名义逃离洛阳，在途中被石勒抓捕。为了免于一死，王衍丑态百出，先是辩解自己无辜，国事如此，自己没有责任，后又劝石勒称尊号、登帝位，完全没有一点辅政大臣的气度，为石勒所不齿。

从这些表现来看，王衍是清雅之士吗？他其实俗不可耐，用现在的话说，叫“精致的利己主义者”。挥麈谈玄的背后，是人生的算计。王衍的人格分裂与前面的何晏、嵇康可谓异曲同工！

王衍之徒虚谈废务，谈什么呢？谈玄理，务虚名，显清高；废什么务呢？废事功，废武事。当时大臣裴頠著《崇有论》批评这种风气：这些似是而非的言论使人迷惑，一人高唱而百人应和，轻视务实劳作，崇尚游手好闲，以此沽名钓誉，谋得职位后尸位素餐，放纵沉沦，败坏风气。

魏晋名士讲究“放达”，因放而达。放什么呢？放弃名教的束缚，任心而行。曹操也明白，“对酒当歌，人生几何”，但他的回答是“老骥伏枥，志在千里；烈士暮年，壮心不已”。东汉士人的天下己任，三国英雄的壮志豪情，统统被魏晋名士抛到一边，他们需要的是所谓真性情的流露、本能本性的抒发。总之，虚谈废务是一方面，放浪形骸是另一方面。

士族政治虽然在东晋达到极致，但是虚谈废务的政治衰败反而不突出。原因在于东晋当朝的琅琊王氏、颍川庾氏、谯郡桓氏、陈郡谢氏等几大家族都有经世人才。潇洒自归潇洒，政事仍是政事。王羲之“东床坦腹”，自然放

通鉴识读

（裴頠《崇有论》）辩巧之文可悦，似象之言足惑；众听眩焉，溺其成说。虽頠有异此心者，辞不获济，屈于所习，因谓虚无之理诚不可盖。一唱百和，往而不反，遂薄综世之务，贱功利之用，高浮游之业，卑经实之贤。人情所徇，名利从之，于是文者衍其辞，讷者赞其旨。立言藉于虚无，谓之玄妙；处官不亲所职，谓之雅远；奉身散其廉操，谓之旷达；故砥砺之风，弥以陵迟。

——《资治通鉴》卷八二

任，曲水流觞，怡情养性，但是他仍然批评“虚谈废务，浮文妨要”。谢安在野时悠游东山，在朝治国理政则“镇之以静”。淝水之战，他沉静退敌，将儒者的家国情怀和道家的秉要执本，融为一体，是魏晋风度最积极的一面。陶渊明梦想的世界是桃花源，现实的生活是“采菊东篱下”，不为五斗米折腰，诗酒田园，清贫一生，展现了魏晋风度最洒脱的一面。

然而，到南朝时期，虚谈废务之风犹有余韵。梁武帝中年之后，一心事佛，多次舍身同泰寺，国事、家事都处理得一塌糊涂。他的儿子梁元帝萧绎，在西魏大兵压境的情况下，还开讲老庄，百官戎服以听。这也是虚谈废务的一种形式。魏晋名士钻研玄学，在思想史、学术史上的成就不容忽视，如王弼的著作至今仍然闪烁着哲学的光芒。但是，像王戎、王衍这样的大臣，梁武帝、梁元帝这样的帝王，怎么能不务正业、荒废朝政、故弄玄虚呢？谈玄者忘身物外，变成了忘身事外，家国覆灭，身死人手，故其宜矣！

文盲皇帝石勒

西晋灭亡之后，北方地区进入所谓“五胡乱华”的十六国时代。在众多胡族首领中，羯族出身的石勒（274—333）是一个传奇人物。据说石勒在家乡的时候，周遭颇有异象：树木皆呈铁骑之状，人参都长成人形，他在劳作时，耳边也常有鼙鼓之声。

石勒原本是西晋社会最底层的人，目不识丁，为人佣耕，甚至被卖身为奴，后来却成为后赵王朝的开创者。像他这般身世和经历的枭雄，在整个十六国和北朝历史上都不多见。

一、奴隶一路到将军

西晋末期，石勒等人加入了造反行列，在对抗晋政权的斗争中，石勒投奔了刘渊。

对于羯族人的来源，当今学者比较一致的看法是其故乡在西域，后来被匈奴所裹挟，成为他们所统属的奴隶军队，称为“匈奴别部”。汉魏以后，羯族人逐渐迁徙入塞，最终定居在山西上党地区及其周边。

石勒家族就是内迁的羯族人之一，他的祖父、父亲都是部落小帅、低层头目，由于被匈奴奴役，实际上没有实权。他的父亲周曷朱，“不为群胡所附”，意思是部众不听他管教，于是他就让石勒代替自己张罗事务，“部胡爱信之”，说明石勒很会笼络人心。成年之后，石勒在家乡帮人种地，但常吃不饱肚子，只有两个雇主时不时接济他，他们一个叫郭敬，一个叫宁驱。

晋惠帝末年，并州闹饥荒，匈奴刘氏酝酿起兵反晋。战乱之中，石勒逃亡到雁门，想投靠宁驱，却被当地政府官员卖为奴隶换了钱。危急之时，幸好宁驱将他偷偷藏匿起来免遭一劫，他像乞丐一样，慌不择路地开始逃亡。途中碰上了郭敬，石勒向这位昔日的东家哭诉自己的悲惨境遇。他还提议说，天下饥馑，我们不能坐着等死，不妨诱导饥寒困迫的胡人去冀南地区找吃的，到那里再把他们卖了赚一笔钱。

结果，盘算着贩卖同胞活命的石勒，却被晋朝的并州刺史司马腾贩卖给了山东茌平人师欢，以充军费。一路上，石勒受尽虐待，加上生病和饥饿，差点死在路上。

师欢购买了多少奴隶，史无具载，只说石勒与诸奴为师欢家耕作。师欢觉得石勒气度不凡，便把他免奴为良。恢复自由身的石勒因为善于相马，得到了临近牧场主人汲桑的赏识。此时，西晋的八王之乱已经闹腾起来。304年，发生了三件事：晋惠帝被人劫持到长安，洛阳陷于危乱；率先造反的流民领袖李雄在成都称王，建立政权，史称成汉；匈奴贵族刘渊在左国城称大单于、汉王，史称汉赵。

通鉴识读

初，上党武乡羯人石勒，有胆力，善骑射。并州大饥，建威将军阎粹说东嬴公腾执诸胡于山东，卖充军实。勒亦被掠，卖为茌平人师欢奴，欢奇其状貌而免之。欢家邻于马牧，勒乃与牧帅汲桑结壮士为群盗。及公师藩起，桑与勒帅数百骑赴之。桑始命勒以石为姓，勒为名。

——《资治通鉴》卷八六

汲桑紧跟时势，联络石勒等人加入了造反行列。在对抗晋政权的斗争中，汲桑战死，石勒投奔了刘渊，拜辅汉将军、平晋王，这是晋怀帝永嘉元年（307年）十月的事了。

二、隐藏实力辞高官

石勒虽然没有文化，但他的军队却比其他胡族军队更有纪律。他本人也十分懂得尊重读书人，还特意设立了由汉族知识分子组成的智囊团，名为“君子营”。

投奔刘渊后不久，石勒收编了两支胡人部落，一个是张訇督，另一个是伏利度。这两支部落便是石勒的初始武装力量，大约有7000人的规模。胡人骁勇野蛮，石勒能将他们收编，充分显示出他的智勇双全。至此，石勒仍然是刘渊的下属，但所率部众是他自己收编而来的。

石勒虽然没有文化，但他的军队却比其他胡族军队更有纪律。他本人也十分懂得尊重读书人，还特意设立了由汉族知识分子组成的智囊团，名为“君子营”。其中石勒最倚重的就是河北士人张宾。

随着战争的推进，石勒在冀州一带攻城略地，战果煊赫，他统帅的军队达到了10万人的规模，成为一支独立的武装力量。但是，石勒掩盖了自己的实力和野心，在刘渊封他为汲郡公时，他推拒不受，以示自己没有割地为王的野心。

接下来，石勒又三辞征东大将军的封号。征东大将

通鉴识读

汉安东大将军石勒寇巨鹿、常山，众至十余万，集衣冠人物，别为君子营。以赵郡张宾为谋主，刁膺为股肱，夔安、孔苌、支雄、桃豹、逯明为爪牙，并州诸胡羯多从之。初，张宾好读书，阔达有大志，常自比张子房。及石勒徇山东，宾谓所亲曰：『吾历观诸将，无如此胡将军者，可与共成大业！』乃提剑诣军门，大呼请见，勒亦未之奇也。宾数以策干勒，已而皆如所言。勒由是奇之，署为军功曹，动静咨之。

——《资治通鉴》卷八七

军在魏晋军事体系中是比较高的职位，当初曹操用兵江东征讨孙权时，便任命曹休为征东大将军。石勒第一次辞去这个封号时，他的大军正在往南方挺进。攻破南阳后，他把晋军将领的首级送到平阳向汉赵政权报捷，又把晋军武装力量兼并到自己麾下，势力大盛。此时，他已经萌生了脱离刘氏政权的想法，“有雄踞江汉之志”，但后因军粮不济，加上军中瘟疫蔓延，才采纳张宾的建议北上。他会同刘渊养子刘曜和王弥领导的汉赵军，一举攻破西晋首都洛阳，俘虏晋怀帝。这次战果，石勒分毫未沾，全部归功于王弥、刘曜。

在河南连连获胜后，石勒招揽来西晋大将军、人称“韩白（韩信、白起）”的著名将领苟晞，署为左司马（相当于副参谋长）。这时，石勒再次拒受新君主——刘渊第四子刘聪——加封的征东大将军。

三、折节示弱擒王浚

刘曜即位称帝，改国号为赵，史称前赵。石勒则割据河北山东，自称赵王。一个赵帝，一个赵王，二人争斗的结果是，石勒统一了北方地区，史称后赵，他自称天王。

石勒一方面保持低调，另一方面则不遗余力地兼并各种武装，包括汉赵政权的武装。

王弥与石勒一直互相猜忌，都想消灭对方、壮大己势。王弥奉承石勒说：“将军英雄盖世，现在收编苟晞为左膀，我将来就是您的右臂，我们做您的左膀右臂，必将征服天下。”石勒警惕地对张宾说：“王弥位高言卑，这一定是要算计我呀！”于是他将计就计，故意对王弥表示亲近。王弥当时正在与乞活军的刘瑞部队对峙，请求石勒帮忙。石勒慷慨出手相助，消灭了刘瑞，王弥十分感激，觉得石勒是真心对待自己。不久，石勒约请王弥会面，趁其不备将其杀死，尽有其部众。

石勒作战勇猛，处事精明，更重要的是他能屈能伸。在他以河北为根据地，以襄国为政治中心，建立起自己的独立地盘后，经略幽冀的最大障碍便是晋朝任命的幽州刺史王浚。石勒请教于张宾，张宾说：“王浚名为晋臣，实欲废晋自立。他现在最需要的就是四海英雄尊奉追随。其欲得将军，犹项羽之欲得韩信也。将军威震天下，如能卑辞厚礼，折节事之，尚且怕王浚不信，要是以对等关系交往，他肯定会怀疑！”石勒顿时明白了，连声称好。

313年底，石勒遣使者送去珍宝，奉表于王浚劝进。王浚喜出望外，不但接受了石勒的“归附”，还即刻派使节回访。次年正月，石勒接待了王浚的使节。他把劲卒精甲都藏匿起来，展示老弱病残、不堪一击的士兵和军备空虚、缺乏钱粮的府库。他以臣下的身份北面拜见使者，恭敬地接受了王浚的书信，还把王浚送给他的礼物悬挂在墙壁上，朝夕礼拜，不敢执之于手，并说我平日见不到王公，见到他送给我的赐物，就如同见到王公一样。他奉表给王浚，约定三月中旬将亲自到幽州奉尊号，又修书求封并州牧、广平公。这一求官的做法，让他的归附更像是真的。

三月，石勒的军队到达易水，当地守将驰马报告给

通鉴识读

王弥与勒，外相亲而内相忌……弥闻勒擒苟晞，心恶之，以书贺勒曰：『公获苟晞而用之，何其神也！使晞为公左，弥为公右，天下不足定也。』勒谓张宾曰：『王公位重而言卑，其图我必矣。』宾因劝勒乘弥小衰，诱而取之。

——《资治通鉴》卷八七

王浚，请求出兵阻击。王浚的幕僚也认为石勒的投诚靠不住。但此时的王浚，已经对石勒彻底解除了戒心，还愤怒地对部下说：“石公来，正是想要归附我，提议出击的人当斩！”众不敢复言。随后，王浚下令精心准备招待石勒的宴会。石勒抵达蓟城时，正值清晨，他大呼城门守卫开门。门开后，石勒先驱赶牛羊数千头，声言上礼，实欲填塞街巷，防止有伏兵。后来的一切都在他的计划中，王浚被生擒，在被解送到襄国的途中，欲投水自杀，被救起后斩首。

318年，汉赵天子刘聪驾崩。不久大将军靳准发动政变，杀死新君刘粲，自称汉天王。刘渊养子刘曜和石勒闻讯，分别从长安、河北出发，镇压叛乱。平反后，刘曜即位称帝，改国号为赵，史称前赵。石勒则割据河北山东，自称赵王。一个赵帝，一个赵王，二人争斗的结果是，石勒统一了北方地区，史称后赵，他自称天王。

像所有开国皇帝一样，石勒求贤若渴，广纳忠言。有一次，他准备到襄国的近郊打猎，主薄程琅劝谏他不要去，并举孙策行猎遇刺为戒，提醒他即使是枯木朽株，也能为害。石勒认为这是书生之言，不听。行猎途中，石勒的马撞到树上死了，他自己也差点丧命。他很懊悔未听程琅之言，随即封其为关内侯，赐以朝服锦绢等物，并广而告之：“凡有意见要说的，不要隐讳不说，朝廷如饥似渴地希望听到直谏谠论！”由此，“朝臣谒见，忠言竞进”。

另外，石勒大兴教育，设立太学和小学，重视修史工作；经济上劝课农桑，重定度量衡，还颁布禁酒令，禁止酿酒以节约粮食。凡此种种，让后赵成为当时北方最强的国家。

三月，勒军达易水，王浚督护孙纬驰遣白浚，将勒兵拒之，游统禁之。浚将佐皆曰：『胡贪而无信，必有诡计，请击之。』浚怒曰：『石公来，正欲奉戴我耳；敢言击者斩！』众不敢复言。浚设飨以待之。壬申，勒晨至蓟，叱门者开门；犹疑有伏兵，先驱牛羊数千头，声言上礼，实欲塞诸街巷。浚始惧，或坐或起。勒既入城，纵兵大掠，浚左右请御之，浚犹不许。勒升其听事，浚乃走出堂皇，勒众执之。勒召浚妻，与之并坐，执浚立于前。

——《资治通鉴》卷八九

石勒还有一段十分有名的自诩。有次酒宴后，他问侍臣，我的功业可比何人？侍臣比之以刘邦、曹操。石勒很知趣地说，我哪里能与汉高祖刘邦比呢？在他手下我甘心为臣；若是光武帝刘秀，我要与他竞争一番；至于曹操、司马懿，专门欺负孤儿寡妇，我懒得与他们比。这段话既体现了他的谦卑，又体现了他的自负。

333年，石勒去世，族人为皇位反目，加上权臣弄朝，导致后赵内战爆发。351年，石勒侄孙石祗在位两年后，被手下大将刘显所杀。随后，刘显又被后赵将军冉闵擒杀，后赵灭亡。

赵主勒大飨群臣，谓徐光曰：『朕可方自古何等主？』对曰：『陛下神武谋略过于汉高，后世无可比者。』勒笑曰：『人岂不自知！卿言太过。朕若遇汉高祖，当北面事之，与韩、彭比肩；若遇光武，当并驱中原，未知鹿死谁手。大丈夫行事，宜礌礌落落，如日月皎然，终不效曹孟德、司马仲达欺人孤儿、寡妇，狐媚以取天下也。』群臣皆顿首称万岁。

——《资治通鉴》卷九五

风流宰相谢安

汉末魏晋六朝是中国政治最混乱、社会最苦痛的时代，却是精神史上极自由、极解放的一个时代。处于独尊地位的儒家思想受到冲击，老庄道家思想融入其中，给士人的处世方式带来很大变化，这样的变化，被后世称为“魏晋风度”。

“魏晋风度”一词出自鲁迅的演讲《魏晋风度及文章与药及酒之关系》，形容名士们“简约云澹，超然绝俗”。大政治家谢安（320—385）就是一位代表人物，他的一生集中体现了东晋时期“魏晋风度”的人格美。《世说新语》全书1100多条事迹，涉及谢安的就有110多条，可见他在当时非同一般的影响力。难怪宗白华说：“谢安是东晋风流的主脑人物。”

一、不慕权贵，“游手好闲”

审时度势来处理问题，是谢安为“真风流”的魅力所在。

在门阀制度盛行的东晋，谢氏是第一等高门，谢安之父谢裒官至太常。少年时期的谢安，在上层社会中已享有较高声誉。《世说新语》中写道，谢安4岁时，名士桓彝见到他，大为赞赏，说：“这孩子风采神态清秀明达，将来不会比王东海（东晋初年的名士王承）差。”

《颜氏家训》有云：“上车不落则著作，体中如何则秘书。”意思是说，在那个时代，门阀中人，小小年纪就能轻易得到秘书郎、著作郎这样的清闲职位。然而谢安并不想凭借出身去猎取高官厚禄，朝廷曾征召他入司徒府，他以患病在身为由推辞了。后来，朝廷又征召他，谢安一概推辞。吏部尚书范汪举荐他为吏部郎，也被他写信拒绝。

为了远离朝中叨扰，谢安干脆隐居到会稽郡东山，与王羲之、许询、支道林等名士、名僧交游。著名的兰亭聚会，就有他在场。谢安曾与友人泛舟大海，忽然风起浪涌，众人十分惊恐，谢安却吟啸自若。后来风浪更大了，他就慢悠悠地问：“如此大风，我们将如何返回呢？”众人无不钦佩他宽宏镇定的气度。

可是妻子对谢安的“游手好闲”感到不满，嗔怪丈夫说：“男人好像不应该只是待在家里陪孩子玩吧？”谢安回答：“是呀，我恐怕要出山了。”时逢谢安弟弟西中郎将、豫州刺史谢万北伐前燕失利，被免为庶人，谢家在朝中已经无人，权势受到很大威胁。当时执政的会稽王司马昱说：“安石（谢安字安石）既然能与人同乐，也必定能与人同忧，再征召他，他肯定会应召。”果然，年届不惑的谢安走出了东山，这就是“东山再起”一词的由来。

谢安仕途的第一站，是在大名鼎鼎的东晋征西大将军

通鉴识读

谢安少有重名，前后征辟，皆不就，寓居会稽，以山水、文籍自娱。虽为布衣，时人皆以公辅期之，士大夫至相谓曰：『安石不出，当如苍生何！』安每游东山，常以妓女自随。司徒昱闻之，曰：『安石既与人同乐，必不得不与人同忧，召之必至。』安妻，刘惔之妹也，见家门贵盛而安独静退，谓曰：『丈夫不如此也！』安掩鼻曰：『恐不免耳。』及弟万废黜，安始有仕进之志，时已年四十余。征西大将军桓温请为司马，安乃赴召，温大喜，深礼重之。

——《资治通鉴》卷一〇一

桓温（312—373）帐下。桓温具备军事天赋，曾灭成汉政权、收复成都地区，甚至一度北伐到关中。但他的北伐之“志”乃是通过战争来提高声望，为改朝换代作铺垫，这一野心遭到世家大族的坚决反对。两年后，谢安离开桓温幕府，出任吴兴（今浙江湖州）太守后，又调入中央，担任吏部尚书、中护军等要职。

一心想篡权的桓温，于371年废黜天子司马奕为海西公，理由是皇帝不育，现有子嗣皆为后宫美人与他人私通所生，淆乱了皇统。同时，桓温立司马昱为帝，是为简文帝。

晚年的桓温加快了禅让的步伐，逼迫朝廷加其九锡，但谢安故意磨磨蹭蹭，把桓温给拖死了。为了避免桓温的弟弟桓冲继续干预朝政，谢安又请来退位的崇德太后临朝，这让尚书令王彪之大惑不解：“令从嫂临朝，示人主幼弱，岂所以光扬圣德乎！”只有胡三省明白谢安的心思，王彪之说的是大道理，谢安所做的却合乎时宜。审时度势来处理问题，是谢安为“真风流”的魅力所在。

二、淝水之战名留史册

逃跑者听到风声鹤唳，皆以为晋兵追来，自相蹈藉而死者，蔽野塞川。苻坚狼狈逃回了长安。

桓温的难题解决后，谢安迎来了真正的考验——淝水之战。

383年，前秦苻坚率领百万大军南下，征讨东晋。谢安领军抵御入侵，手上的王牌劲旅是北府兵。所谓北府，

> 谢安以天子幼冲，新丧元辅，欲请崇德太后临朝。王彪之曰：『前世人主幼在襁褓，母子一体，故可临朝；太后亦不能决事，要须顾问大臣。今上年出十岁，垂及冠婚，反令从嫂临朝，示人主幼弱，岂所以光扬圣德乎！诸公必欲行此，岂仆所制，所惜者大体耳。』安不欲委任桓冲，故使太后临朝，己得以专献替裁决，遂不从彪之之言。八月，壬子，太后复临朝摄政。
>
> ——《资治通鉴》卷一〇三

是相对于西府而言。东晋时代称位于荆襄上游的军府为西府，位于首都扬州北部江北地区的军府为北府。曾经，扬州是政治和经济中心，荆州是军事中心，至谢安执政，开始注意发展扬州的军事力量，扩充北府兵。

战前，谢安以宰相身份都督扬、豫、徐、兖、青五州诸军事，任命侄子谢玄在江北前线监领军事工作，组建军队。于是，安置在南徐州和南兖州的军队纷纷应募入伍，其中就包括刘牢之等一批骁勇善战之人。这些流民战斗力强盛，敌人畏之。

八月，苻坚从长安出发，率戎卒60余万、骑兵27万，旗鼓相望，前后千里。一个月后，苻融等先遣军共计30万到达颍口，东晋则派出了征虏大将军谢石、前锋都督谢玄等统领的8万军队迎敌。两个月后，苻融攻下寿阳，秦卫将军梁成率军5万直逼洛涧（由南向北流入淮河的一条支流），沿淮河布防，以阻止谢石、谢玄大军。苻坚闻前方得手，留下重兵，自引8000轻骑，日夜兼程赶到寿阳。此时，东晋方面的前锋刘牢之帅精兵5000人进军洛涧，渡河攻击梁成，大破之，梁成阵亡。于是，谢石等率诸军水陆继进，逼近淝水。

苻坚望见晋兵部阵严整，又望见八公山上的草木，误以为是晋兵，心想晋军并不像自己想象的那样孱弱，开始忧惧起来。这时候，东晋提议秦兵稍作后退，以便晋军过河进行决战。秦军有人反对后退，苻坚则认为可以将计就计，待东晋军渡河一半，秦军再乘机回击，一定可以大胜。没料到，秦兵在退却的过程中丧失了斗志，一退而不可止。苻融骑在马上扬鞭阻止，被晋兵击杀了。失去了前线的统帅，秦

通鉴识读

秦兵大败，自相蹈藉而死者，蔽野塞川。其走者闻风声鹤唳，皆以为晋兵且至，昼夜不敢息，草行露宿，重以饥冻，死者什七八。

——《资治通鉴》卷一〇五

军更是溃不成军，逃跑者听到风声鹤唳，皆以为晋兵追来，自相蹈藉而死者，蔽野塞川。苻坚狼狈逃回了长安。

三、功高被疑，主动辞官

树大招风的道理亘古不变，无论谢安如何平衡势力，终究还是遭到了猜忌。

通鉴识读

谢安得驿书，知秦兵已败，时方与客围棋，摄书置床上，了无喜色，围棋如故。客问之，徐答曰：『小儿辈遂已破贼。』既罢，还内，过户限，不觉屐齿之折。

——《资治通鉴》卷一〇五

前方将士打了胜仗，这边谢安正在与客人对弈。捷报传来，他只看了一眼，然后继续下棋。客人忍不住问他信上写了什么，他淡淡地说，是淝水前线的消息，小伙子们打赢了。直到下完了棋，客人告辞以后，谢安才抑制不住心头的喜悦，入室过门槛，把木屐底上的屐齿都碰断了。

淝水之战是中国历史上著名的以少胜多的案例。东晋的胜利，一个重要原因是谢安从容稳健、处变不惊的领导能力，在整个战争筹划和人事安排中发挥了重要作用。这场胜利使谢安的声望达到了顶点，进拜太保。

通常情况下，对外战争的胜利，会让内部产生权力煊赫的军事人物。可是，淝水之战却没有出现这种情况，这与谢安的胸襟气度和运筹帷幄有关。荆州刺史桓冲去世后，荆、江二州刺史之位空缺，谢玄功勋卓著，时论以为应该让他出任。但谢安以大局为重，觉得自己既已执政，再让侄子镇守荆州、掌控西府，恐为朝廷所疑；若让桓氏家族继任，又怕引发不平。经过深思熟虑，谢安以桓石民为荆州刺史，改桓伊为江州刺史，命桓石虔为豫州刺史。这样一来，三桓据三州，彼此无恐，局面稳定了下来。

稳定国内后，趁着北方混乱，谢安于384年组织了大规模的北伐，收复了山东、河南、四川的大批领土，把东晋的北方边界推向了黄河，包括旧都洛阳在内的黄河以南地区都纳入了版图。由此可见，谢安的名士风流充分吸收了儒道思想的精华，进能建功立业，退可吟咏田园。

然而，树大招风的道理亘古不变，无论谢安如何平衡势力，终究还是遭到了猜忌，只能主动辞去宰相职务。随后，东晋孝武帝用御弟司马道子取代谢安执政。在一次酒宴上，桓伊借酒唱道："为君既不易，为臣良独难。忠信事不显，乃有见疑患。周旦佐文武，《金縢》功不刊。推心辅王政，二叔反流言。"意思是："做国君既不容易，做臣下实在更难。当忠信不被理解时，就有被猜疑的祸患。周公辅佐文王、武王，《金縢》功绩不灭永传。一片忠心辅助周王室，管叔、蔡叔反大造谣言。"其实是借曹植的《怨歌行》为谢安鸣不平。晋孝武帝一听，脸就红了。此后不久，谢安去世，比战败逃亡的苻坚还早了四天。

通鉴识读

安功名既盛，而险诐求进之徒，多毁短安，帝由是稍疏忌之。

——《资治通鉴》卷一〇五

刘裕：开国皇帝埋祸根

刘姓开国皇帝不少，最有名的要数“三刘”：刘邦、刘秀、刘备。他们仨分别开创了西汉（都长安）、东汉（都洛阳）和蜀汉（都成都）政权。其实，老刘家还有一位开国皇帝，名气虽然没有“三刘”大，战功武绩却一点不逊于他们，他就是刘裕（363—422）。

刘裕祖籍彭城，史书上说他是汉高祖刘邦之弟楚元王刘交的后人。因为彭城属于古宋国，所以曾被封为宋国公的刘裕，把建立的政权叫作宋，定都于建康（今江苏南京），他自己则被称为宋武帝。他是南朝（宋、齐、梁、陈）的第一个皇帝，也是后来南朝诸多政治乱象的始作俑者。

一、以一敌千的无畏勇猛

刘裕一点都不害怕，即使随从都死了，自己也跌落岸下，仍然高举长刀砍杀敌人。他的无畏勇猛，令人瞠目。

刘裕幼年家贫，母亲分娩后患病去世，父亲因无力请乳母哺育他，一度打算抛弃他。后来有好心人伸出援手养育刘裕，他才得以活下来。刘裕长大后，气度宏大，身高七尺六寸，风神奇伟，侍奉养母以孝顺闻名。为生计所迫，刘裕曾靠砍柴、种地、打渔和卖草鞋为生，遭乡里轻视。他的小名“寄奴”大约就反映了早年的生活窘境。

后来，刘裕加入东晋的北府兵，参与了平定孙恩起义的战争。这场仗从399年打到402年，刘裕每每以少胜多，迅速从北府兵统帅刘牢之手下的一名参军，晋升为建武将军、下邳太守。据《资治通鉴》记载，在战争中，刘牢之曾命刘裕率数十人去侦察义军的行动，不巧遭遇义军千人。刘裕一点都不害怕，即使随从都死了，自己也跌落岸下，仍然高举长刀砍杀敌人。他的无畏勇猛，令人瞠目。

彼时，东晋荆州刺史桓玄趁乱扩充自己的势力，与朝廷权臣司马元显矛盾尖锐。司马元显下令讨伐桓玄，桓玄却率先发难，并争取到刘牢之的合作，刘裕自然也就归附了桓玄。

403年，孙恩余党再次起兵，桓玄派刘裕前往镇压。在刘裕的凌厉打击下，叛军头目有的逃亡海上，有的归顺当官。对于刘裕势力的隆升，桓玄开始有所忌惮，虽然表面上笼络他，暗地里却处心积虑打击北府兵势力。

当年十二月，桓玄称帝，国号“楚”，彻底颠覆了东晋的政治生态，招致举国反对。次年二月，刘裕在京口北府兵旧地举兵起义，仅用了5天，就迫使桓玄放弃建康西遁。此后他迎接晋安帝司马德宗回朝，成为再造晋王室的第一功臣。这位晋安帝是个十足的窝囊废，大权旁落，致

通鉴识读

初，彭城刘裕，生而母死，父翘侨居京口，家贫，将弃之。同郡刘怀敬之母，裕之从母也，生怀敬未期，走往救之，断怀敬乳而乳之。及长，勇健有大志。仅识文字，以卖履为业，好樗蒱，为乡闾所贱。刘牢之击孙恩，引裕参军事，使将数十人觇贼。遇贼数千人，即迎击之，从者皆死，裕坠岸下。贼临岸欲下，裕奋长刀仰斫杀数人，乃得登岸，仍大呼逐之，贼皆走，裕所杀伤甚众。

——《资治通鉴》卷一一一

使东晋的命运掌握在了刘裕手中。

二、各尽其用的驭人之术

在刘毅反对刘裕控制朝政之时，是刘穆之出策，使刘裕获得了控制中枢政局的关键职位。

虽说拳头是硬道理，但武夫刘裕最终能成就建国霸业，还因为他能够重用王镇恶与刘穆之这样的文武人才。

王镇恶是前秦名相王猛之孙。前秦灭亡后，他流落到东晋，被刘裕赏识和提拔，立下了赫赫战功，其中一次就是除掉北府兵中刘裕的反对派刘毅。

北府兵原有三位大将：刘裕、刘毅、何无忌。何无忌在孙恩、卢循之乱中战死后，二刘的冲突显现出来。不久，刘裕以荆州刺史刘毅有异心为由，出兵讨伐。王镇恶领命率兵进至豫章口，包抄江陵，切断刘毅援兵的进军之路，并在江津烧毁舟船而向前挺进，随后攻克了江陵外城，与内城守军一直战至太阳西斜。他将刘裕招抚士兵和百姓的书信送进城内示众，然后焚烧四周城门，攻了进去。刘毅部众纷纷逃散，刘毅从北门出城单骑而逃，在离江陵20里处的牛牧寺自缢身亡。

在刘裕消灭后秦的战争中，王镇恶也立了头功。416年二月，后秦主姚兴病死，继任的姚泓无法控制局面，兄弟争权，给了东晋北伐的机会，龙骧将军王镇恶是北伐的前锋之一。不过半年的时间，他们便进入后秦境内，十月就攻克了洛阳。王镇恶的兵锋继续西向长安，虽然遭遇粮

通鉴识读

九月，太尉裕至长安，镇恶迎于灞上。裕劳之曰：『成吾霸业者卿也！』镇恶再拜谢曰：『明公之威，诸将之力，镇恶何功之有！』

——《资治通鉴》卷一一八

食补给不及的困难，仍顽强地突破了后秦的防御，于次年三月攻克潼关，八月兵临长安，逼迫后秦主姚泓投降。此战之后，刘裕评价王镇恶说：“成吾霸业者，卿也！”

由于刘裕长年在外征战，朝中事务须有人打点，此人便是刘穆之。在刘毅反对刘裕控制朝政之时，是刘穆之出策，使刘裕获得了扬州刺史、录尚书事等控制中枢政局的关键职位。在刘裕伐南燕、平卢循的过程中，刘穆之都扮演了他幕府中智多星的角色。刘裕出征后秦时，刘穆之便留在首都为他处理内务。

《资治通鉴》对刘穆之的才干赞赏有加，后人将其比为萧何留守关中，张良辅弼刘邦。

三、一塌糊涂的帝王家事

刘宋的皇室内部杀戮不绝，20多年换了6位皇帝，给了权臣萧道成改朝换代的机会。

历史总是在上演狡兔死、走狗烹的悲剧。刘裕稳定大局后，王镇恶、刘穆之也因各种原因相继身亡。

417年，晋军攻克长安，刘裕南还，留下十几岁的二子刘义真镇守。《资治通鉴》记载，刘裕离开长安之前，大将沈田子与王镇恶争功，并在刘裕面前说王镇恶的坏话，刘裕听完暗示沈田子，若王镇恶有动乱，你等有除去他的责任。司马光评论道，用人不疑，疑人不用，既然让王镇恶负责西北镇守之事，怎么可以又叮嘱其他将领在必要时将他除掉呢？后来，夏国进犯长安，沈田子借机谎称王镇

通鉴识读

臣光曰：古人有言：『疑则勿任，任则勿疑。』裕既委镇恶以关中，而复与田子有后言，是斗之使为乱也。惜乎！百年之寇，千里之土，得之艰难，失之造次，使丰、鄗之都复输寇手。荀子曰：『兼并易能也，坚凝之难。』信哉！

——《资治通鉴》卷一一八

恶割据关中、意图谋反，将其杀害。

这场内讧与其说是王、沈矛盾所致，不如说是刘裕对王镇恶暧昧不明的态度造成的，甚至是他有意为之。刘裕攻克长安，王镇恶的功劳最大，所以南方的将领都忌恨王镇恶，刘裕可能尤其忌之。

再说刘穆之。刘裕在北伐前秦的途中，派左长史王弘回建康，“讽朝廷求九锡”，而执掌留任事务的刘穆之毫不知情。刘裕既然把与朝廷打交道的事情都交给了刘穆之，本应由他出面为自己“求九锡”。现在他撇开刘穆之，从前线派王弘来执行这项任务，刘穆之当然就担忧自己失势了。原本就有先衰之兆的他，此事过后心理负担加重，不久便猝死了。

可见刘裕虽然依赖刘穆之，但并不太尊重他，漠视了他的内心感受。

420年，刘裕如愿以偿，登基称帝。并派人将逊位的晋恭帝杀害。从曹魏禅让以来，包括晋朝，都遵行三代之先例，没有屠杀前朝王室的做法，可刘裕却开启了这个恶例，此后禅让必杀前朝逊位之帝。他的后世子孙，陷入了这种恶例的坑害报应中。

当皇帝不到三年，刘裕驾崩。他死前任命傅亮、徐羡之、谢晦、檀道济为顾命大臣，辅佐刚继位的新皇帝刘义符。他对儿子说，檀道济是一个粗人，傅亮、徐羡之均属于中才，只有谢晦颇懂权略，应该加以提防。以如此考虑来选择辅弼幼主的顾命大臣，反映了刘裕的心胸狭窄。

继位后，刘义符胡作非为，于424年被徐羡之、谢晦等杀害。他们迎荆州刺史、宜都王刘义隆为帝，是为宋文

通鉴识读

五月，帝疾甚，召太子诫之曰：『檀道济虽有干略，而无远志，非如兄韶有难御之气也。徐羡之、傅亮，当无异图。谢晦数从征伐，颇识机变，若有同异，必此人也。』又为手诏曰：『后世若有幼主，朝事一委宰相，母后不烦临朝。』司空徐羡之、中书令傅亮、领军将军谢晦、镇北将军檀道济同被顾命。癸亥，帝殂于西殿。

——《资治通鉴》卷一一九

帝。这位皇帝身体衰弱，为人好猜忌，文臣武将谢灵运、檀道济都为他所杀，他本人则被太子所篡弑。此后，刘宋的皇室内部杀戮不绝，20多年换了6位皇帝，给了权臣萧道成改朝换代的机会。然而，国祚仅有23年的萧齐，更是更换了10个帝王，无不是内部杀戮；到了萧梁时代，除了开国皇帝萧衍统治时间比较长，有一个稳定的时期，在他之后，同样是诸子争权，大开杀戒；陈朝的陈后主更是以亡国之君留名于世。

南朝皇室的内乱，不能说都是刘裕留下的祸害。但他本人心胸狭窄，疏于教育皇子，为家天下的衰败埋下了祸根，则是笃定无疑的。

萧衍："不想出家的学者不是好皇帝"

梁武帝萧衍（464—549）是南朝最传奇的帝王，因为他既是开国皇帝，也是亡国皇帝，更是罕见的长寿皇帝。他执政萧梁近半个世纪，终年86岁，在中国历史上的皇帝中仅次于88岁的乾隆。

萧衍生于兰陵郡武进县，自称是汉初开国丞相萧何的25代孙。在他的长期执政下，萧梁达到了鼎盛。可惜，晚年的他怠于理政，导致了"侯景之乱"的爆发，国力迅速由盛转衰。他死后的七八年时间里，萧梁疆域日渐逼仄，名存实亡。

一、逼迫皇帝"禅让"皇位

萧衍立了萧鸾第八子、萧宝卷的同母弟萧宝融为傀儡皇帝，即齐和帝，作为讨伐萧宝卷的旗号。

479年，齐高帝萧道成（427—482）建立南朝的第二个朝代齐，取代刘宋王朝。萧衍和齐皇室关系密切，他的父亲萧顺之是齐高帝的族弟。萧衍后来之所以能建立功勋，并最终建立梁朝，他的家族背景起了很大作用。萧道成只当了不到4年皇帝就宫车晏驾，太子萧赜即位，是为齐武帝。武帝在位11年，提倡节俭，留心治道，可惜太子萧长懋盛年早逝。从德望和才能看，萧赜次子竟陵王萧子良是皇嗣的最佳人选。但萧子良优柔寡断，在接班争夺战中，被叔叔萧鸾支持的皇太孙萧昭业抢得了先机。萧昭业即位称帝后，昏庸无能，实际大权掌握在萧鸾手里。

后来萧鸾想要废帝，召集众人商议，遭到萧衍反对。他说："废立皇帝是大事，不能轻率，现在废立难免会遭到众王的反对。"萧鸾回答："众王都是庸才，只有随王（萧子隆）文武兼备，且占据荆州，如果把他召回来就万事大吉了。怎么才能让他回来呢？"萧衍就出主意说："随王其实徒有虚名，并无真才实干，只有一个稍微可靠的属下武陵太守卞白龙。可这人贪图金钱富贵，只要一封书信许诺高官厚禄，就可以把他轻易地召回。没了左膀右臂，随王自然会跟着回来。"萧鸾听取了萧衍的建议，果然大功告成，继而放心地废杀了萧昭业，拥立昭业弟萧昭文即位，不久又废萧昭文，自立为帝。萧衍作为大功臣，地位愈加显赫起来。

在萧鸾登基的第二年，北魏孝文帝拓跋宏率领30万军队进攻南齐义阳城，萧衍和平北将军王广之领兵救援。王广之听说北魏军队人强马壮，于是畏缩不前；萧衍则请求充当先锋，主动出战。在距离北魏军只有几里地的贤首山，萧衍命令士兵遍山插旗。天一亮，义阳城中的齐军看到齐国旗帜，以为援军到了，于是士气大增，马上出兵，与萧衍夹攻北魏。北魏在齐军前后夹击下溃不成军，只好退兵。此战中，萧衍立下汗马功劳，升任太子中庶子。不久，萧鸾让他出任雍州刺史，主持雍州防务。从此，萧衍就有了一块固定的根据地，成为他日后争夺齐政权的资本。

萧鸾驾崩后，15岁的太子萧宝卷即位，冥顽无道。他不仅诛杀了父亲留下的辅佐大臣，还杀害了萧衍的长兄、益州刺史萧懿，这就给萧衍起兵提供了口实。其实，萧鸾以疏属之资篡取皇位，已经动摇了朝野上下对于皇室的忠诚；他即位后，对萧齐宗室近亲大肆杀戮，更降低了萧衍谋篡的难度。因此，萧衍的起兵，基本没有碰到什么大的阻力。不过，萧衍还是立了萧鸾第八子、萧宝卷的同母弟萧宝融为傀儡皇帝，即齐和帝，作为讨伐萧宝卷的旗号。

掌控了朝廷大权之后，萧衍培植自己的势力，诛灭异己，于502年在沈约、范云等旧僚的支持下，通过萧宝融的禅让登基，建立了南朝的第三个朝代梁朝。

二、“文物之盛，独美于兹”

作为学术型皇帝，萧衍的治国成就，除了建国初期的澄清吏治、选拔人才、减轻赋税徭役等措施之外，最突出的表现是在发展文化学术方面。

有人说，在中国历史上的几百个帝王中，萧衍是最有学问者之一。他博通文史，钦令编《通史》六百卷，并亲写赞序；他才思敏捷，文笔华丽，所作的千赋百诗，不乏名作。

南朝的文化事业，本就以齐梁为首。齐武帝次子萧子良是出了名的附庸风雅，因他而集结了一大批文士，形成

子良少有清尚，倾意宾客，才俊之士，皆游集其门。开西邸，多聚古人器服以充之。记室参军范云、萧琛、乐安任昉、法曹参军王融、卫军东阁祭酒萧衍、镇西功曹谢朓、步兵校尉沈约、扬州秀才吴郡陆倕，并以文学，尤见亲待，号曰八友。……萧衍好筹略，有文武才干，王俭深器异之，曰：『萧郎出三十，贵不可言。』

——《资治通鉴》卷一三六

了一个文学群体，史称“竟陵八友”。这是一群当时最著名的文人，包括《宋书》作者沈约、诗坛领袖谢朓、范云等，萧衍也在其中。从这些同侪中，可以看出萧衍的文学才能必定不同凡响。他们除诗文唱和之外，还讨论经史、佛道。但萧衍的独特之处在于，他很有政治韬略。当初萧赜弥留之际，萧子良竞争皇帝宝座的时候，萧衍就不看好他，没有站在他一边，而是站在了篡位者萧鸾一边。

萧衍还善于团结和笼络人才。在萧宝融禅位之时，当年的“竟陵八友”中，除了已死的王融，其余六人多受到萧衍的重用。尤其是沈约和范云，是推动萧宝融禅让的功臣。

作为学术型皇帝，萧衍的治国成就，除了建国初期的澄清吏治、选拔人才、减轻赋税徭役等措施之外，最突出的表现是在发展文化学术方面。505年正月初一，萧衍置五经馆，每馆招收数百生员，由官方提供生活费用，考试通过后即任为官吏。而且他还特别提出，对寒门子弟敞开读书做官的大门，鼓励他们努力向学。这些经学教育、考试取士的做法，不仅是对汉代经学的恢复，也为隋唐科举取士制度的产生，提供了一定基础。

萧衍的书法造诣也颇深，大约可以在古代善书的帝王中排上前几位。他常与擅长行草书的陶弘景探讨书法，还师法钟繇、王羲之，其对话被整理为《与梁武帝论书启》流传于后世，成为书法史上的经典典籍之一。萧衍还是历史上第一个大力推崇王羲之书法成就的帝王，此前王羲之的声名被其子王献之所掩。因为他的推崇，梁朝兴起了第一波学习“大王”书法的风潮。同时，萧衍还留下了《观钟繇书法十二意》《草书状》《答陶隐居论书》《古今书人优

通鉴识读

春，正月，癸卯朔，诏曰：『二汉登贤，莫非经术，服膺雅道，名立行成。魏、晋浮荡，儒教沦歇，风节罔树，抑此之由。可置五经博士各一人，广开馆宇，招内后进。』于是以贺瑒及平原明山宾、吴兴沈峻、建平严植之补博士，各主一馆，馆有数百生，给其饩廪，其射策通明者即除为吏，期年之间，怀经负笈者云会。

——《资治通鉴》卷一四六

劣评》等四部书法理论著作，都是历代书法理论典籍中的精品。

这个时期，出现的《昭明文选》《玉台新咏》《诗品》《文心雕龙》等重要文学著作，都是对萧衍文学改良的最好肯定。在他的影响和提倡下，梁朝文化事业的发展达到了东晋以来最繁荣的阶段，故而《南史》作者李延寿评价说："自江左以来，年逾二百，文物之盛，独美于兹。"

三、笃信佛教，几度出家

萧衍倾注了大量精力研究佛学，他把儒释道糅合在一起，创立了"三教同源说"，是三教合流的早期提倡者之一，在中国古代佛教思想史上占有极其重要的地位。

通鉴识读

九月，癸巳，上幸同泰寺，设四部无遮大会。上释御服，持法衣，行清净大舍，以便省为房，素床瓦器，乘小车，私人执役。甲子，升讲堂法座，为四部大众开《涅槃经》题。癸卯，群臣以钱一亿万祈白三宝，奉赎皇帝菩萨，僧众默许。

——《资治通鉴》卷一五三

萧衍晚年笃信佛教，广建寺庙，并扩大僧众员额，弘扬法事，还亲自主持了四部无遮大会。唐朝诗人杜牧诗云："南朝四百八十寺，多少楼台烟雨中。"讲的就是萧衍在位期间的景象。他对中国佛教的发展影响巨大，佛寺常被称作萧寺，就和他有关。当时云骑将军郭祖深形容："都下佛寺五百余所，穷极宏丽。僧尼十余万，资产丰沃。"国学大师汤用彤也评价说："南朝佛教至梁武帝而全盛。"

萧衍与佛教的趣闻颇多，最有名的还是他出家的经历。大通元年（527年），63岁的萧衍第一次前往同泰寺舍身出家，当了4天和尚。国家大事无人定夺，臣僚好说歹说才把他劝回宫。但萧衍的和尚瘾没过够，当时和尚还俗需付给寺院一笔赎身钱，他没付，所以没过多久又跑到同泰寺出家了。臣僚再跑来请他回去的时候，凑了一亿钱才把他赎了回来。萧衍第三次出家的时候想出了新花样，他跑到同泰寺舍身的时候，为了表示对佛的虔诚，不光把自己给舍了，还把宫里的人和土地都舍给了寺院。结果这次为了赎他，臣僚花了比上次多一倍的钱。最后一次出家，萧衍在同泰寺住了7天，随后朝廷又出资一亿钱将其赎回。

此外，萧衍曾任命释法超为都邑僧正（南朝主管佛教僧侣事务的僧官），编订《出要律仪》十四卷。这是一部简明实用的通用戒律汇编。他还亲自撰写了著名的《断酒肉文》，从佛教本义出发，结合中国文化特点，提出僧尼素食的要求，不仅以身作则，并用政治手段强力推行。至今汉地僧众普遍素食，成为中国佛教的一大特色。

萧衍倾注了大量精力研究佛学，他把儒释道糅合在一起，创立了“三教同源说”，是三教合流的早期提倡者之一，在中国古代佛教思想史上占有极其重要的地位。他的《中庸讲疏》《私记制旨中庸义》，比宋儒早了五六百年，很有可能开启了用中庸来解读佛家的“中道”思想的先河。

在萧衍统治的中后期，北魏分裂为东西两个政权：西魏由宇文泰执政，东魏由高欢及其儿子高澄执政。统治河南广大地区的侯景服从高欢，却蔑视后生高澄。547年，高欢去世，侯景十分不安。于是，执政超过45年的梁武帝萧衍，竟然幻想通过接纳东魏叛将侯景的方式统一北方，不料却中了高澄的反间计，导致一场侯景乱梁的悲剧。萧衍在这场悲剧中被囚于台城，最终饿死。梁朝也因此山河破碎，生灵涂炭，丢失了淮南的大片领土。梁朝高要太守

通鉴识读

上常蔬食，及围城日久，上厨蔬茹皆绝，乃食鸡子。纶因使者暂通，上鸡子数百枚，上手自料简，歔欷哽咽。五月，丙辰，上卧净居殿，口苦，索蜜不得，再曰：『荷！荷！』遂殂。年八十六。

——《资治通鉴》卷一六二

陈霸先平定“侯景之乱”数年之后，即557年，废掉了自己拥立的梁敬帝萧方智，建立陈朝，自立为王。至此，梁朝灭亡。

三朝元老崔浩之死

北魏是南北朝时期北朝第一个朝代，“魏”字具有美好伟大之意。从道武帝拓跋珪建国开基，经明元帝拓跋嗣的整固发展，到太武帝拓跋焘最终统一北方，经历了半个多世纪。这个过程中每一步都有汉族士人的贡献，清河崔浩（？—450）就是其中的代表人物。

崔浩历仕三朝，屡建功勋，是北魏历史上的重要人物，但最终仍难逃一死。崔浩之死，不仅是其个人政治生涯的悲剧，也是北魏早期历史发展中诸多矛盾的反映。

一、力阻南下迁都

崔浩提醒年轻的皇上，一旦拓跋部真实人口被暴露，四方必然有豪杰出来造反。

崔浩出身北方高门士族，少好文学，博览经史，当时无二，未及成年就被擢升为直郎。因为工于书法，他常跟随开国君主道武帝拓跋珪左右，相当于皇帝的秘书。

这个拓跋珪少年英雄，灭后燕，拓疆土，雄才伟略，

通鉴识读

初，珪服寒食散，久之，药发，性多躁扰，忿怒无常……是时，群臣畏罪，多不敢求亲近，唯著作郎崔浩恭勤不懈，或终日不归。

——《资治通鉴》卷一一五

却染上魏晋人的富贵病，喜服寒食散，一旦发病就行为乖张，很多官员被无故治罪。是时，群臣畏罪，无不逃避，唯独崔浩恭勤不怠，恪尽职守，拓跋珪对他甚为满意。

409年，太子拓跋嗣继位，崔浩袭父爵白马公，并升任博士祭酒。擅长阴阳术数的他专为拓跋嗣讲解《周易》及《尚书·洪范》，把天道与人事结合起来，占卜各种灾祥变异，多有应验。一次，守卫森严的后宫竟然有兔子出没，拓跋嗣觉得奇怪，命崔浩推测这是否为不祥征兆。崔浩认为将有邻国进贡嫔妃，是吉兆，结果果真如此。

415年，北魏因连遭霜旱，粮食短缺，云中、代郡一带闹饥荒。专司天文历法的官员向拓跋嗣建言，当把国都从平城迁至邺城，方可得丰乐。但崔浩提出了反对意见。他说，迁都南方，会使拓跋部人口稀少的劣势暴露无遗，“恐四方皆有轻侮之心”。

北方少数民族能够统治中原，就是因为其部落有组织，而汉地民众恐惧凶悍的游牧民族，以为其民畜无算，号称“牛毛之众”，所以很难重新聚集。崔浩提醒年轻的皇上，一旦拓跋部真实人口被暴露，四方必然有豪杰出来造反。他还说，北地民众迁徙到山东，必然水土不服，疾病死伤众多，而旧都守兵少，云中、平城必危，到时候想回师援救，都恐不及。

崔浩又呈谏进一步说明，如果继续据守北边，一旦山东有变，我们就能轻骑南下，出没在山林沟壑之间，“孰能知其多少！百姓望尘慑服，此国家所以威制诸夏也”。等待来年春天草木生长，乳酪将出，兼以菜果，得以秋熟，则事济矣。

通鉴识读

魏比岁霜旱，云、代之民多饥死。太史令王亮、苏坦言于魏主嗣曰：『按谶书，魏当都邺，可得丰乐。』嗣以问群臣，博士祭酒崔浩、特进京兆周澹曰：『迁都于邺，可以救今年之饥，非久长之计也。山东之人，以国家居广漠之地，谓其民畜无涯，号曰「牛毛之众」。今留兵守旧都，分家南徙，不能满诸州之地，参居郡县，情见事露，恐四方皆有轻侮之心；且百姓不便水土，疾疫死伤者必多……』

——《资治通鉴》卷一一七

拓跋嗣听了崔浩的言论，觉得很有道理，可又很不放心地问他："假如等不到来秋，或者来秋庄稼不熟，将又如何是好？"崔浩说："陛下可以把那些最穷的民户，下到各州去就食，如果来秋仍然庄稼歉收，就再想别的办法。但切切不可迁都！"后来拓跋嗣采纳了崔浩的建议，鼓励耕种，劝课农桑。次年丰收，民遂富安。

二、献策统一北方

拓跋焘选择相信崔浩，亲率大军北伐，果然看到姑臧城外水草茂盛。

423年，拓跋嗣去世，拓跋焘登基。自此崔浩大展拳脚，灭赫连夏、破柔然、败北凉，助北魏完成北方统一，也迎来自己的人生巅峰。

拓跋焘继位的第五年，北魏南北腹背受敌。北方柔然虽无大患，但一直小规模犯难；南方刘宋政权则蠢蠢欲动，放大话说几年内必取北魏。

先打哪个好？拓跋焘犹豫不决。有人进谏说，柔然是鸟不拉屎的地方，即便打下那里的土地，也不能耕种，而且当地人四处流浪、漂泊不定，不容易抓去当奴隶。刘宋国力强盛，威胁是实实在在的，所以应该先攻南方。

这时，崔浩又提出了反对意见。他说，刘宋自刘裕去世后，元气一直未恢复，对我朝构不成直接威胁；柔然虽然实力不行，但天天骚扰我们，应以迅雷不及掩耳之势出兵，先把柔然解决，才可以安心对付刘宋。

根据崔浩“出其不意，攻其无备”的谋略，北魏果然取得了关键性的胜利，柔然主力溃败，提出和亲。

崔浩最后一次奉献自己绝妙的计策，就是灭北凉。439年，拓跋焘讨论伐凉之事，遭到大臣李顺的反对。李顺作为拓跋焘的特使出使北凉12次，因为贪财，早被北凉的沮渠氏用重金收买。拓跋焘曾数次想动手收拾北凉，都被李顺劝阻。这次他看到拓跋焘决心很大，只好编造谎言说，姑臧一带都是石头，没有水，只有城南山有积雪，夏天融化后保存起来饮用。如果我们去征讨北凉，他们只要把积雪挖走，我们就会渴死了！

拓跋焘犹豫再三，还是咨询了崔浩。崔浩听罢勃然大怒，说：“《汉书》说，凉州盛产牲畜，远近闻名。如果没有水草，何来牲畜？既然在那里建城，必然是地理优越，如果没有水，这城市还能存在吗？”李顺恼羞成怒地说：“耳闻不如眼见，我曾出使北凉，亲眼看到那里缺水，你有什么资格和我辩论？”崔浩一针见血地回答：“你收了贿赂，当然替人家说话。你以为我没有亲眼看到就能被你蒙蔽吗？”最后，拓跋焘选择相信崔浩，亲率大军北伐，果然看到姑臧城外水草茂盛。李顺因为欺君之罪被处死。

自此，皇帝到崔浩家，就像朋友串门一样。有时仓猝之际，崔浩不及束带；有时恰逢用餐，有什么吃什么，虽非精美之食，拓跋焘必为之举箸，或临走时站着尝一口，以示关系亲密。拓跋焘还引崔浩出入卧内，说我有时候脾气不好，你不要见怪，不要因此而噤口不言。后又下敕尚书曰：“凡军国大计，汝曹所不能决者，皆当咨浩，然后施行。”崔浩的仕途，在拓跋焘时期至顶，官拜司徒。但盛极

通鉴识读

魏主每如浩家，问以灾异，或仓猝不及束带；奉进疏食，不暇精美，魏主必为之举箸，或立尝而还。魏主尝引浩出入卧内，从容谓浩曰：『卿才智渊博，事朕祖考，著忠三世，故朕引卿以自近。卿宜尽忠规谏，勿有所隐。朕虽或时忿恚，不从卿言，然终久深思卿言也。』

——《资治通鉴》卷一二一

必衰，也是在此时期，崔浩被太武帝所杀，而且是满门抄斩。他究竟错在哪里?

三、招致杀身之祸

崔浩本应效范蠡之明、老庄之道，急流勇退，却好名贪功，导致身灭族诛。

《资治通鉴》里关于崔浩的记载，有一条是这样的："北魏司徒崔浩，自恃才能谋略很高并被北魏国主所宠爱信任，独揽朝中大权。他曾经推荐冀、定、相、幽、并五州的士人几十人直接做郡守。"太子拓跋晃反对说，新征之士应该先担任郎吏等辅佐官吏，如果要担任郡守这样的亲民官，应该有一定的从政经验。但是，崔浩"固争而遣之"。可见，此时的崔浩连太子也不放在眼中，已经狂傲到忘乎所以了。

在汉族门阀中，崔浩也树敌甚多。他曾经大整流品，明辨姓族，"由是得罪于众"。这个"众"是多少人?从崔浩被杀，几乎无人为其缓颊来看，他在汉族儒士中已被孤立。至于他是如何为汉族士人家族定流品高下的?现在没有材料加以证明，据推断，大约有假公济私、培植党羽之嫌。

这些都是伏笔，崔浩之死的直接导火索，是"《国史》案"。

北魏专门有一个学术机构，叫秘书监，其下设著作局主掌著述之事。有两位著作令史闵湛、郗标很会巴结奉承崔浩。比如，崔浩曾注《易》《论语》《诗》《书》，这两位

通鉴识读

魏司徒崔浩，自恃才略及魏主所宠任，专制朝权，尝荐冀、定、相、幽、并五州之士数十人，皆起家为郡守。太守晃曰：『先征之人，亦州郡之选也；在职已久，勤劳未答，宜先补郡县，以新征者代为郎吏。且守令治民，宜得更事者。』浩固争而遣之。中书侍郎、领著作郎高允闻之，谓东宫博士管恬曰：『崔公其不免乎！苟遂其非而校胜于上，将何以堪之！』

——《资治通鉴》卷一二五

下属就上疏皇上说：“马（融）、郑（玄）、王（肃）、贾（逵）所注经书，不如崔浩之精微，请收缴境内诸家所注经书，向全国颁发崔浩所注，令天下习业。”这不是明摆着给崔浩抬轿子吗？哪里有官做大了，学问也就能跟着做大的道理！马融、郑玄、王肃、贾逵是东汉以来最著名的经学家，难道都不如崔司徒的经学水平？

可惜这种拍马屁的言论，崔浩很受用，还向朝廷推荐闵湛、郄标有著述之才。拓跋贵族大概不一定完全能搞清经书著述的优劣，可是汉族士人一看就明白是怎么回事，所以北魏大臣高允说，闵湛、郄标干的这种事，恐怕会给崔大人找麻烦！

后来，这两位马屁精还建议把崔浩主持修撰的《国史》刊刻于石碑，以彰显直笔。这一做法彻底引起了北人忿恚。他们忿恚什么？忿恚崔浩“暴扬国恶”，他把鲜卑族旧时的落后习俗暴露于光天化日之下，这对已经比较熟悉汉文化的鲜卑高层来说，是很难接受的。

之前，在北方统一战争中，鲜卑高层还需要汉族士人为其谋划统筹，如今天下既定，对于汉族士人的高调行为，就势必要进行打压了。但如果只是书写《国史》的问题，还罪不至死。如高允所说：“以私欲没其廉洁，爱憎蔽其公直，此浩之责也。”崔浩可能有贪腐和枉法等罪。

450年农历六月初十，平城的夏天异常阴冷，崔浩被杀，并牵连其他望族。崔浩《国史》一案，后人一说是因为皇权虚伪；二说是因为崔浩不明白修当朝史的巨大风险。他本应效范蠡之明、老庄之道，急流勇退，却好名贪功，导致身灭族诛。在押送崔浩赴城南行刑的槛车上，数十名

通鉴识读

魏主以浩监秘书事，使与高允等共撰《国记》，曰：『务从实录。』著作令史闵湛、郄标，性巧佞，为浩所宠信。……湛、标又劝浩刊所撰《国史》于石，以彰直笔……浩竟用湛、标议，刊石立于郊坛东，方百步，用功三百万。浩书魏之先世，事皆详实，列于衢路，往来见者咸以为言。北人无不忿恚，相与谮浩于帝，以为暴扬国恶。帝大怒，使有司案浩及秘书郎吏等罪状。

——《资治通鉴》卷一二五

卫士往他头上溲尿，呼声嗷嗷，闻于行路。可怜三朝元老，徒留史家喟叹：“崔司徒可惜！”

北魏“一姐”冯太后

北朝女子的强悍能干，在《颜氏家训》中有清楚的记载，而这群“悍妇”中的“一姐”，又非冯太后莫属。她执掌北魏政权20多年，实行了大量的社会政治改革，包括后来孝文帝的改革也与她紧密相连，这一系列举措让北魏国力达到鼎盛。

在中国历史上，不乏权倾朝野的女人，垂帘听政的也不少，但有人说除了当上皇帝的武则天以外，就对中华文明的贡献而言，没有超过冯太后的。因此，冯太后又有“千古一后”的尊荣。

一、二十四岁当上皇太后

冯太后凭借在宫中多年的生活阅历和非凡胆识，稳定了动荡的北魏政局。

冯太后（442—490），长乐信都（今河北衡水冀州）人，祖父冯弘是北燕的末代国君。北魏灭北燕后，她的父亲冯朗降魏，并担任北魏秦州、雍州刺史。被选入宫中封为贵人时，冯氏只有十三四岁，丈夫文成帝拓跋濬比她长两岁。按理说，她已经是皇帝的女人了，但真正让她坐上皇后宝座的，是一件貌似迷信的事情。

根据北魏习俗，贵人被选为皇后需要满足两个条件。一个是不能生儿子，因为生了儿子，容易母以子贵，特别是儿子被立为太子后，可能会出现皇后专权，因此生母必须自尽，照顾太子的人要另觅；另一个就是“手铸金人”，即亲自成功铸造自己的铜像，若不成功，表明神灵不佑。冯贵人没有子嗣，第一个条件就满足了，但铸造金人对于一位稚嫩的美女来说，确实不容易，可她偏偏也成功了，或许是冥冥之中注定她有皇后之命。

这一年是456年，冯皇后刚14岁，文成帝16岁。这时，北魏没有大的战争，两人感情也很融洽，算是幸福美满。可惜这样的生活持续不到10年。465年，25岁的文成帝突然驾崩，冯皇后开始妙龄守寡。

按照北魏的制度，皇帝驾崩，其所御用之物，都要予以焚烧。面对燃烧旧物的烈焰，悲痛欲绝的冯皇后出乎所有人意料地纵入火中，要随文成帝而去。左右贵族大臣及宫廷宦者见状大吃一惊，手忙脚乱地把她救了出来。幸好抢救及时，冯皇后保住了性命，朝野胡汉臣僚也被她的深情和勇敢而震动。正是这一跳，奠定了她在朝廷莫与之争的地位。

不久，太子拓跋弘即位，是为献文帝。尽管冯氏非其生母，但作为嫡母依旧被尊为皇太后。其时献文帝只有12岁，面对这孤儿寡母，宰相太原王乙浑“专制朝权，多所诛杀”，甚至图谋不轨。此时，安远将军贾秀和侍中拓跋

魏丞相太原王乙浑专制朝权，多所诛杀。安远将军贾秀掌吏曹事，浑屡言于秀，为其妻求称公主，秀曰：『公主岂庶姓所宜称！秀宁取死今日，不可取笑后世！』浑怒，骂曰：『老奴官，悭！』会侍中拓跋丕告浑谋反，庚申，冯太后收浑，诛之。

——《资治通鉴》卷一三一

丕实在难以忍受乙浑的飞扬跋扈，分别试探了冯太后对乙浑的真实态度。冯太后知道机会来了。466年，她以皇太后身份密召五位皇叔入京，借其武力威慑和秘密部署，迅速将乙浑及其党羽逮捕，并以万众拥戴的姿态登上大殿，宣布平定乙浑叛乱，下旨斩杀众叛贼，夷三族。

然后，冯太后未如众臣所愿就此回内宫纳福，而是依旧坐在宝座上巍然不动，并宣布，为了杜绝再次发生权臣欺皇帝年幼而擅权之事，她将临朝称制，代掌国政，以守住先帝的江山。

这下朝臣傻眼了：开国皇帝拓跋珪千防万防，不惜立下“子贵母死”的残忍规矩，以为把所有母后专权的可能性都已排除，却没想到后来的北魏王朝依然出现了母后公开听政的局面。

这次临朝听政，前后仅有十八个月。冯太后凭借在宫中多年的生活阅历和非凡胆识，稳定了动荡的北魏政局，并通过明升暗降等手段，顺利解除了五位皇叔的兵权，将控制京师的兵权交给了自己的亲哥哥冯熙。

随着献文帝逐渐成年，冯太后失去了令皇族亲贵们信服的听政理由，只得终止临朝，还政于献文帝。

二、为情逼迫献文帝禅让

冯太后再度临朝称制，于477年改年号太和。自此，36岁的她成为当时中国最有权势的女人。

都说每个成功的男人背后必有一个贤惠的女人。偏偏冯太后的背后有一群得力的男人，造就了她的成功。

刚成为皇太后时，冯氏不到24岁，正值芳华。虽然她对文成帝感情很深，但这并不影响她再爱上别人。第一个扑进冯太后怀里的就是英俊而有才华的青年军官李弈，他们两人整天形影不离，外面颇有风言风语。献文帝大约不仅觉得难堪，而且担心太后与外臣关系过于密切，会影响其行政，于是找了个借口，把李弈给杀了。

这件事让冯太后和献文帝之间产生了无法补救的矛盾。我已不问政事，你却还要干预我的私事！冯太后心中愤懑不已。于是，471年，实际掌权的冯太后迫使献文帝禅让，传位给年仅5岁的拓跋宏，是为孝文帝。献文帝则于476年不明不白地死去。《魏书·冯太后传》只是说“时言太后鸩之也”。《资治通鉴》则干脆说，冯太后内行不正，因为李弈的死怨恨显祖（献文帝），暗中下毒害死了他。此后，冯太后再度临朝称制，于477年改年号太和。自此，35岁的她成为当时中国最有权势的女人。

李弈之后，冯太后的私生活依旧毫无顾忌，不少健美强壮的男子成为其新宠。对其中的才干之士，她任以要职，委为心腹。这些人多成为她政治上的得力帮手和股肱之臣，其中的代表人物就是李冲。李冲起初是因为器能优长得到重用，后因其风度不凡，姿貌丰美，逐渐被冯太后看中，成了她的情夫。冯太后临朝时期，李冲以心腹之任尽职尽责，太和年间的许多改革措施，多有他参与谋划。冯太后死后，李冲对孝文帝竭忠奉事，明断慎密，孝文帝也对他亲近依仗，史称“君臣之间，情义莫二”。

还有一个南朝男人不能不提，就是南齐骁骑将军刘

通鉴识读

魏冯太后内行不正，以李弈之死怨显祖，密行鸩毒，夏，六月，辛未，显祖殂。

——《资治通鉴》卷一三四

缵。483年，他奉命出使北魏。这个器宇轩昂的美男子，一下子就俘获了冯太后的心。因此，冯太后私下与刘缵来往。两人的感情换来两国的和平，实为幸事。

三、培养一代明君孝文帝

孝文帝在日后的改革中，把冯太后在“太和改制”过程中的种种举措，都做了进一步梳理和改良，最终成为一代明君。

虽说冯太后一手带大孝文帝，但她起初并不喜欢这个孙子，她觉得这个小皇帝太聪明了，将来长大了会不利于冯家。因此，冯太后再度临朝称制时，一度想废掉孝文帝，立其弟咸阳王拓跋禧为帝。她还曾在寒冬腊月北风呼号之时，把只穿单衣的孝文帝关在一间小屋里，三天不给饭吃。多亏了拓跋丕、穆泰和李冲等朝廷重臣的劝阻，冯太后才改变了主意，没有让孝文帝饿死。但这一切孝文帝都默然接受，并不自明申辩。也许是被孝文帝的态度感化了，也许是从未生养的冯太后对亲自抚养长大的孝文帝动了恻隐之心，此后她对孝文帝再也没有动过火气，而是以一个慈祥祖母的身份培养、训导这位雅有至性的皇孙。

太和十年（486年）春正月，孝文帝始服衮冕，朝飨万国。从这年开始，冯太后有意让他参与朝廷事务，培养他的政治才干，有关的诏敕册文大多授意孝文帝起草。眼看着孝文帝一天天长大，冯太后亲自作了《劝戒歌》300余章和《皇诰》18篇，作为他的学习指南和行为准则，从思想上向他灌输治理天下的原则。

冯太后还特别注意言传身教，对孝文帝进行教育和示范。比如，她在生活上十分注意厉行节约。临朝之初，她就下令取消了鹰师曹，禁止各地上贡鹰之类的伤生鸷鸟。她平日穿戴，皆是些缦缯（没有花纹装饰的丝织品），从没有锦绣华丽的装饰。至于膳食，她临朝以后，改变了原来宫廷之中食不厌精、脍不厌细、花样繁多的旧制。平日，她在一种宽仅几尺的几案上就餐，使原来的食谱减少了十分之八九，杜绝了奢侈铺张。在冯太后的表率之下，孝文帝也养成了节俭朴素的性格，平日穿着打扮多是浣濯之衣，坐骑的鞍辔是铁木做的，并无金雕玉镂。对此，冯太后极表赞赏。除了平日听政、临朝，冯太后还经常外出巡视。每到这时，她一般都将孝文帝带在身边，以便让他随时随地得到磨炼。

因为耳濡目染，孝文帝在日后的改革中，把冯太后在“太和改制”过程中的种种举措，包括打击贪赃枉法的俸禄制、解决耕者有其田的均田制以及建立基层政权的三长制，都做了进一步梳理和改良，最终成为一代明君。太和十四年（490年）九月，冯太后病逝。她的临终遗诏中要求葬礼形式一切从简。时年23岁的孝文帝，对于祖母的去世悲痛欲绝，并为祖母举行了国君规格的葬礼。

通鉴识读

太后性聪察，知书计，晓政事，被服俭素，膳羞减于故事什七八；而猜忍多权数。高祖性至孝，能承颜顺志。事无大小，皆仰成于太后。太后往往专决，不复关白于帝。

——《资治通鉴》卷一三四

一代枭雄高欢

高欢（496—547）是北朝时期的风云人物，东魏和北齐政权的实际缔造者。生逢乱世，他从一个小兵艰难起家，四处征战，苦心经营，拉拢军队，消灭对手，大权在握，控制朝政，为其家族政权肇基，最终却黯然落幕。高欢一生堪称枭雄。

一、艰难起家，励志奋斗

无数历史事实证明，对于高欢这样的社会底层人士来说，天下大乱就是他们的机会。

高欢家族三世为鲜卑慕容政权的燕国（就是《天龙八部》中慕容复梦想复国的政权）服务，其后徙家怀朔镇，成为边兵。史称其“累世北边，故习其俗，遂同鲜卑”。高欢的鲜卑名叫“贺六浑”。

高欢人长得帅，当地一个殷实的鲜卑人家娄家的女儿看上了他。这个姑娘每次经过城门，就会对驻守城门站岗的高欢多看几眼，平日约会也没少让丫鬟给高欢送这送那，最后又倒贴嫁妆把自己嫁了出去。结婚后，靠着老婆的陪嫁，高欢有了一匹自己的马，当上了队主，后来又从队主转为往京城洛阳送信的通讯兵。

这件差事虽然很苦，却开阔了他的眼界。有一次在洛阳，因为当着上司的面坐着吃饭，被对方抽打了一顿，高欢忍辱负重，下定决心要出人头地。他发现北魏朝廷十分腐朽，天下将乱，于是倾其所有，结交豪杰，身边很快有了一批铁哥们，如司马子如、刘贵、尉景、段荣、孙腾、侯景等，后来都成为辅佐他建立霸业的股肱之臣。

无数历史事实证明，对于高欢这样的社会底层人士来说，天下大乱就是他们的机会。可是高欢没有雄厚的资本，也没有自己的队伍，六镇起兵的时候，他和兄弟们只是跟着大家一起往前走，走到哪里算哪里，没有自己的目标。但是，跟着谁走，高欢却在不断地窥伺着。

高欢与娄氏婚嫁的日子，正是北魏胡太后临朝称制时期。523年，六镇起兵之时，高欢等一班兄弟都被裹挟其中，最初追随的是杜洛周。杜无统领才能，于是高欢又带着老婆孩子，坐着牛车投奔另外一个首领葛荣。鲜卑人出身的葛荣有一定的领导能力，吞并了杜洛周，声势逐渐浩大，但是他缺乏谋略。高欢觉得葛荣也不是值得追随的人，就与几个兄弟投奔了尔朱荣——当时手握重兵正在窥伺发展方向的地方军阀。

尔朱荣一开始并没有看上高欢。高欢有一个老友与尔朱荣同乡，早先就归于尔朱荣，这位老友极力推荐高欢是不可多得的人才。尔朱荣见到高欢一脸憔悴、衣衫不整的样子，并不看好他。但是后来发生的事，改变了尔朱荣对

通鉴识读

是时，车骑将军、仪同三司、并、肆、汾、广、恒、云六州讨虏大都督尔朱荣兵势强盛，魏朝惮之。高欢、段荣、尉景、蔡俊先在杜洛周党中，欲图洛周，不果，逃奔葛荣，又亡归尔朱荣。刘贵先在尔朱荣所，屡荐欢于荣，荣见其憔悴，未之奇也。欢从荣之马厩，厩有悍马，荣命欢翦之，欢不加羁绊而翦之，竟不蹄啮；起，谓荣曰：『御恶人亦犹是矣。』荣奇其言，坐欢于床下，屏左右，访以时事。

——《资治通鉴》卷一五二

高欢的看法。

通鉴识读

欢曰：『今天子暗弱，太后淫乱，嬖孽擅命，朝政不行。以明公雄武，乘时奋发，讨郑俨、徐纥之罪以清帝侧，霸业可举鞭而成，此贺六浑之意也。』荣大悦。语自日中至夜半乃出，自是每参军谋。

——《资治通鉴》卷一五二

尔朱荣是边塞军人出身，骑兵是其所长。有一次，高欢在马厩里对一匹没有加以羁绊的悍马进行调驯之时，从容娴熟，悍马不踢不叫，让尔朱荣震惊。更令尔朱荣震动的是，高欢说对付恶人，也要用这个办法。比高欢仅年长四岁却手握大军的尔朱荣，发现自己遇到了高人，乃邀他室内，访以时事。高欢问，您豢养这么多马匹究竟想干什么呢？尔朱荣说，你只管说出你自己的意思。高欢说，如今天子暗弱，胡太后淫乱，男宠窃威弄权，朝政不行，这正是您的时机啊！您只要高举清君侧的大旗，以讨伐嬖臣郑俨、徐纥名义举兵，霸业举手可成！这就是我贺六浑的意思。尔朱荣听后大悦，两人从中午谈到夜半。这段对时局的分析，就成为高欢的“投名状”，从此他成为尔朱荣的心腹。

二、南征北战，苦心经营

高欢怕尔朱兆反悔，立马出了营帐，号令部众，拉出了自己的队伍。后来尔朱兆有所醒悟，但悔之晚矣。

528年，孝明帝元诩被胡太后毒死，尔朱荣举兵向阙，高欢为前锋。河阴之变后，高欢又辅佐尔朱荣打败了葛荣百万大军，成为尔朱荣麾下最得力的猛将。尔朱荣曾经问左右，我死之后，谁可以代替我主军？大家都推尔朱荣的族侄尔朱兆。尔朱荣摇头说，尔朱兆虽然勇猛，但最多只能带三千骑兵，再多就乱了，能代替我主军的，唯有贺六浑（高欢）而已。这个时候，高欢已经晋升为晋州刺史了。

高欢虽然善于打仗，但是没有自己的军队，相当于只是一个为别人打工的职业经理人。没有军队就没有独立行动的能力。当时军阀的私兵，一般来自两个途径：一是军阀自己豢养的部曲；二是胡人的部落兵。可是高欢既没有钱收养私兵部曲，自己又不是鲜卑部落的酋长。在这种情况下，高欢将目标瞄准了当时流亡的游民，也就是葛荣死后留下的军队。这支军队虽然归降了尔朱荣，但受尔朱家族的嫡系兵欺侮，依然屡屡反叛。尔朱荣死后，尔朱兆掌控着尔朱家族的军队。

对于六镇降兵造反，高欢建议不可尽杀，应该安排专人统领，如果有反叛，可以问责。尔朱兆问，谁可以统领？高欢密友贺拔允说，高欢就可以。这正中高欢下怀，但是高欢故作愤怒地说，当初天柱（尔朱荣）在世时，你们像鹰犬一样听从指令，今日之事由大王（尔朱兆）说了算，你小子怎敢妄自说话！说罢，高欢一拳打过去，打落了贺拔允一颗门牙。经过高欢这一番“表演”，尔朱兆觉得高欢对自己忠心耿耿，于是就把这支军队交由高欢统领。高欢怕尔朱兆反悔，立马出了营帐，号令部众，拉出了自己的队伍。后来尔朱兆有所醒悟，但悔之晚矣。最终高欢离开了尔朱氏的掌控，开始了自己的独立行动。

三年后，高欢消灭了尔朱兆及其家族的势力。正如尔朱荣所预料的那样，尔朱兆不是高欢的对手。532年，高欢拥立孝武帝元修为帝，自己成为大丞相，控制朝政。孝武帝不愿意做高欢的傀儡，想利用关中的宇文泰，削弱甚

通鉴识读

初，葛荣部众流入并、肆者二十馀万，为契胡凌暴，皆不聊生，大小二十六反，诛夷者半，犹谋乱不止。兆患之，问计于欢，欢曰：『六镇反残，不可尽杀，宜选王腹心使统之，有犯者罪其帅，则所罪者寡矣。』兆曰：『善！谁可使者？』贺拔允时在坐，请使欢领之。欢拳殴其口，折一齿，曰：『平生天柱时，奴辈伏处分如鹰犬。今日天下事取舍在王，而阿鞠泥敢僭易妄言，请杀之！』兆以欢为诚，遂以其众委焉。

——《资治通鉴》卷一五四

至消灭高欢，被高欢识破。孝武帝被迫逃亡到了关中，投奔宇文泰。于是，高欢另立孝文帝之孙元善见为帝，是为孝静帝，高欢将首都迁徙到邺（今河北临漳），他自己的霸府却仍在晋阳（今山西太原），遥控着东魏朝廷。

三、偏霸一方，黯然落幕

通鉴识读

行台郎中杜弼以文武在位多贪污，言于丞相欢，请治之。欢曰：『弼来，我语尔！天下贪污习俗已久。今督将家属多在关西，宇文黑獭（注：宇文泰）常相招诱，人情去留未定；江东复有一吴翁萧衍，专事衣冠礼乐，中原士大夫望之以为正朔所在。我若急正纲纪，不相假借，恐督将尽归黑獭，士子悉奔萧衍。人物流散，何以为国！尔宜少待，吾不忘之。』

——《资治通鉴》卷一五七

与领导者对于国家发展方向的把握相比，高欢的这些领导技能，最多只能算南面之术，在中古历史发展的转折关头，就显得很不够了。

高欢实际执政了15年，建立了偏霸事业。在高欢统治期间，就内政而言，他要处理好这样几个关系。一是霸府与朝廷的关系。孝武帝的出逃，对于他是一个很直接的打击。二是胡族与汉族的关系。如何调和胡汉，对高氏政权是最大的考验。三是反贪与稳定的关系。

在东西魏分裂之初，东魏军队以鲜卑骑兵为主力，至少有20万人，远远强过西魏。东魏政权继承了前朝两点遗产：一是继承了原北魏政权的主体；二是继承了六镇起兵的成果，即对于孝文帝以来的汉化政策的反动。可是，从历史发展的趋势来说，胡汉交融是不可阻挡的潮流，也是魏政权长治久安的根本。高欢的政策整体上是反潮流而动的。他自己经常用鲜卑语说话，说汉人是鲜卑人奴仆；有时候虽然也从语言上安慰汉族百姓，试图缓和汉鲜矛盾，但在政策上却缺乏扎实推进。在反对腐败问题上，他也采取了睁一只眼闭一只眼的办法，担心得罪了文官，他们会跑到萧梁去；得罪了武将，他们会跑到西魏去。相比西魏宇文泰重用苏绰整顿吏治、建立府兵制等大规模改革来说，高欢治国理政以维持现状为主的特点，就更加明显了。

难道高欢就没有自己的政治理想吗？

547年农历正月初八，东魏勃海献武王欢卒。高欢打了一辈子仗，就在一个多月前，他还拖着病体坚持在对阵西魏的战场上。当时，他命敕勒人大将斛律金领唱《敕勒歌》："敕勒川，阴山下。天似穹庐，笼盖四野。天苍苍，野茫茫。风吹草低见牛羊。"高欢一边唱和，一边老泪纵横。他知道自己来日无多，一代枭雄，在即将离开这个世界之前，心中不知道有多少感慨！他虽然不见得有统一华夏的豪情，可是统一黄河流域的政治抱负还是有的，可惜的是，他不能认清十六国以来的时代潮流，不能认清孝文帝改革以来的时代趋势。

《资治通鉴》写到高欢去世时有一段评论，突出了高欢几个方面的才能。一是领导才能，主要表现是用人务实，不尚浮华，重实干，不重出身，赏罚分明；重视忠诚气节，勋旧得到爱护。二是军事才能，军令严肃，掌控能力强。三是在性格上，深沉缜密，机权变化，人莫能测；同时，他生活节俭，自我约束能力很强。然而，与领导者对于国家发展方向的把握相比，高欢的这些领导技能，最多只能算南面之术，在中古历史发展的转折关头，就显得很不够了。这是颇为令人遗憾的。

最终，高欢的政权还是输给了西边的宇文氏政权。虽然这是他死后三十年的事情，但根子却不能不从开国者高欢身上寻找。

通鉴识读

欢性深密，终日俨然，人不能测，机权之际，变化若神。制驭军旅，法令严肃。听断明察，不可欺犯。擢人受任，在于得才，苟其所堪，无问厮养；有虚声无实者，皆不任用。雅尚俭素，刀剑鞍勒无金玉之饰。少能剧饮，自当大任，不过三爵。知人好士，全护勋旧；每获敌国尽节之臣，多不之罪。由是文武乐为之用。

——《资治通鉴》卷一六〇

宇文家族的偏霸事业

北朝历史上，宇文泰（507—556）是一个关键的过渡性人物，他少年成名，开辟宇文家族事业。宇文泰死后，宇文护（513—572）长期主政，宇文邕（543—578）励精图治，宇文政权逐渐强盛，基本统一北方。可以说，宇文泰奠定的西魏—北周政治制度，上承北魏孝文帝改革之未竟事业，下启隋唐大一统朝代的兴盛。

一、宇文泰起家立足

宇文泰能够在战场上遏制住实力数倍于己的东魏进攻，重要原因之一是宇文泰进行了成功的军事变革——建立府兵制。

像高欢、侯景一样，宇文泰家族也是在六镇兵民动乱中走出边塞，奔向中原的。宇文泰能够在走出来的武川豪杰中脱颖而出，被推上领袖的宝座，有家族原因，也有个人因素。

宇文泰出身于鲜卑宇文部落，早在北魏道武帝拓跋珪初期，家族就迁徙到了武川（今内蒙古武川）。到宇文泰的父亲宇文肱，已历四世，是武川镇的一个头面人物。六镇之乱时，宇文肱随流民安置在了河北，并且卷入了河北流民起兵。

526年初，宇文肱与次子宇文连在攻打定州时战死。葛荣统领了这些流民部众，宇文泰的三哥宇文洛生统领家族部众。尔朱荣击败葛荣，对原来的部落军队有所整顿，杀死了宇文洛生。但宇文泰受到尔朱荣器重，被任命为统军。

出身武川另一个大家族的贺拔胜、贺拔岳兄弟，较早归附了尔朱荣，并且得到信任和重视，在军中的职位也比较高。530年，贺拔岳率领部众到关中镇压叛军，宇文泰同行。532年，高欢扫除尔朱家族的势力，拥立孝武帝元修，自己掌握北魏中央权力。在关中的贺拔岳和在荆州的贺拔胜，被魏孝武帝当成可以抗衡高欢的力量。534年，高欢招抚贺拔岳不成，乃用反间计，让侯莫陈悦杀了贺拔岳。

贺拔岳死后，谁统领其下的兵众？贺拔岳部将李虎（唐高祖李渊祖父），立即想到了远在荆州的贺拔胜。而同样出身武川的豪帅赵贵，主张迎请宇文泰前来主持军务，获得了大家的赞同。

宇文泰之所以被推举出来，大约有三点原因。第一，宇文家族在武川镇将中，本来就是与贺拔家族相若的势力。现在远在荆州的贺拔胜不打算亲自前来接管弟弟贺拔岳的部众，那么大家自然想到从宇文家族推举人选。第二，在北魏孝武帝与权臣高欢的钩心斗角中，宇文泰曾经为贺拔岳谋划对待北魏朝廷的对策，颇有政治头脑。他还曾以出使的名义，冒险去晋阳探访过高欢，回来后提出要防范高

通鉴识读

赵贵曰：『宇文夏州英略冠世，远近归心，赏罚严明，士卒用命。若迎而奉之，大事济矣。』诸将或欲南召贺拔胜，或欲东告魏朝，犹豫不决。都督盛乐杜朔周曰：『远水不救近火，今日之事，非宇文夏州无能济者，赵将军议是也。朔周请轻骑告哀，且迎之。』众乃使朔周驰至夏州召泰。

——《资治通鉴》卷一五六

魏丞相泰欲革易时政，为强国富民之法，大行台度支尚书兼司农卿苏绰尽其智能，赞成其事，减官员，置二长，并置屯田以资军国。又为六条诏书，九月，始奏行之：一曰清心，二曰敦教化，三曰尽地利，四曰擢贤良，五曰恤狱讼，六曰均赋役。泰甚重之，尝置诸坐右，又令百司习诵之，其牧守令长非通六条及计帐，不得居官。

——《资治通鉴》卷一五八

欢。贺拔岳对他很是倚重。

总之，贺拔岳死后，推举宇文泰出山，统领进入关中的军队，是自然而然的事情。这一年，宇文泰28岁。

宇文泰统领贺拔岳军后，第一个动作就是进攻侯莫陈悦，为贺拔岳报仇，如此方能巩固他在关中的地位。随后，他成功地拉拢孝武帝入关，从而取得了割据关中的政治合法性。接下来就是要在军事上顶住高欢的征讨。

537年，高欢亲帅二十万大军，渡过黄河、洛水，直逼长安。宇文泰乘高欢大军尚未完全集结之际，渡过渭水，背水而阵，同时派赵贵、李虎埋伏在两侧。待东魏军队进入伏击圈，宇文泰发起猛烈进攻，赵贵、李弼两军乘势而起。东魏军被切成两段，伤亡惨重。这一战保住了新成立的西魏政权，宇文泰总算在关中站住了脚跟。

宇文泰能够在战场上遏制住实力数倍于己的东魏进攻，重要原因之一是宇文泰进行了成功的军事变革——建立府兵制。同时，宇文泰还进行了一场政治变革，即起用苏绰进行变法。一系列举措，使得西魏政权实力大增。

二、宇文护守成经营

宇文护是靠自己的战功升迁上来的。他曾经因为战争失利被免除过职务，也曾经在灭掉江陵的梁政权过程中立下大功。

宇文家族统治的西魏（535—556）、北周（557—581），共有46年。宇文泰、宇文护、宇文邕是三个最关键的人物。

其中以宇文护最具争议。

556年，宇文泰病死。临死前他招来宇文护说："我这几个孩子还年幼，而外部敌人强大，天下大事就托付给你了，一定要努力完成我的遗志！"此时，宇文泰世子宇文觉不到15岁，或许可以说年幼不谙世事，但长子宇文毓已经23岁，不可以谓之幼。拓跋珪当年建立北魏，也只有15岁。事实上，请宇文护出山，与年龄没有什么关系，宇文泰看中的是宇文护的政治和军事经验。

宇文护早年的经历有几点值得注意。第一，他19岁就帮助宇文泰料理家政，"内外不严而肃"，宇文泰认为这个孩子的志向气度像他。第二，宇文泰出任夏州刺史时，宇文护被留在贺拔岳身边。这不仅体现了宇文泰对他的信任，而且最后宇文泰能够被推举出来主持军务，也说明宇文护的表现至少是加分的。第三，宇文护是靠自己的战功升迁上来的。他曾经因为战争失利被免除过职务，也曾经在灭掉江陵的梁政权过程中立下大功。但是，宇文护一直都很低调。宇文泰虽然很属意于他，却没有为他接替自己的职位做许多铺垫。同时，其他老资格的将相大臣也都不服气。

对此，宇文护先用问计请教的方式，说服了曾与自己共同打过仗的老臣于谨出面。于谨先是表彰宇文泰的功德，然后再说宇文护接受宇文泰的顾托，具有继任掌握军国大政的合法性。宇文护也很会说话，他说自己出来主政是家事，不敢推脱。等于是把继续由宇文家族来掌控军国大政作为理所当然的前提确定下来。接着，于谨带头作出表态：宇文护主政，我们都支持！其他人也被迫作出拥护姿态。

次年，宇文护废掉了魏恭帝，立宇文泰世子宇文觉继

通鉴识读

护问计于大司寇于谨，谨曰：『谨早蒙先公非常之知，恩深骨肉，今日之事，必以死争之。若对众定策，公必不得让。』明日，群公会议，谨曰：『昔帝室倾危，非安定公无复今日。今公一旦违世，嗣子虽幼，中山公亲其兄子，兼受顾托，军国之事，理须归之。』辞色抗厉，众皆悚动。护曰：『此乃家事，护虽庸昧，何敢有辞！』

——《资治通鉴》卷一六六

位。大臣赵贵有除掉宇文护的意图。宇文护在杀害赵贵等人后，接连废黜和杀害宇文觉、宇文毓两个皇帝，一直大权独揽。

宇文泰的一些改革事业是去世前不久提出的，但是具体落地和推行，都是在宇文护时期完成的。那么在宇文护专权下的北周整体发展情况如何呢？事实证明，经过宇文护长达十六年的经营，北周与北齐的势力已经发生了很大的反转。过去在高洋时期，是北周冬季凿冰以防止北齐趁冰封时节进攻，如今反过来是北齐凿冰防止北周偷袭。因此，宇文护死后四年多时间，北周就完成灭齐大业，宇文护时期打下的基础不可忽视。

三、宇文邕壮志未酬

578年农历六月初一，年仅36岁的宇文邕从前线回到长安，当天就在病榻上撒手人寰。

通鉴识读

护第屯兵侍卫，盛于宫阙。诸子、僚属皆贪残恣横，士民患之。周主深自晦匿，无所关预，人不测其浅深。

——《资治通鉴》卷一七一

560年，北周武帝宇文邕继位，时年18岁，史书说他“沉毅有谋”。但是，宇文护依然掌握着军政大权。如果说当初宇文泰去世时，需要宇文护出来稳定局面，那么现在他逐渐成了绊脚石。掌权时间长了，难免会野心膨胀，甚至萌生不轨之心。宇文邕接受前面两位哥哥的教训，对于宇文护的专权装聋作哑，韬光养晦。

572年春天，宇文邕在密室里用玉珽击倒宇文护，从而杀之，并没有引起骚动，就是因为朝野上下都认为，宇文邕已经登基12年，现年30岁。年届70的宇文护确实该交班了。

宇文邕亲政后，主要进行两个方面的改革，首先是大力扩充汉族加入府兵，灭齐前夕，府兵人数已经达到20万人，不仅加强了军事力量，也有利于消弭胡汉矛盾。其次，是通过限制和整顿佛教、道教，铲除社会经济生活中的一大毒瘤，从而增强了国家的财政力量。此外，周武帝继承其父宇文泰的政策，提倡儒教，重视《周礼》。

从575年开始，周武帝就连年攻伐北齐。当时北齐国君高纬称帝时年仅10岁，在母后胡太后执政和后来自己亲政期间，任人唯亲，朝野解体。经过两年多的战争，577年正月，周武帝统帅的大军攻入北齐首都邺城，北齐灭亡。黄河流域终于在分裂将近半个世纪之后，再次统一。这个时候南方的陈朝，基宇狭小，完全不具备与北方争雄的能力。距离全国的统一，只有一步之遥。

但是，578年农历六月初一，年仅36岁的宇文邕从前线回到长安，当天就在病榻上撒手人寰。七天前，他还雄心勃勃地统帅大军讨伐突厥，接下来的目标就是平定江南。之所以在两个月前改元宣政，就是期待在北方统一之后，有一番更大的作为。现在他出身未捷身先死，距离北周军队扫平北齐仅仅一年零三个月。

西魏—北周在宇文家族两代三人的经营下，已经为全国的统一大业奠定了良好的基础。但是，统一大业的最终完成，还需要等待合适的时机、合适的人。

通鉴识读

周主性节俭，常服布袍，寝布被，后宫不过十余人；每行兵，亲在行陈，步涉山谷，人所不堪；抚将士有恩，而明察果断，用法严峻。由是将士畏威而乐为之死。

——《资治通鉴》卷一七三

伍

隋唐——盛衰治乱

隋文帝的影响力

在一些西方学者眼里，中国历史上最具影响力的皇帝不是秦皇汉武，也不是唐宗宋祖，而是短命王朝隋朝的开国皇帝杨坚（541—604）。

一、被皇帝威胁灭族

杨坚深知朝中难容自己，便想出一个两全之策，向宇文赟透露出自己久有出藩之意。宇文赟当即任命他为亳州总管。这样宇文赟放心了，杨坚也安心了。

杨坚出身豪族，父亲杨忠乃北周柱国大将军，封为隋国公。他的妻子独孤氏则是杨忠的老领导、曾为八柱国之一的独孤信之女。北周是南北朝的北朝之一，又称后周、宇文周。

据说杨坚出生时，天生异象，紫气充庭。《隋书》记载："为人龙颔，额上有五柱人顶，目光外射。"以至于南朝的陈后主陈叔宝看到他的画像后大骇道："吾不欲见此人！”当时有一个尼姑对杨坚的母亲说，此孩不可与常人一样抚养，于是尼姑将他带到别馆，亲自抚养。幼年的杨坚为人深沉少言，刚刚进入太学的时候，即使是十分亲密的人也不敢戏弄他。

568年杨忠去世，27岁的杨坚承袭隋国公的爵位。此时，周武帝宇文邕聘杨坚的长女杨丽华为皇太子妃，对杨坚更加礼重。齐王宇文宪曾对宇文邕说：“杨坚相貌非常，我每次见到他，都不觉自失。我担心他不会久居人下，要早早地除掉他。”内史王轨也说：“皇太子宇文赟将来并非社稷之主，杨坚貌有反相。”不料宇文邕听后不悦，说：“帝王自有天命在，旁人又能奈何！”杨坚听说此事，十分畏惧，行事愈加小心谨慎。往后的数年，他多次出征北齐并获大胜，进为柱国。

578年宇文赟即皇位，是为周宣帝，杨丽华被封为皇后，杨坚也晋升为柱国大将军、大司马。没多久，他又官任大后丞、右司武，很快转任大前疑。杨坚的地位和威望日益上升，宇文赟十分忌惮，甚至对杨丽华说：“我一定要将你家灭族！”有一次他召杨坚入宫，对左右侍卫说：“如果杨坚的脸色稍有变化，就杀了他。”不料杨坚到了宫内，神情和脸色自若，宇文赟没能得逞。

杨坚深知朝中难容自己，便想出一个两全之策，向宇文赟透露出自己久有出藩之意。宇文赟当即任命他为亳州总管。这样宇文赟放心了，杨坚也安心了。

杨坚将任亳州总管时，臣僚劝他就此起兵，建立帝王之业，杨坚回答：“时机还不成熟。”至此，他取周自代的企图溢于言表。反观宇文赟，不问朝政，沉溺酒色，不但

通鉴识读

后父大前疑坚，位望隆重，天元忌之，尝因忿谓后曰：『必族灭尔家！』因召坚，谓左右曰：『色动，即杀之。』坚至，神色自若，乃止。内史上大夫郑译，与坚少同学，奇坚相表，倾心相结。坚既为帝所忌，情不自安，尝在永巷，私于译曰：『久愿出藩，公所悉也，愿少留意！』译曰：『以公德望，天下归心。欲求多福，岂敢忘也！谨即言之。』

——《资治通鉴》卷一七四

不听忠臣劝告，反而觉得这皇帝当得仍不称心如意。他于579年下诏传位于长子宇文阐，然后缩居后宫，终日与嫔妃宫女们吃喝玩乐。翌年，杨坚以扬州总管身份，筹备伐陈事宜，行将出发时突发足疾，行程搁置下来。五天后，宇文赟出幸城外，次日因病返回，口不能言，未及安排后事而驾崩。北周政权出现了权力真空。

究竟由谁出来辅政，三位托孤大臣的意见发生了分歧。颜之仪主张迎请赵王宇文招，以德以亲都合适。但宇文赟生前恰恰最不放心这位强势的皇叔，因此，在宇文赟弥留之际，刘昉、郑译主张迎请外戚杨坚侍疾辅政。

就这样，杨坚再度进宫，成为辅政大臣。

二、挟天子以令诸侯

军事问题是否措置得宜，考验着杨坚的智慧和行动能力。

杨坚主导的辅政班子是这样的：宇文邕次子宇文赞任上柱国、右大丞相的虚职，宇文邕三子宇文贽为上柱国；而杨坚为假黄钺、左大丞相、都督中外诸军事，总掌军政大权。两位皇叔、一位外戚，这样的安排，足以给国人一个交代。

在普惠性政策上，杨坚也有一些动作，如恢复佛道教，减轻百姓负担。但这些并不够，毕竟许多在中央发生的政权变更，都是被军事力量所击败的，解除军事威胁才是最急迫的事情。

北周皇室诸王中，不乏有实力的藩王。为了解除地方军事威胁，580年，杨坚将赵王宇文招、陈王宇文纯、越王宇文盛、代王宇文达、滕王宇文逌召回京师长安。

相州总管尉迟迥自以为是北周重臣，看到杨坚擅政，心中不平，于是举兵东夏。郧州总管司马消难、益州总管王谦相继起兵响应，数日之间就聚集了10万兵马，其他地方也陆续起兵。

军事问题是否措置得宜，考验着杨坚的智慧和行动能力。他命上柱国韦孝宽带兵出征。韦孝宽是北周的老将，与杨坚的丈人独孤信关系密切，被人号为“联璧”。但受韦孝宽节制的将领中，有三人接受了尉迟迥的饷金，用之恐怕军情有变。杨坚深以为忧，考虑取代此三人。这时，智囊李德林说：“您与这些将领本来都是国家重臣，地位平等，他们没有听从您的义务，现在您只是凭借挟天子以令诸侯的权威来控制和驾驭他们罢了。”李德林看得很清楚，诸将是遵从天子之令平叛，而不是为了帮你杨坚打天下。他主张杨坚利用自己辅政的合法性、正当性，打击尉迟迥“犯上作乱”的反叛行动，不必计较前线诸将的态度是否忠于杨坚个人。

这番话令杨坚醍醐灌顶。短时间内，他也不可能找到那么多心腹之人去取代诸将。李德林建议杨坚派遣一位可靠的监军去前线督察军事。杨坚大悟，说：“如果不是你的这番话，几乎要坏大事了。”

经过68天的战斗，尉迟迥被杀，各地叛乱先后平定。

李德林曰：『公与诸将，皆国家贵臣，未相服从，今正以挟令之威控御之耳。前所遣者，疑其乖异，后所遣者，又安知其能尽腹心邪！又，取金之事，虚实难明，今一旦代之，或惧罪逃逸；若加縻絷，则自郧公以下，莫不惊疑。且临敌易将，此燕、赵之所以败也。如愚所见，但遣公一腹心，明于智略，素为诸将所信服者，速至军所，使观其情伪。纵有异意，必不敢动，动亦能制之矣。』坚大悟，曰：『公不发此言，几败大事。』

——《资治通鉴》卷一七四

三、“开皇之治”影响深远

陈朝灭亡，南北朝时期结束，天下一统，隋成为继秦之后，第二个结束百年乱世的朝代。

看到杨坚平乱后威望大增，雍州牧毕王宇文贤及赵、陈等五王，担心日后被架空，也开始图谋作乱。杨坚先发制人，捉拿宇文贤并将其斩首，随后宣布赵王等人的罪行，下诏五王剑履上殿、入朝不趋，以安定五王之心。可不多久，他便以谋反的罪名将五人杀掉，彻底清除了鲜卑族中的反对力量。

581年，杨坚由隋国公晋封隋王。此时，北方柔然扰境，君主宇文阐年纪幼小无力主事，众臣便请求杨坚取而代之。联系到父皇的离奇病逝，以及杨坚对皇室诸位皇叔的屠杀，宇文阐为求自保不得不选择主动退位。该年，宇文阐以杨坚众望有归为由，下诏宣布禅让。

杨坚三让而受天命，自相府常服入宫，备礼即皇帝位于临光殿，定国号为“隋”，改元开皇，宣布大赦天下。这一年，他40岁。

当上皇帝后，杨坚励精图治。他以长安城凋残日久，在城东南龙首山创建了一座新的都城，名叫“大兴城”。城内有东西二市，“俗具五方，人物混淆，华戎杂错。去农从商，争朝夕之利，游手为事，竞锥刀之末”，成为当时最大的商业都市。鉴于此前币制的混乱，杨坚下令铸造标准的五铢钱，禁用古钱和杂钱，使得五铢钱“所在流布，百姓便之”，货币得到了统一。凡此种种，都有利于商业的发展。

通鉴识读

二月，甲寅，隋王始受相国、百揆、九锡，建台置官。丙辰，诏进王妃独孤氏为王后，世子勇为太子。……少内史崔仲方劝隋主除周六官，依汉、魏之旧，从之。置三师、三公及尚书、门下、内史、秘书、内侍五省，御史、都水二台，太常等十一寺，左右卫等十二府，以分司统职。又置上柱国至都督十一等勋官，以酬勤劳；特进至朝散大夫七等散官，以加文武官之有德声者。

——《资治通鉴》一七五

高祖性严重，令行禁止。每旦听朝，日昃忘倦。虽啬于财，至于赏赐有功，即无所爱；将士战没，必加优赏，仍遣使者劳问其家。爱养百姓，劝课农桑，轻徭薄赋。其自奉养，务为俭素，乘舆御物，故弊者随宜补用；自非享宴，所食不过一肉；后宫皆服浣濯之衣。天下化之……故衣食滋殖，仓库盈溢。受禅之初，民户不满四百万，末年，逾八百九十万，独冀州已一百万户。然猜忌苛察，信受谗言，功臣故旧，无始终保全者；乃至子弟，皆如仇敌，此其所短也。

——《资治通鉴》卷一八〇

政治上，杨坚恢复汉魏时期的体制，基本确立了三省六部制。三省指中书省、门下省、尚书省，六部指尚书省下属的吏部、户部、礼部、兵部、刑部、工部，每部下辖四司。新的体制分工明确，组织严密，有效地加强中央集权，成为后代封建国家中央政权的固定制度。

杨坚还废除了基于门阀士族的人才选拔制度——九品中正制，开创了影响后世千年的科举制，使国家在人才选拔方面有了长足的进步，最终迎来著名的“开皇之治”。那时，天下粮仓廪实，不少在百万石以上。以至于唐朝贞观十一年，监察御史对唐太宗李世民说：“隋家储洛口，而李密因之；西京府库，亦为国家之用，至今未尽。”意思是隋朝已经灭亡了20年，隋文帝死了33年，可隋朝留下的粮食布帛还没用完。

588年，杨坚以晋王杨广为尚书令，开始了灭陈的战役。他令杨广出六合，韩擒虎出庐江，各路隋军共50余万向陈发动了全面进攻。面临隋军的大举南下，陈叔宝优柔寡断，不作任何应战准备，唯日夜啼哭，使得隋军顺利渡过长江。589年，建康失守。陈叔宝跳入枯井，后被隋军所俘。至此，陈朝灭亡，南北朝时期结束，天下一统，隋成为秦之后，第二个结束百年乱世的朝代。

高颎被杀——隋朝兴亡的转折点

599年，隋朝开国已有十八载，许多陪隋文帝杨坚打下江山的佐命功臣已离开了人世，一如大将军韩擒虎自然老去，得个寿终正寝；又如散骑常侍卢贲被废黜，在家中郁郁而终；再如郧国公王谊因谋反大罪被赐死。是年，最大功臣之一的高颎（541—607）虽还健在，却过得极不太平。因为早些时候，杨坚和皇后独孤伽罗吵了架，是高颎出面劝和的。但这一劝，成了高颎辉煌人生的转折点。

《史记·淮阴侯列传》里有句话“成也萧何，败也萧何”，是说韩信不论功成名就还是身败名裂，都是萧何造成的。高颎跟韩信有些相似，他一生的荣辱都与独孤伽罗密切相关，可以说他“成也独孤伽罗，败也独孤伽罗”。

一、隋灭陈的主帅

高颎是杨坚岳父的旧臣，忠诚度绝对可靠，再加上此战之功，杨坚更将其视为心腹。

541年，高颎出生于渤海高氏。当时高家有一棵柳树，百尺多高，繁茂挺拔如同车盖。乡里的老人说：“这家要出大贵人。”

高颎的父亲高宾曾在北齐为官，因避奸臣进谗而投奔北周，被北周大司马独孤信引为僚佐，并赐姓独孤氏。这时，独孤信之女独孤伽罗便走进了高颎的生命。独孤信被杀后，已与杨坚完婚的独孤伽罗依然和高家保持着良好的关系，“以宾父之故吏，每往来其家”。她对高颎十分熟悉，对他的才能也非常了解。

通鉴识读

内史下大夫勃海高颎明敏有器局，习兵事，多计略，坚欲引之入府，遣杨惠谕意。颎承旨，欣然曰：『愿受驱驰。纵令公事不成，颎亦不辞灭族。』乃以为相府司录。

——《资治通鉴》卷一七四

580年，杨坚以外戚的身份辅政，急需文武兼备的人才来辅佐。独孤伽罗推举了高颎，使他立即得到重用。当时，尉迟迥起兵叛乱，杨坚命老将韦孝宽攻击叛军，但诸路大军都不敢领先出战。杨坚见状，命大臣崔仲方前去监军，崔仲方却以父亲在山东为由推辞了。眼见杨坚无人可用，高颎主动请求出行。

两军对峙，尉迟迥集中全部兵力13万准备决战。韦孝宽进攻受挫，被迫撤退。高颎设计：先射围观的人，造成混乱，然后乘势冲击。观战士民被射，果然纷纷逃避，喊声震天。高颎趁机传呼：“敌兵败了！”韦孝宽军队士气大振，乘乱进击，大败叛军，尉迟迥被迫自杀。至此，杨坚解除了一个心腹大患，稳固了自己的地位。由于高颎是杨坚岳父的旧臣，忠诚度绝对可靠，再加上此战之功，杨坚更将其视为心腹。

杨坚建立隋朝后，高颎被封为“尚书左仆射，兼纳言，进封渤海郡公”，“朝臣莫与为比”，可以说是一人之下，万人之上。杨坚每次召见高颎时，为表尊重，“呼为独孤而不名”。

如果说平定尉迟迥的时候高颎只是个监军，并非主帅，那么在接下来的灭陈之战中，高颎无疑成了实际上的主帅。

587年，杨坚问平陈之策于将相。高颎献策说，一要时常骚扰南陈边界，耽误陈国农时；二要放火烧毁陈国房屋，损耗其经济财力。杨坚采用了他的计谋后，“陈人益敝”。第二年，杨坚以杨广为元帅、高颎为元帅长史，兵分八路，共计五十一万大军大举伐陈，三军的参谋事项都由高颎决断。在整个伐陈过程中，既有杨素从水路顺流而下，又有韩擒虎、贺若弼等渡江作战。在灭陈之后还发生了韩擒虎、贺若弼争功的事情。要不是有高颎坐镇中央、节制各将，灭陈之战会比实际上艰难得多，不可能仅用10余天就占领建康城。

通鉴识读

高颎深避权势，上表逊位，让于苏威，帝欲成其美，听解仆射。数日，帝曰：『苏威高蹈前朝，颎能推举。吾闻进贤受上赏，宁可使之去官！』命颎复位。颎、威同心协赞，政刑大小，帝无不与之谋议，然后行之。故革命数年，天下称平。

——《资治通鉴》一七五

二、“天降良臣于我”

高颎很清楚自己有多么位尊权重，因此时刻担心皇帝疑惧。

杨坚对高颎关怀备至、信任至极。高颎时常坐在朝堂北边的一棵槐树下处理政务，有人要砍掉这棵树，杨坚指示不要砍，特意为他留着。可见高颎被看重，竟然到了这种程度。

杨坚对高颎的依赖是方方面面的，比如律法，著名的《开皇律》就是由高颎制定的。他在新律中增加了“不睦”一罪， 使律法中的10种罪名最终定型，并以“十恶”概称。此后，历代封建王朝均予以承袭，将其作为封建法典中的核心内容。另外，杨坚还命高颎监制了新都大兴，其规划和建设大多出自高颎之手，为后来唐长安城的繁荣奠定了基础。

高颎很清楚自己有多么位尊权重，因此时刻担心皇帝疑惧。他曾上表章请求辞职，让官员苏威接替。不料杨坚想成就他让贤的美名，暂时同意了他解除仆射的官职。几天后，杨坚说："苏威在前朝隐居不肯做官，高颎却推举了他。我听说推荐贤能的人受上赏，怎么能让他丢官呢？"于是命令高颎恢复原位，不久拜为左卫大将军，原来的官职不变。

589年，高颎平陈大军还京后，因功加授为上柱国，晋爵位为齐国公。杨坚慰劳他说"你讨伐南陈后，有人说你谋反，朕已经杀了他。君臣之间亲密的关系，不是苍蝇之类的小人所能离间得了的。"这时，高颎担心功高盖主惹来嫌议，又请求辞职，杨坚干脆下了诏书，说："你见识远大，谋略很深，我让你掌管了禁军，把你当作心腹。自我受禅登基以来，你常常参与机要，尽忠竭力，心迹俱尽。这是天降良臣于我，让你帮我，望你不要再费口舌辞职了。"

这以后，右卫将军庞晃及将军卢贲等人，先后在杨坚面前进言诋毁高颎，杨坚皆大发雷霆，将其贬黜。他对高颎说："你独孤公就像一面镜子，常被磨擦，越磨越亮。"不久，尚书都事姜晔、楚州行参军李君才也上奏说："水旱不调，罪由高颎。"请求废黜他。结果高颎不但没事，这二人反倒获罪丢官。

三、死在“妇人”嘴下

唐太宗讲“隋之兴亡，系（高）颎之存没”，认为罢免高颎，是隋朝政治由明到昏的转折点。

受到如此信任的高颎，最后为何失宠了呢？这又与当初推荐他的独孤伽罗有关。

杨坚惧内，很长时间都只跟独孤伽罗谈情说爱，把后宫里其他女子当摆设。可有一天他遇上了尉迟迥的孙女，被她倾国倾城的美貌给迷住了，于是两人发生了关系。独孤伽罗知道后心生嫉妒，借机害死了尉迟氏。杨坚知道后愤闷之极，觉得自己当皇帝连宠幸一个妃子都不行，真没意思，不想活了！他骑着马在郊外的山谷间乱跑，高颎赶紧追上他，“扣马苦谏”。杨坚叹息道：“吾贵为天子，而不得自由！”高颎劝他说：“陛下贵为天子，岂以一妇人而轻天下呢？”杨坚才作罢。不料这番话传到了独孤伽罗耳朵里。把我当成一介妇人？她觉得高颎也太不把自己放在眼里了，于是怀恨在心。

当初，高颎的夫人去世，独孤伽罗让杨坚张罗为他续弦，高颎流着泪辞谢，说：“我年纪大了，现在吃斋念佛，不愿再续弦了。”可不久，高颎的侍妾却生了一个孩子。杨坚听说后还挺高兴，与独孤伽罗商量送礼物祝贺，后者却沉下了脸，对杨坚说：“陛下，你还能相信高颎吗？你想为他娶媳妇，他说天天信佛念经、吃斋吃素，不愿续弦了。实际上他已经有个爱妾在身边了。这是心存爱妾而欺陛下啊。他这个人爱说谎，这事儿已经很清楚了。”隋文帝觉得

通鉴识读

独孤后性妒忌，后宫莫敢进御。尉迟迥女孙，有美色，先没宫中。上于仁寿宫见而悦之，因得幸。后伺上听朝，阴杀之。上由是大怒，单骑从苑中出，不由径路，入山谷间二十余里。高颎、杨素等追及上，扣马苦谏。上太息曰：『吾贵为天子，不得自由！』高颎曰：『陛下岂以一妇人而轻天下！』上意少解，驻马良久，中夜方还宫。

——《资治通鉴》一七八

有理，便开始疏远高颎。

有一次，杨坚想讨伐江东，高颎谏不可。杨坚不从，任高颎为元帅长史，随汉王杨谅征讨江东，因遇上久雨和疾病，不利而还。独孤伽罗又对杨坚说：“高颎当初并不想去，陛下强迫他去，我就知道他会无功而返的。”另外，杨坚因儿子杨谅年少，把军权委托给了高颎。高颎一心为国，对杨谅的话大多没有采用，因此遭其怀恨。还京后，杨谅哭诉于独孤伽罗说：“儿有幸没被高颎所杀。”杨坚听了，心中更加不平。

不久，上柱国王世积因谋反罪被杀。在受审过程中，他供出了一系列高官，其中就有高颎。隋文帝听后大惊，想定高颎的罪。尽管有10多位重臣证明高颎无罪，但宁可信其有，不可信其无，加上之前的积怨已深，高颎终被免官。

随后，又有人告发高颎，说：“高颎的儿子对高颎说：‘司马仲达当初托病不朝，于是拥有天下。您今天也遇到类似情况，怎知不是福分？’”杨坚终于震怒。有人提出杀了高颎，他说：“去年杀虞庆则，现在又杀王世积，如再杀高颎，天下人会怎么说我？”于是杨坚只除掉高颎的官籍，贬为平民。

604年，杨坚去世。杨广即位后，召回高颎入朝任职，拜为太常。杨广生活奢靡，又发起修筑长城的劳役。高颎十分担忧，对太常丞李懿说：“周朝因好乐而灭亡，殷鉴不远，怎能又这样呢？”当时，杨广对启民可汗恩宠和礼遇太甚，高颎对太府卿何稠说：“这个胡人颇知中原虚实、山川险易，恐怕他成为后世的祸患。”他总结了杨广的执政情况后，又对观德王杨雄说：“近来朝廷一点纲纪都没有。”

通鉴识读

顷之，颎国令上颎阴事，称其子表仁谓颎曰：『司马仲达初托疾不朝，遂有天下。公今遇此，焉知非福！』于是上大怒，囚颎于内史省而鞫之。……有司请斩之。上曰：『去年杀虞庆则，今兹斩王世积，如更诛颎，天下其谓我何！』于是除名为民。

——《资治通鉴》卷一七八

这些言论都被有心人记录下来。

607年，又有人向杨广进谗言，终于，66岁的高颎以“诽谤朝政”的罪名被处死。“天下莫不伤惜”。后来唐太宗讲“隋之兴亡，系颎之存没”，认为罢免高颎，是隋朝政治由明到昏的转折点。毛泽东也曾经点评这段历史，认为隋朝自此“蕴藏大乱”。

隋炀帝为何丧国

604年七月，杨广在他父亲文帝驾崩之后，如愿以偿，顺利登基。隋炀帝杨广在位共有14年，大体可以分成两个时期，前期即大业七年以前，是意气风发、勃勃作为的时期；从大业八年开始，连续三次发兵远征高丽，陷入战争的泥淖，其后在席卷全国的动乱风暴中，炀帝无可奈何地龟缩在江都，度过了每天纸醉金迷的颓废生活，终于导致大业十四年，也就是618年三月，被身边的禁军所杀，死在扬州。

一、意气风发的杨广

隋炀帝在大业年间的作为，最为人所关注的，就是大型工程建设。

604年十月，隋文帝下葬完毕，炀帝就下诏，减轻百姓负担。隋炀帝继位以后，还进行了一系列制度方面的改革。唐代的三省六部制诸多内部体制和机制的调整，是隋炀帝时期完成的。隋文帝时期开始分科选人，隋炀帝增加进士科，使得考试形式比较程式化，有利于选人标准的客观化。他还在策论之外，对考生的要求增加了文学的分量，减少了背诵的分量。可以说，唐朝的科举就是在隋炀帝制度的基础上发展完善的。

从隋文帝到隋炀帝，还有一件事值得特别提的，就是中央集权进一步加强。这个加强的具体措施，是以官吏的任命和考核为中心的。隋朝时，中国的官僚体制更加严密、更加规范、更加烦琐了，中央对地方掌控也更加具体了。

要说隋炀帝在大业年间的作为，最为人所关注的，就是大型工程建设。

有人向隋炀帝进言，陛下是木命，雍州五行属金，破木之冲，对您不利，有传言说，“修治洛阳还晋家”。洛阳是晋的首都，杨广在当太子之前被封为晋王。杨广听信了这个建议，决定重建都城洛阳。其实，洛阳的修建，主要是因为“南服遐远，东夏殷大，关河悬远，兵不赴急”，为解决大统一政权的巩固问题。

604年十月，杨广到了洛阳，封其长子杨昭为晋王，留守长安。杨广常住洛阳，在长安待的时间大约不到两年。洛阳宫的修建，工程浩大，却在短短的一年时间内就修建完成。东都洛阳地位的加强，有利于中央强有力地掌控南部和东部。这跟西周王朝灭了商之后，特别是平定了三监之乱后，周公旦营造洛阳，有同样的考虑。这是一件伟大的工程，除此之外，还有一个伟大的工程，就是修运河。

隋炀帝修成的运河，我们现在叫京杭大运河。这条运河有旧河道的疏浚拓展，也有新河道开挖，主要是把古代各朝开凿的地方性运河连成一体。605年杨广下令开挖通

通鉴识读

章仇太翼言于帝曰：『陛下木命，雍州为破木之冲，不可久居。又谶云：“修治洛阳还晋家。”』帝深以为然。十一月，乙未，幸洛阳，留晋王昭守长安……丙申，发丁男数十万掘堑，自龙门东接长平、汲郡，抵临清关，渡河至浚仪、襄城，达于上洛，以置关防。癸丑，下诏于伊洛建东京，仍曰：『宫室之制，本以便生，今所营构，务从俭约。』

——《资治通鉴》卷一八〇

济渠，把洛水、黄河、汴水、泗水打通，一直通到淮河。608年杨广又下令由洛阳附近凿永济渠通至黄河，北达涿郡。610年，进一步又疏浚江南运河，以达杭州。运河全线贯通大约2700公里。唐代的漕运仰赖东南，又多次对运河加以疏浚。运河的修建，漕运的发展，在沿岸出现了一些新城市，如开封、苏州、杭州、镇江、淮安等。但是，像运河这样的大工程，非常耗损民力，对老百姓来说是极大的负担。

二、好大喜功，自负才华

> 他是历代帝王中第一个到过河西走廊的人，第一个在海拔3000多米的高山上率军征战的人。

世人皆知隋炀帝对于江南的爱慕，却不知道他对西域的热情不减江南。他是历代帝王中第一个到过河西走廊的人，第一个在海拔3000多米的高山上率军征战的人。推动隋炀帝西巡的是名臣裴矩。

裴矩曾经与突厥有多年的交往经验，隋炀帝任命他以重臣的身份主持西域工作。他在前来张掖（河西四郡之一）参加互市的胡商中采访问询，并搜集当时的书传记载，大约于606年初撰写成三卷本的《西域图记》，并于当年献给炀帝，激发了炀帝经营西域的热情。609年，隋炀帝西巡张掖。这是内地皇帝西行最远的地方。隋朝政府采取多种措施鼓励西域商人来长安，比如要求沿途各地要热情接待外国商贾，并为他们提供种种费用。在丝路要冲设立军政

通鉴识读

帝之将西巡也，命裴矩说高昌王麹伯雅及伊吾吐屯设等，啖以厚利，召使入朝。壬子，帝至燕支山，伯雅、吐屯设等及西域二十七国谒于道左，皆令佩金玉，被锦罽，焚香奏乐，歌舞喧噪。帝复令武威、张掖士女盛饰纵观，衣服车马不鲜者，郡县督课之。骑乘嗔咽，周亘数十里，以示中国之盛。吐屯设献西域数千里之地，上大悦。癸丑，置西海、河源、鄯善、且末等郡，谪天下罪人为戍卒以守之。命刘权镇河源郡积石镇，大开屯田，捍御吐谷浑，以通西域之路。

——《资治通鉴》卷一八一

机构，并大量屯田，以保证丝路行旅的供应。

在东北方，隋炀帝三打高丽，第一次被对方打败了，第二次碰到杨玄感起兵，赶紧撤兵，第三次高丽实在受不了，明面上是投降了，实际上给隋炀帝留了一个面子，隋朝损失巨大，丢掉了里子。

隋炀帝做事的风格是大张旗鼓，风风火火。修长城，修渠道，修洛阳城，修大运河，西巡河右，东打高丽，太耗民力了，完全改变了隋文帝当初休养生息的政策。隋炀帝性格好大喜功，虚荣心强烈。这在他的外事活动中，表现得淋漓尽致。

610年正月，洛阳召开盛大的庆典庆祝新年，大量在丝绸之路贸易往来的胡商，以及西域各国的首领都前来参加。庆祝会场设在洛阳城端门外的广场上，灯火通明，通宵达旦，表演各种音乐马戏，据说参加演出的歌舞乐伎有万人之多。店铺里琳琅满目，各种珍奇物品，美不胜收。前来参加交易的胡商，可免费享用各种美味佳肴。胡商们都惊叹中国物质丰盛，也有那些狡诈一点的胡人说，你们在树上都缠着丝绸，可是街头不也有没衣服穿的穷人吗，为什么不给他们穿呢？百姓听了这话都很尴尬。演出和交易活动持续了大概一个月。

虚荣之外，就是狭隘。隋炀帝不喜欢人家给他提意见，心胸狭窄，不能容人。隋炀帝身边不是没有人才，比如苏威、杨素、高颎。高颎在隋文帝的时候被除名为民，隋炀帝又加以起用。但是，不久高颎就因为直言谏诤而被诛杀。杨素是帮助杨广上台的功臣，也遭受怀疑，郁郁而终。苏威则处于没有实权的顾问位置。

通鉴识读

帝以诸蕃酋长毕集洛阳，丁丑，于端门街盛陈百戏，戏场周围五千步，执丝竹者万八千人，声闻数十里，自昏至旦，灯火光烛天地；终月而罢，所费巨万。……胡客或过酒食店，悉令邀延就坐，醉饱而散，不取其直，绐之曰：『中国丰饶，酒食例不取直。』胡客皆惊叹。其黠者颇觉之，见以缯帛缠树，曰：『中国亦有贫者，衣不盖形，何如以此物与之，缠树何为？』市人惭不能答。

——《资治通鉴》卷一八一

隋炀帝的文才出众，诗作也是一流，可是心胸竟然狭隘到了匪夷所思的程度。他的父亲隋文帝有一个笔杆子叫薛道衡，也是个学者，薛道衡的诗文出众。薛道衡死了，据说炀帝特别开心，终于死了吧，看你还能写出“空梁落燕泥”这样的佳句吗！炀帝觉得自己文学才能很高，他说，天下都以为我是靠我爸当皇帝，其实假如跟你们一块进行考试，挑选天子，也应该是我。

三、家事难处理，父子断恩情

史家有时候不用总是宏大叙事，来表达对某个政治人物的评价。通过一些家事，尤其是父子之间没有由头的种种猜忌，特别能看出一个政治家的胸襟气度。

隋炀帝本人的家事，也值得谈谈。

炀帝的太子杨昭，年轻轻就病逝了，老二齐王杨暕应该立为太子，可是太子杨昭有三个儿子，那到底是立皇太孙，还是立皇次子，隋炀帝并没有明确。种种迹象表明，炀帝是想培养这个二儿子的。比如，炀帝把太子的两万多属兵都划归杨暕，还给他精心挑选宫官的僚属，让光禄少卿柳謇之做齐王府长史，并对他说，如果齐王德业修备，那你自然有富贵；如果不行，你也有罪。可见他是把杨暕作为重点培养对象。

乐平公主杨丽华，是杨广的姐姐，原本是北周宣帝的皇后，老父亲杨坚夺了夫君家的江山，她便寡居在家。有一次，她对自己的兄弟隋炀帝讲，柳家有个姑娘长得很标致，炀帝当时并没有说什么。后来乐平公主就把这个姑娘介绍给了杨暕，杨暕纳之为妾。可是有一天，炀帝忽然问乐平公主，柳家的姑娘现在哪里呢？公主说在你儿子齐王府上。炀帝听后很不开心。其实这也不能怪杨暕，杨暕他也不知道原来姑妈最早曾把柳家姑娘介绍给他爸隋炀帝。

还有一次，父子俩一块去参加狩猎。杨暕打到了很多麋鹿，收获多多，隋炀帝却什么也没获得。炀帝身边的官员就说，为什么陛下您没打到呢，因为齐王杨暕身边的人拦住野兽，不让野兽往这边来，都在他们那边，所以他打得多。炀帝一听就生气了。从这两件事来看，炀帝是很小心眼的人。

因为与儿子在这些生活上的事情发生了矛盾，后来炀帝就找茬把杨暕给修理了一顿。什么茬呢，按照当时规定，县令不能无故离开自己本县的县境，杨暕违背了这个制度，将自己宠信的伊阙令带到汾阳宫。有御史就向炀帝弹劾杨暕，隋炀帝就派了一千名甲士，大肆搜索杨暕的府第，彻底追究这件事，把杨暕搞得灰头土脸。

杨暕有个妃子韦氏早死，他跟韦氏的姐姐私通，生下一个女儿，有人给他看相，说韦氏这个姐姐有皇后之相。杨暕就想，韦氏的姐姐将来当皇后，那娶了她自己不就能当皇帝了？可是杨暕有个心病，他已故的兄长有三个儿子，老爸到底是立皇太孙还是立他，他心里没谱。因此，他听信他人，做巫蛊诅咒。事情败露，炀帝大怒，杀了很多杨暕身边的人，赐韦氏之姊死刑。杨暕从此恩宠日衰，隋炀帝还专门派一个禁军将军看住他，实际上就是软禁了。这

通鉴识读

乐平公主尝奏帝，言柳氏女美，帝未有所答。久之，主复以柳氏进暕，暕纳之。其后，帝问主：『柳氏女安在？』主曰：『在齐王所。』帝不悦。暕从帝幸汾阳宫，大猎，诏暕以千骑入围，暕大获麋鹿以献；而帝未有得也，乃怒从官，皆言为暕左右所遏，兽不得前。帝于是发怒，求暕罪失。

——《资治通鉴》卷一八一

似乎重复了当年杨坚软禁废太子杨勇的故事。

史家有时候不用总是宏大叙事，来表达对某个政治人物的评价。通过一些家事，尤其是父子之间没有由头的种种猜忌，特别能看出一个政治家的胸襟气度。

四、隋炀帝的末路

隋炀帝晚年，确实是面对乱局不想作为，只想像缩头乌龟躲起来。

611年，隋朝爆发动乱。动乱最早从山东发起，王薄起兵，反对辽东之役对百姓的残害。随后各地反叛此起彼伏。616年初秋，隋炀帝下江南的时候，中原已经完全乱了，农民起义、官僚反叛，已经把隋朝江山搞乱了。没有人能够理解，一向强悍、刚愎自用的隋炀帝，为什么不在都城长安，也不在他精心建筑的洛阳组织平定各地的反叛，却跑到江南去，跑到江都去。

通鉴识读

帝自晓占候卜相，好为吴语；常夜置酒，仰视天文，谓萧后曰：『外间大有人图侬，然侬不失为长城公，卿不失为沈后，且共乐饮耳！』因引满沉醉。又尝引镜自照，顾谓萧后曰：『好头颈，谁当斫之？』后惊问故，帝笑曰：『贵贱苦乐，更迭为之，亦复何伤！』

——《资治通鉴》卷一八五

《资治通鉴》记载说，隋炀帝每日宴饮不绝，长醉不起，说天下危乱，扰扰不安，他要抓紧时间享受。他夜里喝酒的时候，看着天象，对萧皇后说，外面歹人要算计我，但是即使那样子，我也不失为长城公，你也不失为沈后，咱们好好快乐快乐吧。长城公指的陈叔宝陈后主，他的皇后是沈后。杨广这句话意思说，大不了我们在新的朝代里面，还可以过一个悠闲的日子。

隋炀帝是否会这样想、这样讲，我们无从知道真相。但是隋炀帝晚年，确实是面对乱局不想作为，只想像缩头乌龟躲起来。前期的隋炀帝，意气风发，修东都，修运河，搞各种外交活动，而且也有很多的改革政策，三征高丽失败之后，他一下子就泄气了。这特别像一个冒冒失失的年轻人，开始干劲冲天，干着干着，碰到了钉子，一下就消沉了，意志力严重不足。

最后隋炀帝怎么死的？跟着隋炀帝在江南的禁军，大都家在关中。这些禁军离开家乡，时间长了，看不到回家的日子，在南方思乡心切，老婆也不在，家人也不在，待遇也不行，就有禁军要谋反。一个叫司马德戡的禁军将领发动政变，杀死隋炀帝。在要杀隋炀帝的时候，隋炀帝说天子自有死法，不得加锋刃，应该取毒酒来。隋炀帝此前就准备好了毒酒，想着在死的那一天就饮毒酒而死，可是真到变乱的时候索要毒酒，保管毒酒的人早都跑了。如果这件事情是真的，那么隋炀帝的荒唐和颓废，就是无可救药了。

炀帝及皇室人员大都被杀，只萧后没有死，他的侄子秦王杨浩被立为傀儡皇帝。杨暕被杀时，以为是父皇隋炀帝派人下的手，临死前还一直说着孩儿无罪。炀帝死前也以为是儿子杨暕在背后作乱。父子至死不相明，不知道最后到底谁杀了谁。

隋炀帝与秦二世一样，都是被历史钉在耻辱柱上的亡国之君。也有史家为他抱不平，说他虽然亡国了，却不失为一位很有作为的皇帝。后世批评隋炀帝的人，偏好指责隋炀帝的“私生活”，但其中添油加醋的成分偏多。其实，隋炀帝失败的最主要原因，是他雄心虽大，能力却跟不上。贞观二年（628年）唐太宗谈到隋炀帝说，看了隋炀帝的文集，觉得他文辞很好，也懂得尧舜之道，怎么做的事那么悖谬呢？魏征回答说，人君虽然是圣哲，也应该谦虚，也应该容人，用谦卑的态度，虚怀若谷的态度，来待人接物，故智者献其谋，勇者竭其力。隋炀帝却不是这样，他自视甚高，骄矜自用，故而败亡。魏征批评隋炀帝太自以为是了，所以口诵尧舜之言，而身为桀纣之心，不知道自己的缺点和不足，以致覆亡。唐太宗听后直言：前事不远，吾属之师也。

戊子，上谓侍臣曰：『朕观《隋炀帝集》，文辞奥博，亦知是尧、舜而非桀、纣，然行事何其反也！』魏征对曰：『人君虽圣哲，犹当虚己以受人，故智者献其谋，勇者竭其力。炀帝恃其俊才，骄矜自用，故口诵尧、舜之言而身为桀、纣之行，曾不自知，以至覆亡也。』上曰：『前事不远，吾属之师也！』

——《资治通鉴》卷一九二

魏征：不做忠臣做良臣

魏征（580—643），字玄成，祖籍河北，出生于杨坚辅政之年，算是北周遗民。大唐立国时（618年），他已年近40岁。关于魏征之于唐太宗李世民的重要性，李世民的枕边人长孙皇后最有发言权："尝闻陛下重魏征，殊未知其故，今闻其谏，实乃能以义制主之情，可谓正直社稷之臣矣。"

一、入唐之路一波三折

尽管魏征效力过生死之敌，但李世民还是留他一命，并委以重任。这就是李世民的肚量和魄力。

大业十三年（617年），魏征最先在武阳郡丞元宝藏帐下为官。当时，元宝藏起兵响应瓦岗军李密，给李密的奏疏都由魏征代笔。李密觉得魏征非常有文才，就召见了他。魏征献上壮大瓦岗的十条计策，但不为李密所用。次年，王世充袭击仓城，被李密击败，后转攻洛口，又被李密击败。连胜的情况下，魏征却对李密的长史郑颋说："李密虽魏征言于长史郑颋曰：『魏公虽骤胜，而骁将锐卒多死，战士心怠，此二者难以应敌。且世充乏食，志在死战，难与争锋，未若深沟高垒以拒之，不过旬月，世充粮尽，必自退，追而击之，蔑不胜矣。』颋曰：『此老生之常谈耳。』征曰：『此乃奇策，何谓常谈！』拂衣而起。

——《资治通鉴》卷一八六

然多次取得胜利，但是兵将也死伤了不少。瓦岗又没有府库，将士们取得战功得不到赏赐，还不如深沟高垒，占据险要，与敌人相持。等到洛阳粮食渐少，王世充无计可施，就会与我军决战，但我们不跟他交战。待到敌人粮尽而退时，再率军追击，这才是取胜之道。”结果郑颋对魏征的话嗤之以鼻，说这是“老生常谈耳”，魏征回了一句：“这是奇谋深策，怎么是老生常谈呢？”便拂袖离去。

武德二年（619年），李密被王世充击败，就带着魏征等人归降了李唐。而李密原来管辖的领上，由其部将李勣占据了。这个李勣占据这么大的地方，心里并不确定该何去何从。于是魏征毛遂自荐，作书与李勣，劝其投降。李勣遂派遣使者至长安，将献城的功劳都归给李密，然后押运粮草到李唐将领李神通那里。没想到这年的九月，农民起义军领袖窦建德率军攻打相州，李神通被击败，他本人及魏征、李勣都被俘虏。数年后，李世民击败窦建德，魏征才得以再次入唐。《剑桥中国隋唐史》评论说，由魏征去安抚山东非常恰当，因为他以前曾经支持过这里的主要乱者（除参加过瓦岗军外，还曾在窦建德手下短期工作），他可用自己的亲身经历来表明，新政权对从前的敌对分子均可既往不咎！

太子李建成仰慕魏征的名声，聘他为太子洗马，对他很是尊敬。不久，窦建德部下刘黑闼纠集余部，并勾结突厥寇犯山东。魏征见李建成虽是嫡长子，功绩却不如李世民，就建议他主动请战立功。李建成听从了魏征的建议，最终擒斩刘黑闼，平定山东。

全国大局稳定后，皇位之争悄然开始。在玄武门之变前，魏征多次劝李建成对二弟李世民加以防备，却没有被采纳。这其中究竟，史书没有留下具体记载。李世民掌权后，曾以此事责问魏征，但他从容回答："皇太子早从征言，必无今日之祸。"尽管魏征效力过生死之敌，但李世民还是留他一命，并委以重任。这就是李世民的肚量和魄力。

二、做良臣不做忠臣

魏征关于良臣的定义，对君臣都提出了很高的要求，既需要臣下勇于进谏，又需要君王勇于纳谏。

魏征曾经对李世民说，请陛下让臣做良臣，不要做忠臣。唐太宗不解，问忠臣与良臣有何区别，魏征回答说："良臣则君臣互补，协力同心；忠臣是君臣互斗，面折廷争，身诛国亡。"可见魏征关于良臣的定义，对君臣都提出了很高的要求，既需要臣下勇于进谏，又需要君王勇于纳谏。

在魏征侍从李世民的17年里，有记录的进谏有200多次。平均每个月都给皇上提出一次不同意见，这绝对不是件容易的事。当时人说魏征的为官特点就是"以谏诤为己任"。

魏征的谏诤，虽然是从具体事件讲起，但总是着眼于治国理政的重大问题而展开。《资治通鉴》中记载了许多李世民采纳魏征谏诤的故事，其中第一件是丁男充兵之事。当时，尚书右仆射封德彝奏请李世民同意："中男虽不到十八岁，但有些体格壮实的，也可以提前服役。"敕书出来后，魏征固执以为不可，不肯签署，如此往返4次。李

通鉴识读

初，洗马魏征常劝太子建成早除秦王，及建成败，世民召征谓曰：『汝何为离间我兄弟！』众为之危惧，征举止自若，对曰：『先太子早从征言，必无今日之祸。』世民素重其才，改容礼之，引为詹事主簿。

——《资治通鉴》卷一九一

世民大怒，召而责之：“中男中体格壮实的，都是那些奸民故意诈欺虚报年龄，以逃避兵役的人，征召他们有什么害处，而你却如此固执！”魏征对曰：“兵不在多，关键是治军有方。陛下取其壮健丁男，以道御之，足以无敌于天下，何必多取中男充数呢！且陛下总是说：‘吾以诚信御天下，欲使臣民皆无欺诈。’现在即位没有多久，就多次失信于民！”

李世民惊愕问道：“朕何为失信？”

魏征对曰：“陛下即位时说，百姓过去拖欠的官物（国家债务）全部免除。主管部门却说，以前拖欠秦王府的债务非官物，照样催征。陛下以秦王升为天子，秦王府之物，不是官物是什么？陛下又曾说，关中地区免除二年的租调，关外免除一年。既而又有敕云：‘已经服役和已经输纳租调者，从下年开始算。’现在既然已经征收了租税，为什么又简点为兵呢？这哪里是从下年开始免除呢？如此不讲诚信，难道是以诚信治天下吗？”

李世民不无尴尬，和颜悦色地说：“之前朕认为卿固执，疑卿不达政事，今卿论国家大体，诚尽其精要。夫号令不信，则民不知所从，天下何由而治乎？朕过错深矣！”在这里，魏征强调的不仅仅是简点为兵这件具体事件，而是治国理政必须取信于民的大问题。

又如兼听与偏信问题。李世民问魏征：“人主何为而明，何为而暗？”魏征回答：“兼听则明，偏信则暗。”他还给皇上讲了从尧舜以来到梁武帝、隋炀帝的正反两方面的历史故事，得出结论说：“是故人君兼听广纳，则贵臣不得拥蔽，而下情得以上通也。”上曰：“善！”

通鉴识读

上问魏征曰：『人主何为而明，何为而暗？』对曰：『兼听则明，偏信则暗。昔尧清问下民，故有苗之恶得以上闻；舜明四目，达四聪，故共、鲧、欢兜不能蔽也。秦二世偏信赵高，以成望夷之祸；梁武帝偏信朱异，以取台城之辱；隋炀帝偏信虞世基，以致彭城阁之变。是故人君兼听广纳，则贵臣不得拥蔽，而下情得以上通也。』上曰：『善！』

——《资治通鉴》卷一九二

李世民和魏征这对完美的君臣搭档，令康熙感慨道："人臣进言固当直切无隐，人君纳谏尤当虚怀悦从，若勉听其言后复厌弃其人，则人怀顾忌不敢尽言矣。每阅唐李世民、魏征之事，叹君臣遇合之际，千古为难，魏征对李世民之言'臣愿为良臣，毋为忠臣'，尝思忠良原无二理，唯在仁君善处之，以成其始终耳。"

三、李世民的一面镜子

领导用人处事，要识大体，不要在细枝末节上显得精明。

有一次，宰相房玄龄、高士廉在路上碰到主管建造工作的窦德素，问："最近北门作何营缮？"窦德素回头把这事儿报告给了李世民。李世民听后很不爽，质问房玄龄等人说："你们只需要主理政事就行了，这些营缮的事情，跟你们有什么关系！"言中之意是他们越权了，管得太宽。房玄龄等连忙跪拜谢罪。

这时，魏征说："臣不知陛下为何责备房玄龄等，也不知房玄龄等为何要道歉谢罪。他们官为宰相，为陛下股肱耳目，于宫廷内外之事岂有不应知者？假如营建工作该做，当助陛下成之；不该做，当请陛下罢之。他们询问主管部门的营建工作，合情合理，不知陛下为何问罪，也不明白他们为何谢罪！"面对这些质问，唐太宗很惭愧。

又有一次，房玄龄和王珪主管官员的绩效考核，但御史权万纪揭发考核不公正，皇上就命人成立专案组，准备

通鉴识读

房玄龄、高士廉遇少府少监窦德素于路，问：『北门近何营缮？』德素奏之。上怒，让玄龄等曰：『君但知南牙政事，北门小营缮，何预君事！』玄龄等拜谢。魏征进曰：『臣不知陛下何以责玄龄等，而玄龄等亦何所谢！玄龄等为陛下股肱耳目，于中外事岂有不应知者！使所营为是，当助陛下成之；为非，当请陛下罢之。问于有司，理则宜然。不知何罪而责，亦何罪而谢也！』上甚愧之。

——《资治通鉴》卷一九六

进行调查。

魏征反对说："房玄龄、王珪都是有丰富从政经验的老臣，素以忠直为陛下所委信，这次考核的人数众多，难免有个别不当之处！但不见得是徇私舞弊。如果调查出一两例属实，房、王势必难以再任宰相之职！更重要的是，权万纪最近参与了官员考核工作，并没有当场提出不同意见，只是由于他自己考绩不过关，才提出异议。如果按他说的去做，将有失陛下委任大臣之意。"魏征还特别声明："臣所爱者治体，非敢苟私二臣。"唐太宗深觉有理，便没有再追究此事。

魏征这里所说的"治体"，就是为君者治国理政的机制体制，也涉及领导艺术和领导力问题。他认为，领导用人处事，要识大体，不要在细枝末节上显得精明。宰相房玄龄等兢兢业业，恪尽职守，这是确定无疑的。即使在考核工作中有一二失当之处，也应该用合适的方法予以处理，如若兴师动众，恰恰中了小人徇私报复的圈套。

贞观十七年（643年），魏征病死，李世民非常伤心，废朝五天。他想下诏厚葬魏征，但魏征的妻子裴氏以魏征平日生活节俭朴素、豪华的葬礼不是亡者之志为由拒绝了。最终，魏征的灵柩由小车装载，李世民召集文武百官出城相送，并亲自为他刻书碑文。

在《旧唐书·魏征传》里，李世民有句特别著名的话："夫以铜为镜，可以正衣冠；以古为镜，可以知兴替；以人为镜，可以明得失。朕常保此三镜，以防己过。今魏征殂逝，遂亡一镜矣！"魏征就是李世民所说的"人镜"。

唐玄宗：走过盛世与乱世

天宝十四载（755年），数十年不闻战鼓之声、一片歌舞升平的唐朝中原内地，爆发了一场让人始料未及的叛乱，后世称为“安史之乱”。十一月，三镇节度使安禄山举兵向阙，诗载：“渔阳鼙鼓动地来，惊破霓裳羽衣曲。”

创造了开元盛世的当朝皇帝唐玄宗李隆基（685—762）怎么也想不明白，这大好的河山怎么会突然间狼烟四起。仓促组建的唐朝官军被叛军冲击得溃不成军，潼关须臾失守，李隆基被迫逃离长安，前往成都避难。车驾途经马嵬坡时，贵为天子的他又遭群臣要挟，不得不将爱妃杨玉环赐死。不久，皇太子在将士的拥戴下登基，李隆基被迫宣布退位。8年后，战乱结束，昔日的大唐盛世也一去不复返了。

一、生于忧患

生于忧患之中的唐玄宗，在他的43年天子生涯中，创造了举世闻名的开元盛世。

李隆基是从血雨腥风中走出来的。685年他来到这个世界的时候，父皇李旦名义上是皇帝，大权实则握在祖母武则天手里。6岁那年，父皇终于禅让给66岁的祖母，大唐国号改为大周。在大周统治的15年间，李家子弟必须夹着尾巴做人。

直到李隆基21岁那年，武则天被迫退位。此后的七八年，国家经历了六次政变，五易皇位，帝后妃嫔、公主王孙、将相大臣，多有惨死。李隆基历经磨难，或韬光养晦，或合纵连横，或六亲不认，终于在713年掌握了大唐帝国全部的权力。

此时的李隆基，头脑很清醒，这从他任命姚崇为宰相之前，与之约定的十件事桩桩都得到应允就可以看得出来。这十件事涉及内政、军事、选官、用人、法制、纳谏以及限制外戚等诸多方面，无不切中时政要害。

通鉴识读

上尝临镜默然不乐，左右曰：『韩休为相，陛下殊瘦于旧，何不逐之！』上叹曰：『吾貌虽瘦，天下必肥。萧嵩奏事常顺指，既退，吾寝不安。韩休常力争，既退，吾寝乃安。吾用韩休，为社稷耳，非为身也。』

——《资治通鉴》卷二一三

李隆基本人也很注意克制自己的欲望，大力倡导节约，比如毁弃宫中的豪华设备、废除织锦坊的编制；又如约束宗室诸王、简省公主的封户。他反对铺张浪费，有一次，他发现一个卫士把吃剩下的饭倒掉后，差点将其处以极刑。

这个时候的玄宗也能听进不同意见。宰相韩休每事谏诤，有人对他说，你这样直言犯谏，陛下很辛苦。李隆基却说："吾貌虽瘦，国家必肥。吾用韩休，是为社稷着想。相反，如果像萧嵩那样专门顺着我的话，我就反而寝食不安了。"

总之，生于忧患之中的唐玄宗，在他的43年天子生涯中，创造了举世闻名的开元盛世。杜甫的《忆昔》描绘了当时的盛世景象："忆昔开元全盛日，小邑犹藏万家室。稻米流脂粟米白，公私仓廪具丰实。九州道路无豺狼，远行不劳吉日出。齐纨鲁缟车班班，男耕女桑不相失。”

开元时期，前来唐朝朝贡的蕃国有70余国，包括东亚的日本、朝鲜和东南亚诸国，以及中亚、西亚乃至地中海地区的部分国家。长安、扬州、广州等城市，云聚着从海、陆丝绸之路来华的胡商，他们成为沟通中外经济、文化与政治联系的重要渠道。这样一个开放的社会，使唐朝在国家风气上显得雍容大度，李白充满自信的诗句“天生我材必有用，千金散尽还复来”，就是那个时代人们精神面貌的真实写照。

二、危机暗藏

虽然开元之治表面光鲜亮丽，危机却早已潜伏了下来。

苏东坡《晁错论》写道：“天下之患，最不可为者，名为治平无事，而其实有不测之忧。坐观其变而不为之所，则恐至于不可救。”说的是面对危机，却不加以改变，这是不可救药的。不幸的是，李隆基被言中，开创盛世后的他逐渐变得进取志衰，丧失了忧患意识。

有人会问，如此一幅欣欣向荣的盛世图景，哪里有什么危机呢？怎么会有危机呢？就李隆基时期的情况看，主要是制度创新不足引起的失序问题。具体来讲，就是土地兼并之后引发的逃户和兵役问题没有得到很好的解决，由此引发的内外军事失衡问题，直接酿成了安史之乱。

唐朝实行严格的户口政策，规定户口不能随便异地移动，但社会经济的发展却在不断挑战这个刻板的政策。建国初期的贞观年间全国只有300多万户，到了开元年间，统计数字达到了700多万户，天宝末年更是涨到900多万户。翻了3倍，怎能还按老办法去管理呢？另外，许多农民离开故乡，到了新的地区开垦了新的土地，定居下来，建立了新的家园，政府不承认这些新移民，就无法从他们身上获得税收；若强行把他们赶回老家，不仅无法做到，而且还会引起社会动荡。

开元二十五年（737年），李隆基颁布了迄今最详尽的均田法令，严格限制地产转移。但满足于形式上的完备，罔顾现实中的社会变迁，不能在制度的创新中向前迈进一步，这是他最大的悲剧。虽然开元之治表面光鲜亮丽，危机却早已潜伏了下来。

再者，人口管理政策的变动，势必也对兵役制度产生重要影响，使其作出相应调整。唐初耕战相兼的兵役制度，不仅让国家节省了大量养兵费用、农民免除长年征战之苦，也解决了军阀拥兵自重的问题。可是，当商品经济的发展、人口的增殖和迁徙以及地产的频繁转移使老百姓无法固守丘园的时候，当边疆战争频繁，仍需要长期镇守的武装力量之时，这个制度就不合时宜了。

李隆基实行的职业兵制，使军队长期驻扎边疆，这一规定最适于那些不惯于农业生产的游牧民族，包括大量来自中亚地区的粟特等胡人。于是，天宝年间，在沿边设置的八大军区（节度使）中，总共驻屯了49万将士，其中多数统帅由胡族首领担任。尤其是安禄山，身兼范阳、河东、卢龙三镇的节度使，拥兵20万，成为唐朝立国以来最有势力的军将。反观京师，常年卫戍京师的军队只有8万人，不足边疆驻军数量的1/6。这种外重内轻的局面，是李隆基一朝安全的致命隐患。

三、侥幸其身

安史之乱的爆发是多方面原因造成的，但归根结底，还是李隆基用人不当，进取之志衰，谏诤之路绝，对于社会情势的变化穷于应付而了无创新。

737年底，李隆基的爱妃武惠妃突然去世，他深受打击。就在半年多之前，他刚刚废太子瑛为庶人，赐死了另外两个皇子，正要立武惠妃的儿子寿王李瑁为太子。这时候，他产生了犹疑，原因就是他觊觎着美貌的儿媳妇杨玉环。

杨玉环本来是李瑁的媳妇，如果立了李瑁为太子，那么再娶太子的媳妇，基本上没有可能。于是，玄宗暗中指使高力士之流出面安排，召杨玉环入宫为道士。两人的接触，距武惠妃之死不过半年到一年光景。

李隆基封杨玉环为贵妃，在宫中位比皇后。朝廷专门为贵妃服务的织绣之工就有700人；贵妃欲得荔枝，他便命岭南用快马传送，荔枝到达长安时，色味不变；他还在华清池专门为贵妃建造新的温泉浴场，年年携其来此度过浪漫的日日夜夜，甚至干脆在周围建造了许多办公楼以便就近办公。贵妃受宠，“一人得道，鸡犬升天”，杨家兄弟

通鉴识读

上精晓音律，以太常礼乐之司，不应典倡优杂伎；乃更置左右教坊以教俗乐，命右骁卫将军范及为之使。又选乐工数百人，自教法曲于梨园，谓之『皇帝梨园弟子』。

——《资治通鉴》卷二一一

姐妹皆列棨戟，朱紫盈庭。

当然，杨贵妃得宠，除了因为她天生丽质、善解人心，还因为她与唐玄宗李隆基有着共同的音乐爱好。著名的《霓裳羽衣曲》大型歌舞剧，就是由玄宗亲自改编、杨贵妃导演排练后搬上舞台的。柏拉图说：“理想的统治者应该是高度理智的哲人，而不是浪漫的诗人。因为后者的作用会激励、培育和加强心灵的低贱部分，就像在城邦中把政治权力交给坏人，让他去危害好人一样。”玄宗完全放纵了自己的欲望，把个人兴趣置于政事之上。白居易作《长恨歌》讥讽道：“骊宫高处入青云，仙乐风飘处处闻。欢歌慢舞凝丝竹，尽日君王看不足。”

通鉴识读

吏部侍郎李林甫，柔佞多狡数，深结宦官及妃嫔家，伺候上动静，无不知之，由是每奏对，常称旨，上悦之。

——《资治通鉴》卷二一四

慢慢地，李隆基越来越不耐烦那些给自己找麻烦的骨鲠之臣，而特别信任宰相李林甫。李林甫蹿红的秘诀就是运用一切手段，挖空心思讨李隆基的欢心，所谓善“伺人主意”“伺上动静”“动必称旨”。他阻止朝臣们讲真话，说：“你看这些仪仗队里的马匹，只要不说话就能享受上等食料，只要嘶鸣一声就被拉去教训。”在他之后，执掌政柄的是靠着妹妹杨贵妃的关系上位的杨国忠。此时，李隆基闭目塞听，“以为天下无复可忧”。高力士说如今危机四伏，怎能无忧？但无济于事。

安史之乱的爆发是多方面原因造成的，但归根结底，还是李隆基用人不当，进取之志衰，谏诤之路绝，对于社会情势的变化穷于应付而了无创新。

史学家胡三省于此评论说，唐明皇对危机心知肚明，只是“祸机将发，直付之无可奈何，侥幸其身之不及见而已”。专制帝王们这种自私的侥幸心理，真是国家民族的灾难。

圆满人生郭子仪

郭子仪（697—781），唐华州郑县（今陕西渭南华州）人，祖籍在今山西临汾。他的家庭从有记录算起，祖上六代人自北魏以来都是担任州县僚佐级别的官员，他的父亲郭敬之，曾先后任过五个州的刺史，去世时的官阶是中大夫，从四品下。郭敬之活到了78岁，可见郭子仪高寿有遗传因素。级别不高，连续做官，这说明什么？说明家风家教总体不错，不投机、走正道的人家才会如此。郭子仪有11个兄弟，他排行老三。父亲的官荫对他几乎没有太大的作用，他是通过武则天时期开创的武举考试入仕的，从军之后，在边疆打仗，凭借军功升迁至朔方节度使。

天宝十四载（755）十一月，安史之乱爆发。唐玄宗逃亡蜀地，太子李亨在灵武即位。郭子仪与李光弼率领军队支持新朝廷，被任命为宰相，并担任前线指挥司令，是平定安史之乱的主要统帅之一。

一、郭子仪的忠诚不二

国难当头，郭子仪以国家安危为首要考虑，

不以个人恩怨为转移，这种政治品质，是需要有家国情怀的。

郭子仪在战场上是毫不含糊的，他和李光弼一同击败叛军，护驾有功，所以在收复了洛阳后，肃宗跟他说，吾之家国由卿再造。

郭子仪的忠诚首先是在国家危难之时挺身而出。

安史之乱爆发后，朝廷起用郭子仪，率朔方军讨伐安禄山。郭子仪不负众望，收复静边军，斩杀叛将周万顷；又在河曲击败叛将高秀岩，收复云中、马邑，开通东陉关，因功加封御史大夫。

天宝十五载（756年），叛军攻破常山郡，占领河北全境。这时，李光弼自太原东进攻打常山，攻克了常山。郭子仪率军出井陉关，与李光弼一同击破史思明数万军队。

郭子仪返回常山，史思明又集结数万兵马尾随其后。郭子仪选出精兵出去迎战。三天后，敌军退去，郭子仪乘敌军疲惫之机，又在沙河击破敌军，随后前往常阳驻守。安禄山添加兵力增援史思明。郭子仪说："敌人仗着增加了兵力，必定轻视我；轻视我，他们内心就不坚定，我们一战就能攻克敌军。"唐军与叛军交战中，郭子仪冲锋陷阵，斩杀了一名敌方步将，将士们见了都振奋无比，殊死战斗，于是击破敌军，斩首两千级，俘虏五百人。

郭子仪白天带兵征战，晚上捣毁敌方堡垒，敌军都得不到休息，士气衰弱。河北各郡县也都斩杀叛军守将，迎接朝廷军队。就在郭子仪想要北征范阳的时候，哥舒翰在潼关战败，唐玄宗入蜀，太子李亨在灵武登基，下诏军队班师。

唐肃宗至德元载（756年）八月，郭子仪赶到灵武，唐肃宗任命郭子仪为兵部尚书、同中书门下平章事（宰相），仍兼朔方节度使。

郭子仪认为河东十分重要，它东下可取洛阳，西上可取长安。于是就派人潜入河东以做内应。至德二载（757年），郭子仪率军逼近河东，在内应的配合下，他的部队歼敌近千人，迫使叛军将领慌忙逃窜，郭子仪乘胜追击，斩敌四千，俘敌五千，一举攻下了河东。唐肃宗大喜，便从灵武来到了凤翔，封郭子仪为天下兵马副元帅（太子挂名元帅）指挥大军继续征讨。同年九月，郭子仪率15万大军与10万叛军相持于长安。在这一年，叛军发生内讧，安禄山被手下人所杀。乘此时机，唐军大举进攻。郭子仪随广平王李豫率蕃（外族部队）、汉军队15万人去收复长安。唐朝还请求回纥支援，回纥派了4000骑兵参加战斗。双方于长安的香积寺之北决战，战斗异常激烈，激战之后，叛军全线崩溃，唐军收复了长安。

郭子仪不仅会打仗，而且很有政治智慧。收复两京后，郭子仪、李光弼有大军功，但唐肃宗现在最忌惮的就是有军功的人，就是这些统帅级的军将，他怕再出一个安禄山，所以就重用宦官，用宦官来牵制这些有功的将士。早在克平两京之前，唐肃宗就跟身边的谋臣李泌讲，如今郭子仪、李光弼都已经是宰相了，如果将来收复了两京，平定了四海，就没官可赏了，怎么办？疑忌之心溢于言表。

肃宗、代宗时期，郭子仪多次被剥夺兵权。乾元二年（759年），九节度使围史思明于相州，朝廷不信任郭子仪等人，不任命总指挥，让宦官鱼朝恩以总监军的名义（观军

通鉴识读

郭子仪等将兵五万自河北至灵武，灵武军威始盛，人有兴复之望矣。八月，壬午朔，以子仪为武部尚书、灵武长史，以李光弼为户部尚书、北都留守，并同平章事，余如故。光弼以景城、河间兵五千赴太原。

——《资治通鉴》卷二一八

容使）指挥作战，最后大败而归。这年七月，鱼朝恩借此在皇帝面前说郭子仪的坏话，郭子仪被召还京师，以李光弼代为朔方节度使、兵马元师。士卒哭泣着拦住朝廷敕使，不让郭子仪离开。郭子仪骗他们说，我给朝廷使节饯行呢，不会离开的。将士们一放行，他立即策马离去。与郭子仪不同，唐朝很多军将会利用兵士的拥戴，策动士兵闹事，以便保全固位。

郭子仪的忠诚还体现在绝不搞政治投机。广德元年（763年），吐蕃入侵，代宗出逃陕州，郭子仪受命以副元帅辅佐太子李适出镇咸阳。其时人心惶惶，禁军四散而逃，百官各谋去就，有人拥立丰王李珙（玄宗之子、肃宗之弟），投靠吐蕃的势力。正好碰到郭子仪，说："将军您是元帅，掌握兵权，只要一句话就可以决定谁是皇帝。"郭子仪不答话。丰王李珙也出来说："将军您何不说话？"郭子仪愤怒地责备了这一帮想趁国难篡位的无耻之徒，用军队把他们押送到代宗行在（皇帝离开首都所在之处，叫做行在）。

丰王李珙的拥立者想策反郭子仪，支持他们拥立新皇帝，无疑是因为他们知道郭子仪曾经多次被剥夺兵权、置于散地，以为他心怀怨恨。宝应元年（762年），肃宗去世，他被从战场上撤下来，安排当治丧委员会主任（山陵使）。这一次由于代宗被赶出长安，郭子仪又被起用去抵抗吐蕃。但是，他们低估了郭子仪的忠诚。

三番五次被罢黜却不委屈而怨恨朝廷，这一点与胡人出身的元帅，比如仆固怀恩、李怀光形成明显的反差。这两个人受到宦官的恶气，对朝廷不满，就反过来作乱。即使是李光弼，也难免在委屈的时候，会有一些自己的考虑。国难当头，郭子仪以国家安危为首要考虑，不以个人恩怨为转移，这种政治品质，是需要有家国情怀的，也就是说，在非常时期，国家的安危比个人的得失更重要。

代宗大历初年，有人挖了郭子仪家祖坟，至于是谁挖的尚不得知，有可能是那些宦官唆使干的，比如鱼朝恩之流，他是代表皇上来监督这些军将的。郭子仪重兵在握，大家都很担忧他会不会因此做出激烈的报复行为。郭子仪却说：“我平常管兵不严，难免有伤人家祖坟的事，人家以此来报复我，这是自然的。”这种厚道，其实也是出于对于国家的忠诚。

二、郭子仪的恩威并施

郭子仪宽厚待人，善于团结人，善于处理复杂的人事关系。

《新唐书·郭子仪传》评价郭子仪“事上诚，御下恕”。什么叫事上诚呢？郭子仪经常被宦官谗毁，打了胜仗然后就被剥夺兵权，郭子仪却处之泰然。唐王朝战事搞不定后，又派郭子仪到前线去打仗，打胜仗后又把他兵权夺取。郭子仪从来不怨恨。那么什么是“御下恕”呢？就是说他宽厚待人，善于团结人，善于处理复杂的人事关系。

郭子仪身边的许多同事，同僚李光弼、仆固怀恩，朝官元载、卢杞，宦官程元振、鱼朝恩等，都不是省油的灯。郭子仪都能以宽恕之道待之。鱼朝恩想缓解与郭子仪的关系，请郭子仪到章敬寺见个面。宰相元载与鱼朝恩有过节，

十二月，庚辰，盗发郭子仪父冢，捕之，不获。人以为鱼朝恩素恶子仪，疑其使之。子仪自奉天入朝，朝廷忧其为变；子仪见上，上语及之，子仪流涕曰：『臣久将兵，不能禁暴，军士多发人冢，今日及此，乃天谴，非人事也。』朝廷乃安。

——《资治通鉴》卷二二四

托人告诉郭子仪，鱼朝恩没有安好心，要防着点，最好不要去。大约是怕郭、鱼二人关系密切，不利于他对付鱼朝恩。郭子仪很坦然。他只是带了几个随从就去了。有人建议他多带几个卫兵，他说，我是国家大臣，鱼朝恩没有皇帝的意思能把我怎么样？如果国家认为我有罪，我带多少卫士也没有用。对于他的坦荡荡，据说鱼朝恩感激涕零。

通鉴识读

御史中丞卢杞，奕之子也，貌丑，色如蓝，有口辩；上悦之，丁未，擢为大夫，领京畿观察使。郭子仪每见宾客，姬妾不离侧。杞尝往问疾，子仪悉屏侍妾，独隐几待之。或问其故，子仪曰：『杞貌陋而心险，妇人辈见之必笑，他日杞得志，吾族无类矣！

——《资治通鉴》卷二二六

御史中丞卢杞长相很丑，脸是蓝颜色的，可是能说会道，深受德宗皇帝喜爱，被擢为御史大夫，将来是大有机会当宰相的。郭子仪每次见宾客时都是姬妾不离侧，但当卢杞来看望时，他却让左右统统藏起来，不要姬妾在身边，“独隐几待之”，也就是一个人坐在桌边等待卢杞的到来。事后有人就问，老元帅这是什么意思，为什么平常都不让我们走，现在却把我们支开呢？郭子仪说，卢杞这个人相貌很丑陋，内心也很凶险，你们女人见了他的样子肯定发笑，他要觉得受了讥笑，得志以后，我这个家族就完了。后来证明郭子仪真是懂得人心，卢杞果然做了宰相，对很多人都很残忍，唯独对郭子仪家族没有加害。

郭子仪不仅宅心仁厚，而且处事有智。仁厚并不等于不讲军规。郭子仪朔方军主管军纪的都虞侯，处置了犯规的军官，是郭子仪妇人奶妈的孩子，从小与郭子仪的儿子们关系密切。儿子们前来求情。郭子仪很气愤，不仅断然拒绝，而且宣告众人说，这些孩子完全不懂规矩，不明是非。

762年初，朔方等诸道行营都统李国贞由于治军严苛，引起将士不满，有一个叫王元振的军官，利用士兵的不满情绪发动叛乱，杀了李国贞。这时候正值玄宗、肃宗相继晏驾，四月代宗刚登基的非常时期，朝廷特别想息事宁人，就派朔方军的老领导郭子仪去绛州（今山西新绛）处理兵变之事。王元振知道自己的老领导郭子仪为人宽厚，幻想郭子仪会奖赏他，毕竟李国贞治军也有过失。但是，他想错了，郭子仪说：“大敌当前，在前线杀害主将，如果敌军趁机进攻，岂不是要丢掉绛州吗？我身为朝廷宰相，怎么能徇私情！”于是将王元振等带头闹事的四十人全部处死，对河东地区的骄兵起到了震慑作用。

三、郭子仪的治家有方

郭子仪当时在朝在野，都大受肯定，而且高寿八十五岁，儿孙满堂，生活也奢侈，可以说福禄寿三全。

关于郭子仪治家，有一个家喻户晓的故事，那就是所谓“郭暧打金枝”，“金枝”指的是郭暧的夫人昇平公主。

昇平公主是代宗皇帝的掌上明珠，嫁给郭子仪的儿子郭暧。结婚以后，小俩口难免会吵架。有一次郭暧放出狠话：“你就仗着你父亲是天子，我父亲可是连天子都不稀罕做！”公主听了特别生气，马上坐车回到宫中去，向父亲告状：“我丈夫说他父亲连天子都不想做，您看这不是叛逆之罪吗？”没想到代宗却说：“这个你就不知道了，郭子仪如果真想当天子，天下还能是李家的吗？你赶紧回去，不要跑到娘家来。”

郭子仪听说后极为震惊，想不到自己一生这么谨慎，儿子竟然说出这番话，于是把儿子郭暧关起来，入朝请罪。

通鉴识读

郭暧尝与昇平公主争言，暧曰：『汝倚乃父为天子邪？我父薄天子不为！』公主恚，奔车奏之。上曰：『此非汝所知。彼诚如是，使彼欲为天子，天下岂汝家所有邪！』慰谕令归。子仪闻之，囚暧，入待罪。上曰：『鄙谚有之：「不痴不聋，不作家翁。」儿女子闺房之言，何足听也！』子仪归，杖暧数十。

——《资治通鉴》卷二二四

代宗皇帝安慰他："俗话说不痴不聋不作家翁，儿女闺房之言，哪能当真啊。"郭子仪回去之后，为了表示惩处，就杖郭暧数十。这件事由于有戏剧性，被后世很多戏曲演绎。其实，郭暧夫妇此后一直很守规矩，遵守谦卑谨慎的家法门风。郭暧的墓志说："履高则近危，持满则易覆。奋于行则招毁，洁于白则受污。"意思是，越是位高势盛，越要谦卑，要"乾乾夕惕，以自诫饬"，免于犯错。

大历十三年（778年），鉴于关中河渠上私家谷物加工的碾硙截断了水流，妨碍农田灌溉，影响百姓的农业生产，代宗下诏摧毁白渠支流上的私人设施，有关部门不敢拆毁郭家的私碾，昇平公主还特地找父亲说情。代宗训斥了公主："难道你不知道我的这道诏命是为了百姓生计吗？你不仅要拆，而且要带头拆！"郭家当天就拆毁了私碾，由此引起豪门势家纷纷仿效，共拆毁了八十余座碾硙。

郭暧与昇平公主之女，嫁给宪宗为元妃，于穆宗为皇太后。敬宗、文宗、武宗都是她的孙子，她是三朝太皇太后。穆宗死时不到30岁，敬宗即位时只有15岁，有献媚者提请郭太后临朝称制，郭太后警觉地说："你们要我学武氏吗？如今太子虽幼，可选有德望的大臣辅佐，我怎么能干政呢？"从传统社会的政治道德来说，郭太后的这种态度是非常值得称赞的，也反映了郭氏的家法门风。

总之，由于郭子仪有能力，有功绩，而且还能宽恕待人，严以律己，所以他在满朝文武中威望很高，不仅朝廷上下尊重他，就连安史之乱中的叛将也尊重他。安史之乱平定后，安禄山的旧部大多投降，朝廷在河北一带设了好几个节度使。其中魏博节度使田承嗣，原是安禄山的大将，蛮横跋扈。据《旧唐书·郭子仪传》记载，郭子仪派使者前去魏州，田承嗣听说是郭子仪派来的人，十分恭敬，跪倒在地，向郭子仪所在的方向遥拜，并指着膝盖对使者说，我这双腿不对人下拜也有好多年了，如今郭公值得我拜。有贼匪在运河叛乱，大肆抢掠公私财务，只有郭子仪的财务他们不但不去抢，还派人护送出境。所以郭子仪当时在朝在野，都大受肯定，而且高寿八十五岁，儿孙满堂，生活也奢侈，可以说福禄寿三全。

通鉴识读

子仪为上将，拥强兵，程元振、鱼朝恩谗毁百端，诏书一纸征之，无不即日就道，由是谗谤不行。尝遣使至田承嗣所，承嗣西望拜之曰：『此膝不屈于人若干年矣！』李灵曜据汴州作乱，公私物过汴者皆留之，惟子仪物不敢近，遣兵卫送出境。……天下以其身为安危殆三十年，功盖天下而主不疑，位极人臣而众不疾，穷奢极欲而人不非之，年八十五而终。其将佐至大官，为名臣者甚众。

——《资治通鉴》卷二二七

奇士李泌

李泌是很有智慧的人，他能在非常复杂的政治环境下，既做成国家大事，还保全自身性命。他从小红到老，活得洒脱，处于政治敏感的漩涡中，不但能明哲保身，而且能成就事功。

一、年少成名

李泌七岁能文，幼时就已粗通老庄学说，有神童的美誉。

通鉴识读

初，京兆李泌，幼以才敏著闻，玄宗使与忠王游。忠王为太子，泌已长，上书言事。玄宗欲官之，不可；使与太子为布衣交，太子常谓之先生。

——《资治通鉴》卷二一八

李泌（722—789）是京兆人，祖籍辽东郡襄平县（今辽宁辽阳），出身辽东李氏，是南北朝时期北周太师李弼之六世孙。

李泌七岁能文，幼时就已粗通老庄学说，有神童的美誉。当时唐玄宗听说后，专门提出要考考他，以辨真伪。开元十六年（728年），李泌受到唐玄宗的召见。他入宫时，唐玄宗正与宰相张说下棋，张说就以“方圆动静”作为题目来考李泌。怕李泌年纪太小，张说还亲自作了示范，说："方若棋局，圆若棋子，动若棋生，静若棋死。"没想到李泌立即回答："方若行义，圆若用智，动若骋材，静若得意。"相较于张说形象的比方，李泌的对答抽象得多，蕴含了丰富的人生哲理，两相比较，高下立现。果然，张说听后大喜，祝贺玄宗得到了一位神童。玄宗也非常高兴，连忙叮嘱要好生培养李泌。

宰相张九龄特别喜爱李泌，常常把他请到卧室内交谈。张九龄与大臣严挺之、萧诚交好，严挺之厌恶萧诚的谄媚，劝张九龄谢绝与萧诚来往。张九龄解释说："严挺之太刻板刚直，而萧诚柔美可喜。"正要命令左右的人唤来萧诚，在他身旁的李泌马上说道："您以布衣入仕，又因正直位至宰相，却喜欢柔美的人吗？"张九龄听后，非常惊讶，急忙正了脸色认错，并称李泌为"小友"。

天宝十载（751年），李泌向玄宗献上《复明堂九鼎议》。玄宗想起李泌的"早惠"，于是召他入朝讲授《老子》。之后，因为李泌讲解有法，玄宗命他待诏翰林，供奉东宫。按照这个趋势，等到唐玄宗驾崩，太子登基，李泌是当然的朝中重臣。然而，因为李泌曾经写诗讥诮宠臣杨国忠、安禄山等，杨国忠于是诬称他曾写《感遇诗》讽刺朝政，结果李泌被送往蕲春郡安置。这件事之后，李泌脱离了官府，"乃潜遁名山，以习隐自适"。

二、权逾宰相

李泌仅以白衣山人的身份处理政务，而发往各地调兵遣将的公文，几乎全部出自他的手笔，史称“权逾宰相”。

通鉴识读

建宁王倓，性英果，有才略……上欲以倓为天下兵马元帅，使统诸将东征，李泌曰：『建宁诚元帅才；然广平，兄也。若建宁功成，岂可使广平为吴太伯乎！』上曰：『广平，冢嗣也，何必以元帅为重！』泌曰：『广平未正位东宫。今天下艰难，众心所属，在于元帅。若建宁大功既成，陛下虽欲不以为储副，同立功者其肯已乎！太宗、上皇，即其事也。』上乃以广平王俶为天下兵马元帅，诸将皆以属焉。倓闻之，谢泌曰：『此固倓之心也！』。

——《资治通鉴》卷二一八

安史之乱爆发后，玄宗仓皇出走，太子李亨在灵武即位，是为唐肃宗。肃宗即位后，派人四处寻找李泌，恰好李泌也到了灵武。肃宗大喜，出则联辔，寝则对榻，就像儿时那样，事无大小都向他咨询，言无不从。肃宗要以李泌为宰相，但是李泌坚决推辞，说陛下您把我当朋友对待，我就已经比宰相还尊贵了，何必一定要我委屈自己的意志呢！最后，李泌仅以白衣山人的身份处理政务，而发往各地调兵遣将的公文，几乎全部出自他的手笔，史称“权逾宰相”。

李泌是一个非常具有政治智慧的人。当时军中商议立元帅，肃宗属意于自己的小儿子建宁王李倓，李泌劝说道：“建宁王确实有元帅之才，但是广平王李俶是老大，您这么做，如果建宁王功成，您能让广平王让位吗？”肃宗说：“广平王已被立为太子，何必需要做元帅呢？”李泌解释道：“假使元帅立功，陛下不使他做君位的继承人，能行吗？太子随从时是抚军，驻守时是监国，如今元帅就是抚军。”这下肃宗明白了，于是以广平王李俶为天下兵马大元帅。李倓知道这件事后，专门向李泌道谢：“此固倓之心也。”明眼人都知道元帅有实权，太子还没正名，两者矛盾非常容易造成政权分裂，当初李建成、李世民就是这样。不过，这种话一般外人很难讲，因为涉嫌离间人骨肉。但是这些话，经过李泌之口，结果李俶、李倓兄弟俩，老大开心，老二不但不生气，还向李泌致谢，足见李泌的智慧之处。

其实，李泌在很多事上，都表现得非常精明。李泌与肃宗一起商议朝政，肃宗让他当元帅府行军长史。这是一个没有级别的职务，但是相当于战时司令部参谋长一职。李泌与肃宗约定好，平定安史之乱后他就回山隐居去。这个约定可能出自李泌不慕荣华的真心，但也具有自我保护的功效，使李泌敢讲一些掏心窝子的话而不被猜忌。比如，李泌曾跟皇上讲，诸将向您报告情况，可能因为害怕而不能完全讲清楚，万一出个差池那危害可就大了。如果先让他们向我报告，我跟兵马大元帅广平王商量以后，再从容地向您报告，您觉得行就行，不行就不行。这相当于把皇上架空了，一般人根本不敢提，而李泌就能理直气壮地讲出来，还不被怀疑用心。

收复两京以后，肃宗打报告请父亲玄宗回来，自己让位去当东宫太子。李泌知道后说，上皇不会回来的，您让位给他当天子，但天下的大将愿意吗？您不如让大臣们另写一个奏章，就说天子思恋晨昏，请太上皇回到京师来孝养。果然，玄宗接到第一个奏章以后，拒绝回去，要求把剑南道的赋税作为养老资本；接到第二个奏章后才答应回京做太上皇。因为玄宗知道，即使儿子真心让位，那些功臣也不会愿意，结果很可能引发另一场动乱。

通鉴识读

上以骏马召李泌于长安。既至，上曰：『朕已表请上皇东归，朕当还东宫复修臣子之职。』泌曰：『表可追乎？』上曰：『已远矣。』泌曰：『上皇不来矣。』上惊，问故。泌曰：『理势自然』。上曰：『为之奈何？』泌曰：『今请更为群臣贺表，言自马嵬请留，灵武劝进，及今成功，圣上思恋晨昏，请速还京以就孝养之意，则可矣。』上即使泌草表。上读之，泣曰：『朕始以至诚愿归万机。今闻先生之言，乃寤其失。』

——《资治通鉴》卷二二〇

三、巧妙斡旋

李泌以自己的智慧，巧妙化解了统治集团内部的矛盾。

世事洞明皆学问，李泌善于洞察各种关系和政治人物的心理，多次协调统治集团内部矛盾。如果没有他，唐肃宗父子、唐德宗父子之间不知道要起多少争端，不知道要产生多少次“玄武门之变”。

在平乱的过程中，唐肃宗想立太子。他认为广平王当元帅一年多了，就想现在立广平王为太子，然后任命建宁王专门管军队。李泌劝说：“臣固尝言之矣！现在是战争时期，要封皇后、立太子应该等上皇回来。这一定是有人要离间我和广平王的关系，因为他们知道，我会反对您现在立太子。我自己跟广平王说，我想他也不会出来当这个太子。”李泌真的出去把这件事告诉了广平王李俶，李俶说：“先生深知我心！”然后他就向父皇固辞，说：“现在还没把我爷爷接回来，父皇您还没有晨昏定省，我怎么能当储君呢，还是等上皇回来吧。”

唐肃宗有一个老婆张良娣，是“亲上加亲”的关系。玄宗皇帝的生母早亡，是姨妈把他带大，这个张良娣就是玄宗姨妈的孙女。玄宗对这个姨妈，就当亲生母亲一样，所以才把姨妈的孙女嫁给自己的儿子。可是张良娣不是一个很贤惠的人，她爱慕虚荣而且喜好揽权，跟宦官李辅国互相勾结，打压李倓。李倓也知道张良娣讨厌他，就想除掉这两个人。因为李泌曾一再阻拦张良娣当皇后、阻拦她用七宝鞍，所以李倓说要为李泌除掉张良娣。李泌告诫他说，这不是你当人子可说的，她是你后妈，你千万不要动手，做出莽撞的事。

但是，李倓不听。他多次在肃宗面前说李辅国和张良娣的事。张良娣就向肃宗进谗言，说李倓恨不得当元帅，

通鉴识读

李辅国本飞龙小儿，粗闲书计，给事太子宫，上委信之。辅国外恭谨寡言而内狡险，见张良娣有宠，阴附会之，与相表里。建宁王倓数于上前诋讦二人罪恶，二人谮之于上曰：『倓恨不得为元帅，谋害广平王。』上怒，赐倓死。于是广平王俶及李泌皆内惧。俶谋去辅国及良娣，泌曰：『不可，王不见建宁之祸乎？』俶曰：『窃为先生忧之。』泌曰：『泌与主上有约矣。俟平京师，则去还山，庶免于患。』俶曰：『先生去，则俶愈危矣。』泌曰：『王但尽人子之孝，良娣妇人，王委曲顺之，亦何能为！』

——《资治通鉴》卷二一九

谋害广平王。肃宗听后勃然大怒，把李倓赐死了。

其实当初在从马嵬驿北上灵武的过程中，李倓带着军队前后护卫，尽孝尽职，看见肃宗没吃上饭都很难过，现在却一下子就被赐死了，以致广平王李俶害怕了。李泌让广平王安心稳住，不要惊慌，劝说道："良娣是个妇人，你只要对皇帝尽孝，对她这个后妈委曲顺之，她不能做出什么事的。"所以李俶，也就是后来的代宗，比他弟弟做事要委婉一些。

诸如此事还有很多，总之，李泌以自己的智慧，巧妙化解了统治集团内部的矛盾。《资治通鉴》对此反复记载，可能正是李泌注重人伦、顾全大局的行为，与司马光自己的价值观契合，司马光想要将之传于后世。

两京收复后，平叛大局已定，李泌坚决辞去，归山隐居了。后来在代宗和德宗时期，李泌曾出来做官，还做到宰相。但是最终李泌还是选择了远离朝堂。

唐德宗改革始末

唐德宗李适（742—805）是唐代宗的长子，他的整个少年时代是在大唐繁荣昌盛时期度过的。安史之乱发生后，14岁的德宗和其他皇室成员一同饱尝了战乱之苦，他对国家积弊有着刻骨铭心的感触。即位后，德宗怀着图强复兴的雄心，着手推行一系列改革。然而，经过泾原兵变，德宗失去了最初的勇气与信心。

一、德宗即位

他在位前期，以强明自任，善用文武百官，严禁宦官干政，颇有一番中兴气象。

大历十四年（779年）五月，代宗病逝于长安宫中。德宗李适即位。此时，德宗38岁，正处于年富力强、可以大有作为的年纪。他本人也极想有一番作为，即位后便开始推行一系列改革，整治积弊。

德宗首先要解决朔方军过大的问题。平定安史之乱，朔方军的功劳最大。朔方军的首脑是郭子仪，他当时任中书令兼副元帅，还管着一些盐池、水运等财经使职，权任既重，功名也大，但他性宽大，政令不肃。让郭子仪兼任宰相，是为了酬功而尊宠其位；兼任财经使职，则与当时的军费开支制度有关。中央无法统一调拨各个藩镇的军费，于是就给他们一些征税的权限。

肃宗、代宗时期，还没有厘清战时体制下的财政安排。德宗继位，以全面整顿赋税的两税法为龙头，要对全国的军事体制和财政体系进行整顿，郭子仪的军队自然也在整顿之列。于是，德宗尊子仪为尚父（尚父是很尊崇的称号），加太尉兼中书令，增实封两千户，还赏赐了大量的财物，但是把副元帅等职务去掉了，并且把郭子仪管的军区一分为三，由他部下的将领分领其任。

德宗继位后，还着手治理的一个弊病，就是宦官问题。李适的父亲代宗，因为是由宦官拥立，所以对宦官很是优宠，特别是派往各地出使的宦官，任由其公开索贿、大肆搜刮。李适为皇太子时，就很清楚其中的弊端，所以他即位伊始，就下决心加以整治。他杀一儆百，把一个索要礼品的宦官严肃处理，于是，其他出使在外的宦官收到礼物都不敢要了。德宗还进一步剥夺宦官掌控的神策军兵权。神策军是当时一支重要的禁军，它本来是一支规模不大的边军，参加平定安史叛乱期间，由宦官鱼朝恩统领，并被改编扩建成为一支数万人的禁卫部队，此时由宦官王驾鹤掌握。德宗下令朝官白琇珪担任神策军的大将军，代替王驾鹤。

针对之前杂乱的赋税，德宗采纳宰相杨炎的建议，推行两税法。两税法就是把过去均田制下按人头征税变成更

通鉴识读

代宗优宠宦官，奉使四方者，不禁其求取。尝遣中使赐妃族，还，问所得颇少，代宗不悦，以为轻我命。妃惧，遽以私物偿之。由是中使公求赂遗，无所忌惮……上素知其弊。遣中使邵光超赐李希烈旌节；希烈赠之仆、马及缣七百匹，黄茗二百斤。上闻之，怒，杖光超六十而流之。于是中使之未归者，皆潜弃所得于山谷，虽与之，莫敢受。

——《资治通鉴》卷二二五

多地按财产征税，每年两次征收地税和户税。这反映了一种新的财产关系的变化，是一个进步。两税法后来一直实行，影响了明朝的一条鞭法，乃至清朝的摊丁入亩。

此外，德宗还大力整顿财政、国库制度以及官员腐败问题。他在位前期，以强明自任，善用文武百官，严禁宦官干政，颇有一番中兴气象。

二、削藩整治

中央政府的实力分为硬实力和软实力两个方面。硬实力就是军事实力和财政实力；软实力来自中央政府的合法性并且得到认可。

德宗初年的改革，还有一个重要主题，就是重新整顿各地藩镇。

安史之乱以后，唐朝出现了藩镇问题。当初为了平定安史之乱，唐朝组织全国军力进行讨伐，并且赋予军队很大的自主权力，以致逐渐成为新的藩镇。广德元年（763年），安史之乱以史朝义自缢、其党羽纷纷投降唐朝而告结束。但朝廷无力彻底消灭这些势力，便以赏功为名，授以节度使称号，由其分统原安史所占之地。为了防范这些河北藩镇，唐朝在中原又建立了很多藩镇。同时，因为边疆形势也很严峻，边疆原有的藩镇还不能裁撤。这样就形成了藩镇割据的局面。

就这样，德宗想要整顿藩镇，就必须理顺属于安史之乱余孽、名义上服从朝廷实则独立行事的河北藩镇，用于防备吐蕃、军队成分复杂的都城地区藩镇，以及为了保护漕运畅通、阻遏河北藩镇南下的中原地区藩镇，这三个方面的藩镇关系。

那么，德宗到底有什么实力，能够保证他对内可以搞定这些藩镇势力呢？中央政府的实力分为硬实力和软实力两个方面。硬实力就是军事实力和财政实力；软实力来自中央政府的合法性并且得到认可。而任命和罢免节度使、汲取地方赋税以供中央政府调用，是中央政府软硬实力得以实施的表现。所以，德宗的强硬首先在这些方面表现出来。

大历十四年（779年）五月，德宗即位的当月，就从肢解朔方军入手，整顿京西京北的军队。具体做法是，将朔方军一分为三，改设邠宁节度使、灵盐节度使、振武节度使。年过八旬的郭子仪爽快地接受了安排，但是，朔方军发生了内讧。

邠宁节度使李怀光取代郭子仪任朔方邠宁节度使（朔方军番号加在邠宁节度使头上），朔方军内部有五位将领名望素高，表示不服，李怀光在监军翟文秀（代表朝廷监察军政）的支持下，把他们都诛杀了。朝廷对这件事并没有追究，这引起其他军队的不满和恐惧。建中元年（780年），当朝廷派李怀光兼任泾原节度使之时，受到士兵抵制，留后刘文喜利用士兵的情绪对抗中央的调动命令，拒不受代。因为邠宁节度使、灵盐节度使、鄜坊节度使、振武节度使，都属于朔方军系统，可是，泾原节度使却是安西、北庭行营军改组而成，现在朔方军系统的李怀光兼统泾原军，四镇、北庭留后刘文喜自然拒绝接受命令。德宗做出妥协，任命朱泚兼四镇、北庭行军、泾原节度使，取代李怀光。刘文喜不受诏，要求朝廷任命自己为节帅。德宗派李怀光、朱泚前去讨伐，六月，刘文喜被内部将士所杀。这件事对于其他藩镇来说是一个很大的震动。

真正考验德宗削藩政策的是河北藩镇。建中元年初，朝廷派遣黜陟使到各地落实两税法。两税法是中央对地方财政收支制度的规范行为，即按照地方实际开支确定财政留成比例。地方开支最大的一笔就是军费，于是，确定地方兵额就成为实行两税法的第一道难题。魏博节度使田悦采取阳奉阴违的态度，表面上裁撤军队，按照新定兵额计算赋税分成，但是，实际上被裁撤兵员都被他私下养护起来。虽然，史书上没有记载其他藩镇在推行两税法之时碰到的情况，但像这样阳奉阴违的情况应该很多。

三、泾原兵变

德宗施政风格的巨大改变与反差，一方面反映了这位自幼生于安逸，后又饱经离乱的壮年天子的脆弱，另一方面也反映出大唐这个时期所处的政治困境的艰难。

德宗对父皇代宗怀柔藩镇的姑息政策不满，一心要改变藩镇节度使父死子继、朝廷被迫承认的政策。建中二年（781年）正月，成德节度使李宝臣卒，其子李惟岳要求代父继位，德宗坚决拒绝，说："这些贼人本来没有资本来割据，就靠我的土地、假我的位号聚众作乱，我给他们爵命会作乱，不给他们也会作乱。"

德宗抑制藩镇势力的举措，让魏博田悦、成德李惟岳以及淄青节度使李正己、山南东道节度使梁崇义感受到威胁，都在做反叛的准备。七月，淄青节度使李正己死，他的儿子李纳也请求袭父位，德宗依然不许，同时，朝廷调兵布将，加强东方前线防守。在这种情况下，李纳就与魏博田悦、成德李惟岳联合反叛。

对此，德宗也不能不兴师动众，他差遣幽州留守朱滔、淮西节度使李希烈等平乱。平叛战争还算顺遂，但是在最后关键时刻出了岔子。德宗在封赏时，没有顾及到平叛将领的需求，他们认为封赏不公，马上就撂挑子，转而伙同叛军入攻唐军，形势急转直下。后来，朱滔、田悦、王武俊、李纳、李希烈五节度使前后称王，兵变越演越烈。

建中四年（783年），德宗命令李勉、哥舒曜前去镇压李希烈。本想着能一次性歼灭李希烈领导的叛军，但没想到朝廷派去的这两员大将都吃了败仗。于是唐德宗重新调整了带兵将帅，并命令泾原节度使姚令言带5000士兵前去支援。

姚令言率领泾原兵路过长安，但将士们又累又饿，朝廷赏赐稀薄，士兵认为饭菜粗劣，于是扬言，我们肚子吃不饱，怎么能去前线去打仗呢？听说国库里有的是钱，他们便发动了叛乱。这就是唐朝历史上有名的泾原兵变。

德宗见状，立即率领妃嫔和皇子皇孙逃往奉天，重演了当年安史之乱唐玄宗出逃的一幕。朱泚被叛军推举为首领，自称秦帝，率叛军攻打奉天。朝廷急招在河北平叛的朔方节度使李怀光、神策行营节度使李晟来救。这期间，唐德宗下了一个罪己诏，言辞诚恳，否认了本身以前为增

初，宝臣与李正己、田承嗣、梁崇义相结，期以土地传之子孙。故承嗣之死，宝臣力为之请于朝，使以节授田悦；代宗从之。悦初袭位，事朝廷礼甚恭，河东节度使马燧表其必反，请先为备。至是悦屡为惟岳请继袭，上欲革前弊，不许。或谏曰：『惟岳已据父业，不因而命之，必为乱。』上曰：『贼本无资以为乱，皆藉我土地，假我位号，以聚其众耳。曏日因其所欲而命之多矣，而乱日益滋。是爵命不足以已乱而适足以长乱也。然则惟岳必为乱，命与不命等耳。』

——《资治通鉴》卷二二六

上发泾原诸道兵救襄城。冬，十月，丙午，泾原节度使姚令言将兵五千至京师。军士冒雨，寒甚，多携子弟而来，冀得厚赐遗其家，既至，一无所赐。丁未，发至浐水，诏京兆尹王翃犒师，惟粝食菜馅。众怒，蹴而覆之，因扬言曰：『吾辈将死于敌，而食且不饱，安能以微命拒白刃邪！闻琼林、大盈二库，金帛盈溢，不如相与取之。』乃擐甲张旗鼓噪，还趣京城。

——《资治通鉴》卷二二八

强中央集权所做的一切努力，还赦宥了在黄河一带为乱的李希烈、田悦、王武俊、李纳之罪。

兴元元年（784年）五月，唐神策军将李晟等收复长安，德宗于七月返回。朱泚被部下所杀，李怀光后来兵败自缢。在河北方面，朱滔病死。朝廷赦免了叛乱藩镇，一切不问，归于息事宁人。

德宗后来还在位二十年，但经此一乱，德宗的施政风格发生了巨大变化。他开始一心聚敛财富，号召地方进奉财物，还派中使直接向各个衙门索取财物；更加重用宦官，猜忌大臣，拒谏饰非，刚愎自用，频繁换宰相，刚开始继位时的那种鼓舞人心的新气象都没有了，刚继位时力主削藩的勇气也烟消云散，现在只是一味姑息藩镇。

不过，德宗二十年的姑息之政，也带来了一些积极的变化，主要表现在两个方面：第一个方面是由于新税制两税法的实施，中央财政稳定了；第二个方面是禁军神策军的扩充和强化，使中央军事势力强大起来了。在唐德宗晚年，神策禁军达到十几万人，也就是说财政上有钱了，扩充禁军在不断进行，再加上德宗积攒的地方上进奉的财物，为他的儿孙进行平定藩镇提供了基础。

德宗施政风格的巨大改变与反差，一方面反映了这位自幼生于安逸，后又饱经离乱的壮年天子的脆弱，另一方面也反映出大唐这个时期所处的政治困境的艰难。如何走出困境，已经超出了唐德宗的政治能力。

王叔文的“永贞革新”

王叔文出身平民，因机缘得以接触到唐朝的权力核心，并且成为李诵的智囊。在顺宗朝几个月的时间里，他是叱咤风云的改革派。然而，在身患重病的皇帝的支持下，想完全否定前朝的整个官僚系统，另搞一套，注定只能失败！

一、智囊与“太子党”

在那个时代，当储君的应该有个基本的处事规则，不应该对外面的政事说三道四，这样很容易给别人以口实，甚至受到父皇的怀疑。

王叔文（753—806），浙江绍兴人，德宗时因为善于弈棋，为翰林待诏。在与太子研讨棋艺往来时，王叔文有时会谈论民间疾苦、政事得失，这引起了憧憬执政的太子的注意。有一次，太子李诵跟身边的侍从论及当时的一个弊政——宫市。宫市就是宫中在外面的采办。谈到宫市的弊端，太子说想跟皇上认真地谈谈这事。大家都附和：对，您得赶快说。只有王叔文没有说话。

叔文谲诡多计，自言读书知治道，乘间常为太子言民间疾苦。太子尝与诸侍读及叔文等论及宫市事，太子曰：『寡人方欲极言之。』众皆称赞，独叔文无言。既退，太子自留叔文，谓曰：『向者君独无言，岂有意邪？』叔文曰：『叔文蒙幸太子，有所见，敢不以闻？太子职当视膳问安，不宜言外事。陛下在位久，如疑太子收人心，何以自解！』太子大惊，因泣曰：『非先生，寡人无以知此。』遂大爱幸，与王伾相依附。

——《资治通鉴》卷二三六

大家都退下去了，太子留下王叔文说："刚才我们谈起宫市的事，你为什么不说话呢？"王叔文就说："叔文蒙太子宠幸，有所见怎敢不说出来呢？只是太子的职责是视膳问安，勤问候父亲，不应谈外面的政事。皇上在位时间很久，有二十多年了，如果他怀疑太子提出弊政是为了收买人心，您怎么能够讲得清楚？"

王叔文可谓一语道破天机。因为在那个时代，当储君的应该有个基本的处事规则，不应该对外面的政事说三道四，这样很容易给别人以口实，甚至受到父皇的怀疑。太子听了之后非常吃惊，当时就感动地掉泪了，说："如果不是先生您的阻拦，我都没想这么多。"从此看重他，宫中的事情，倚仗他来决断。

王叔文秘密结交想寻机快速升迁的当时知名人士，和韦执谊、吕温、李景俭、韩晔、韩泰、陈谏、柳宗元、刘禹锡等十几人，结为生死之交；凌准、程异又通过他的党羽结识了他。就这样，一个以王叔文为中心的太子党小团体逐渐形成。在德宗病重时间，太子周围以王叔文为首的这批人，互相往来，酝酿着新朝廷的人事安排。王叔文曾跟太子讲，谁可以当相，谁可以当将。

贞元二十一年（805年），唐德宗驾崩，李诵依遗诏即位，是为唐顺宗，改元"永贞"。其时顺宗已经病得不轻，自贞元二十年（804年）九月以来，就不怎么能说话，处理政事只能在宫中帷帐下。贴身的宦官李忠言、妃嫔牛昭容把外面的话传给皇上，顺宗把自己的意见通过他们传到外面去。

顺宗任命王伾为左散骑常侍，翰林待诏身份照旧，王叔文为起居舍人、翰林学士。之前，王叔文与吏部郎中韦执谊要好，就请求任命韦执谊为宰相，与自己内外呼应，王叔文居翰林院运筹帷幄国家大事，韦执谊以宰相名义负责执行。于是，王叔文如果有什么决策，先通报给王伾，王伾通报给李忠言，李忠言通报给牛昭容，牛昭容通报给顺宗，一番串联之后，王叔文的决策就可以实施。

在外朝，是王叔文的同党——大都是些年轻的官员，比如说韩泰、柳宗元、刘禹锡，来处理各种朝政，维持着执行系统。他们给内朝决策提供资讯、建议，采听外事，谋议唱和，改革热情很高。

二、权力的博弈

改革的大动作在财权和兵权，只有将这两大权力拿到手中，才能真正掌握王朝权柄，否则一切都是枉然。

面临如此千载难逢的机会，王叔文等人准备施展拳脚大干一场，发动了历史上有名的“永贞革新”。

永贞革新的时间虽然不长，但是留下很多新政的措施，比如说大赦天下，蠲免租税；除了正常的贡赋之外，完全停止德宗晚年时兴起的向朝廷进奉、送礼的陋习；完全撤掉宫市、五坊小儿（唐代宫中设雕坊、鹘坊、鹰坊、鹞坊、狗坊，合称“五坊”，豢养猛禽及猎犬以备皇帝打猎所用，各坊供职者即称五坊小儿）。五坊小儿仗着皇家的特权，做很多残酷无理的事，来诈取百姓的财物。把宫

叔文因为太子言：『某可为相，某可为将，幸异日用之。』密结翰林学士韦执谊及当时朝士有名而求速进者陆淳、吕温、李景俭、韩晔、韩泰、陈谏、柳宗元、刘禹锡等，定为死友。而凌准、程异等又因其党以进，日与游处，踪迹诡秘，莫有知其端者。藩镇或阴进资币，与之相结。

——《资治通鉴》卷二三六

市、五坊小儿这些扰民的事都禁止了，百姓都拍手称好。德宗晚年还有一件弊政，盐铁转运使每个月要给宫中送钱，这其实是把国家的钱变成皇帝私人的收入，永贞革新时也把它去掉了。

改革的大动作在财权和兵权，只有将这两大权力拿到手中，才能真正掌握王朝权柄，否则一切都是枉然。

财权主要归度支盐铁转运使，加“度支使”头衔是说其掌管中央的财政出纳；加“盐铁使”是说其掌控盐铁专卖事宜；加“转运使”是说其以盐利为漕佣，转输江淮各地的物资。于是，王叔文在运作下，顺利出任度支盐铁转运副使，正使则由资深财经专家杜佑担任。虽然名义上杜佑是正使，但是实际上权力掌握在王叔文手中。

至于兵权，王叔文手上没有兵权，他担心自己的位置不稳固，因而打算夺宦官的兵权以自固。五月，他任用右金吾卫大将军范希朝为左右神策京西诸城镇行营节度使，以韩泰为其行军司马。神策军分左右神策军，是中央最重要的一支军队，大概有十五万人，都由宦官左右中尉来领导。现在，在老将范希朝的挂名下，军权实际上由王叔文的同党韩泰掌握。

在王叔文大展拳脚的时候，他的靠山顺宗的身体却一天不如一天了，是否应该早立太子成了热门话题。王叔文一派刚刚当权，自然不愿意在此时册立太子，将自己的权力分割出去；以宦官为代表的一些反对派却企图通过立太子把权力夺过来。

俱文珍、刘光琦等宦官，是宫中的老人了，掌握着禁军和枢密使权力，势力强大。他们对王叔文等人一上来就

通鉴识读

上疾久不愈，时扶御殿，群臣瞻望而已，莫有亲奏对者。中外危惧，思早立太子，而王叔文之党欲专大权，恶闻之。宦官俱文珍、刘光琦、薛盈珍等皆先朝任使旧人，疾叔文、忠言等朋党专恣，乃启上召翰林学士郑絪、卫次公、李程、王涯入金銮殿，草立太子制。时牛昭容辈以广陵王淳英睿，恶之；絪不复请，书纸为『立嫡以长』字呈上，上颔之。癸巳，立淳为太子，更名纯。

——《资治通鉴》卷二三六

大权在握、排斥异己、边缘化先朝老人的做法心生不满，所以召集了一些老翰林学士，如郑絪、卫次公、李程、王涯等人金銮殿草拟立太子诏。这几个翰林学士，资格比王叔文老，看到王伾、王叔文手握重权，他们也不满意，就与俱文珍等人站在同一战线上。最后，立嫡以长，嫡长子广陵王李淳被立为太子，改名李纯。

除此之外，针对王叔文一派的夺权行为，宦官们实施了有力的反击。按理来说，王叔文担任户部侍郎和度支盐铁转运副使后，翰林学士职务应该辞卸。于是，俱文珍等老宦官就把王叔文翰林学士的职务给免去了。这样一来，王叔文就不能进入决策层，就没有权力进行决策了，可以说王叔文、王伾一方的决策系统瘫痪了。当然宦官更不会把兵权交给王叔文的人，当范希朝、韩泰去接管神策军行营的时候，那些神策军的军将秉承宦官的意思，根本不听范希朝、韩泰的，他们也无可奈何。

三、最后的失败

因此，对于所谓"永贞革新"，一方面肯定他们做了一些有意义的事情，另一方面要认识到，他们的改革即使真正推行了也不一定能成功。

就在这时候，王叔文与韦执谊的革命友谊也出现了裂痕。宣歙节度使的属官羊士谔到长安出差，正赶上王叔文大肆揽权，于是公开批评了王叔文。王叔文大怒，要下诏把他斩了，韦执谊不同意。王叔文又提出把他杖杀，这是

通鉴识读

执谊初为叔文所引用，深附之，既得位，欲掩其迹，且迫于公议，故时时为异同，辄使人谢叔文曰：『非敢负约，乃欲曲成兄事耳！』叔文诟怒，不之信，遂成仇怨。

——《资治通鉴》卷二三六

比斩首低一等的刑罚，韦执谊还是不同意，提议把他贬到地方上去当县尉。就这件事情本身来说，王叔文肯定是不对的，批评政事就要杀头，有点过分。但韦执谊和王叔文唱反调，让王叔文非常不爽。

后来，在处理剑南支度副使刘辟的问题上，两人矛盾再次升级。剑南节度使韦皋派部将刘辟到朝廷走门路，求王叔文把荆南三川等地方都划归剑南节度使统领，并说如果这件事做成了，我们就会支持你；否则我们也会报复，会找你麻烦。王叔文又一次动了怒，想斩了刘辟，这一次又被韦执谊拦住了。王、韦二人的矛盾日益加深，最后竟如仇人一般。

这种事也是导致改革难以推进的重要原因。反对派的实力那么强大，包括先朝老宰相、老翰林学士、老宦官以及先朝的官僚系统，而改革派的根基这么浅，内部还不和，这肯定对改革有碍。

真正使王叔文陷入四面楚歌境地的，是韦皋的奏表。他上书说陛下身体不好，应该把权力交给东宫。其他一些人，如荆南节度使、河东节度使也都附和韦皋的说法，要求皇上让太子监国。

然而，屋漏偏逢连阴雨。在此关键时刻，王叔文的母亲病重去世了。这种情况下，王叔文只能弃官在家守制，成了没有官职的白衣，后来多次谋求起复也没有得到回应。改革派大势已去。

七月二十八日，朝廷下旨，说皇上身体不好，厌倦朝政，以太子李纯监国。八月初四，顺宗禅位为太上皇，太子李纯即位，就是唐宪宗。永贞革新宣告失败。王叔文、

通鉴识读

王叔文既有母丧，韦执谊益不用其语。叔文怒，与其党日夜谋起复，必先斩执谊而尽诛不附己者，闻者恟惧。自叔文归第，王伾失据，日诣宦官及杜佑请起叔文为相，且总北军；既不获，则请以为威远军使、平章事，又不得。其党皆忧悸不自保。是日，伾坐翰林中，疏三上，不报，知事不济，行且卧，至夜，忽叫曰：『伾中风矣！』明日，遂舆归不出。己丑，以仓部郎中、判度支案陈谏为河中少尹。伾、叔文之党至是始去。

——《资治通鉴》卷二三六

王伾遭贬逐，还有八个同党也被贬到地方上当司马，司马有点像地方上的巡视员，是没实权的空职，所以这次改革，也叫“二王八司马改革”。

王叔文的革新并非没有积极意义，比如他们想抑制宦官集团，改革德宗弊政，重振朝纲，可是他们的失败是必然的。王叔文等人想完全否定前朝的整个官僚系统，抛弃内朝的宦官、翰林学士和外朝的宰相朝官系统，另搞一套，显然极难运作。再加上皇帝疾病缠身，他们的权力基础很薄弱，有些措施过于急躁，内部还出现分裂、腐败等问题，改革失败是必然的。

前朝有弊政，新即位的皇帝及其班子想改革，这是常见的事情。但从“二王八司马”的能力和策略来看，即使他们没有被剥夺权力，即使没有太子监国，他们能否成功也是值得怀疑的。因此，对于所谓“永贞革新”，我们一方面肯定他们做了一些有意义的事情，另一方面要认识到，他们的改革即使真正推行了也不一定能成功。因为这时候唐朝的各项政治即使不是病入膏肓，也是沉疴难除了。

裴度："元和中兴"贤相

裴度（765—839），字中立，河东闻喜（今山西闻喜）人。他以文章书生入仕，数年之间，渐升至清要之职。在淮西之乱中，他将生死置之度外，以平叛为已任，奋发决策、亲讨叛军，在"元和中兴"中立下了不可磨灭的功勋，被《旧唐书》赞为"社稷之良臣，股肱之贤相"。

通鉴识读

（元和七年）十一月，辛酉，遣知制诰裴度至魏博宣慰，以钱百五十万缗赏军士，六州百姓给复一年。军士受赐，欢声如雷。成德、兖郓使者数辈见之，相顾失色，叹曰：『倔强者果何益乎！』度为兴陈君臣上下之义，兴听之，终夕不倦，待度礼极厚，请度遍至所部州县，宣布朝命。

——《资治通鉴》卷二三九

一、入相之路

他身怀经世济民之志，对当时藩镇跋扈的局面痛心疾首，对宦官窃威弄权也忿懑不平，因此决心为振兴王室而效力。

裴度饱读经史，博览群籍，能诗善文，以文章书生入仕。他身怀经世济民之志，对当时藩镇跋扈的局面痛心疾首，对宦官窃威弄权也忿懑不平，因此决心为振兴王室而效力。

元和七年（812年），魏博节度使田季安去世，他的儿子田怀谏因为年幼不能管理军政，府营军官便拥立魏博军牙内兵马使田兴（后改名田弘正）担任留后。田兴安排心腹前往朝廷，表示遵守朝廷法令，由朝廷委任魏博的官吏，以效忠诚。唐宪宗便派裴度前往魏博安抚。裴度“劲正而言辨”，极善演说，他行遍魏博所属的各郡，传达宪宗的诏书旨意，百姓都心悦诚服。由于裴度这事办得很合宪宗的意思，因此拜中书舍人，迁御史中丞，越发被宪宗所信任倚重。

元和九年（814年）九月，淮西节度使吴少阳死，其子吴元济掌握军队，出兵四掠，威胁东都。朝廷便派宣武等十六道兵前去讨伐。淮西节度使驻于蔡州汝阳（今河南汝南），地处中原，战略地位重要，自李希烈以来，一直保持半独立状态。宪宗对其用兵，正是改变这种状态的决心表现。

在宰相武元衡（武元衡于元和八年入朝为相）主持下，朝廷的讨伐战争来势很猛，这引起了成德、淄青等藩镇的恐惧。在朝廷与淮西艰苦鏖战时，成德节度使王承宗与淄青节度使李师道乘机闹事。他们一面上表朝廷反对用兵淮西，一面派兵“劫都市，焚宫阙”，唐中央在河阴转运院贮存的三十余万缗匹钱帛和三万余斛谷物都被焚毁。因而人们都很恐慌，大臣也纷纷上书，请求收兵。

于是，宪宗命裴度去前线视察形势。裴度回去之后极力主战，并向宪宗详细剖析了“淮西必可取之状”，从而坚定了宪宗的讨叛决心。武元衡、裴度的积极主战，引来割据藩镇的切齿痛恨，他们对两人先是行贿收买，继而公开威胁，但都不能达到迫使朝廷罢兵的目的。于是，王承宗和李师道派刺客前去刺杀武元衡、裴度。

通鉴识读

诸军讨淮西久未有功，（815年）五月，上遣中丞裴度诣行营宣慰，察用兵形势。度还，言淮西必可取之状，且曰：『观诸将，惟李光颜勇而知义，必能立功。』上悦。考功郎中、知制诰韩愈上言，以为：『淮西三小州，残弊困剧之馀，而当天下之全力，其破败可立而待。然所未可知者，在陛下断与不断耳。』

——《资治通鉴》卷二三九

六月，癸卯，天未明，元衡入朝，出所居靖安坊东门。有贼自暗中突出射之，从者皆散去，贼执元衡马行十余步而杀之，取其颅骨而去。又入通化坊击裴度，伤其首，坠沟中，度毡帽厚，得不死。傔人王义自后抱贼大呼，贼断义臂而去。京城大骇，于是诏宰相出入，加金吾骑士张弦露刃以卫之，所过坊门呵索甚严。朝士未晓不敢出门。上或御殿久之，班犹未齐。

——《资治通鉴》卷二三九

元和十年（815年）六月三日清晨，武元衡在上朝的路上经过靖安坊时遇害。同时，裴度在通化坊被刺，身中三剑，头部受伤，因为随从王义舍身救护才幸免于难。这一严重恶劣的暗杀事件，使不少官员吓破了胆，京城里人心惶惶。主和派乘机要求罢免裴度以安抚成德、淄青。宪宗大怒说：“如果罢免裴度，这就是让奸计得逞，朝廷纲纪如何整顿？朕任用裴度一人，足以击败这两个乱臣贼子。”当即拜裴度为中书侍郎、同平章事，并将平叛之事委任给他。

二、藩镇平乱

淮西的平定，不仅清除了唐王朝的一个心腹之患，而且使其他割据藩镇闻风丧胆。

尽管裴度得到了宪宗的支持，但他面临的局势仍然十分险恶。在朝廷内部，一大批主和派官员整天叫嚷着休兵止战，其中包括外朝宰相和号称“内相”的翰林学士，势力不可小觑。在宪宗召开的一次讨论可否诛灭吴元济的御前会议上，朝臣大都建议罢兵、赦免吴元济，其中以翰林学士钱徽、萧俛为甚，只有裴度一个人坚决主张平叛。这番局面，极有可能是淮西、成德、淄青三镇贿赂的结果。总之，裴度在朝堂上处于孤立无援的境地。

此时，前线的战事也不容乐观。朝廷难以支付粮饷，诸将彼此观望，轻忽剿寇，收获甚微。对此，宪宗也非常忧心。宰相李逢吉、王涯等人又以劳损军力、耗费财赋为由，劝宪宗罢兵。

此时，唯一的办法就是迅速打破僵持局面，尽快结束战争。

于是，裴度挺身而出，毅然请求亲自前往淮西督战，并表示了“臣誓不与此贼俱生”的强烈决心。元和十二年（817年）八月，裴度以门下侍郎、同平章事、兼彰义军节度使（“彰义”为淮西军号）、充淮西宣慰招讨处置使的身份亲赴前线。临别辞行时，裴度向宪宗立下了“军令状”，说：“主忧臣辱，理当赴义捐生献必死之力。逆贼被灭，则将有朝见天子之日；贼在一日，则将无返回朝廷之期。”裴度言辞慷慨恳切，宪宗听后潸然泪下。

到达前线后，裴度立即巡抚诸军，宣达圣旨，士气倍增。当时诸道兵都有宦官监阵，致使军队进退不由主将。裴度又罢中使监军，归兵权于将帅，颇得军心。裴度还经常冒着被敌军劫持的危险，深入阵地前沿，抚慰将士，视察战情。有一次，裴度正在观察军士筑城，叛军骁将董重质突然袭击，险些危及裴度，幸好唐将李光颜、田布眼疾手快，拼死力战，裴度才免遭毒手。裴度不顾个人安危亲临前线的行动大大鼓舞了士气，将领们斗志高昂。战争形势迅速向有利于朝廷方面好转。

之后，唐邓节度使李愬偷袭蔡州成功，吴元济被俘。其余各地叛军纷纷投降。裴度至前线督师仅两个月，就取得了淮西大战的胜利。

淮西的平定，不仅清除了唐王朝的一个心腹之患，而且使其他割据藩镇闻风丧胆。接着，裴度又运用攻心战术，使人劝说王承宗，兵不血刃就迫使他献出了德、棣二州。

通鉴识读

李祐言于李愬曰：『蔡之精兵皆在洄曲，及四境拒守，守州城者皆羸老之卒，可以乘虚直抵其城。比贼将闻之，元济已成擒矣。』愬然之。冬十月，甲子，遣掌书记郑澥至郾城，密白裴度。度曰：『兵非出奇不胜，常侍良图也。』

——《资治通鉴》卷二四〇

不久王承宗死，朝廷调田弘正任成德节度使，李愬任魏博节度使。元和十四年（819年）二月，在裴度主持下，朝廷平定了助纣为虐、反复无常的李师道。稍后，卢龙节度使刘总也吓得主动让出了帅位，请求落发为僧，朝廷派张弘靖前往镇守卢龙。

至此，从肃宗、代宗以来的河北割据跋扈之风，消尽无余。这在唐代整个藩镇割据史上，可说是空前绝后的壮举！故史称“唐室中兴，章武而已”（宪宗死后谥号“圣神章武孝皇帝”）。而在这一中兴事业中，裴度置生死于度外，立下了不可磨灭的巨大功勋。

三、功臣晚年

封建专制时代，一个臣下政治才能和抱负能不能得到施展和实现，在阶级和时代条件允许的范围内，很大程度上取决于他与皇帝的际遇。

封建专制时代，一个臣下政治才能和抱负能不能得到施展和实现，在阶级和时代条件允许的范围内，很大程度上取决于他与皇帝的际遇。因此，君明而臣贤，可以演出一出威武雄壮的活剧；君暗而臣贤，则只能导致一场“长使英雄泪沾襟”的悲剧来。裴度这位“中兴”功臣的晚年就是如此。

通鉴识读

上命六军修麟德殿。右龙武统军张奉国、大将军李文悦以外寇初平，营缮太多，白宰相，冀有论谏。裴度因奏事言之。

——《资治通鉴》卷二三九

宪宗自从平定淮西之后，就开始志得意满，渐肆奢欲。他诏令六军使派人修葺麟德殿的东廊，军使张奉国因公费不足，拿出私财用以补助，并向宰相诉说了这件事。

裴度委婉禀奏说："陛下营造宫室，有将作监等司局经管，怎么能让功臣破费家产来营建修缮？"宪宗不听，还恼怒张奉国泄露此事，让他辞官归居。后来，程异、皇甫镈二人兼任度支使、盐铁使，屡屡进贡超额钱财，帮助宪宗营造宫室，宪宗就同时授予二人同平章事之职。对此，裴度在延英殿面奏时极力劝谏宪宗，宪宗未同意；裴度又三次上疏论析此事，甚至请求免除自己的相位，宪宗都不省悟。

裴度为人执着，不改秉性，当时的朝政，但凡有失误的地方，他都会极力进言。可惜他的这番赤胆忠心，刚好成为奸臣皇甫镈陷害打击的"罪证"。元和十四年（819年），裴度被贬为河东节度使。

穆宗时，裴度曾得到起任，然而不久又受到魏弘简和元稹排挤。后来，李逢吉党羽勾结宦官，煽动朝臣建立朋党来构陷裴度，败坏他的名声，当时号称"八关十六子"，"八""十六"都是所勾结相关人员数字。长庆三年（823年）八月，裴度又被调出朝廷任司空、山南西道节度使。之后，在敬宗、文宗时，裴度也屡屡遭受奸邪之辈的打击，因而几度入相，几度出藩。

虽然裴度晚年屡遭排挤，但他在人们心中享有极高威望，以至于但凡需要任命将相时，大臣都首推裴度。他的声名甚至传播到周边少数民族及外国，每当使臣出使他国，他国的君长必定要询问裴度的年岁、形貌，以及是否被天子任用。因而，地方藩镇一有风吹草动，寻衅闹事，朝廷正直大臣就纷纷要求起用裴度。长庆年间河朔复乱的战事得以了结，宝历年间沧景叛乱得以平定，都与裴度的起用有关。《旧唐书》说他"以身系国之安危、时之轻重者二十

通鉴识读

上常语宰相："人臣当力为善，何乃好立朋党！朕甚恶之。"裴度对曰："方以类聚，物以群分。君子、小人志趣同者，势必相合。君子为徒，谓之同德；小人为徒，谓之朋党；外虽相似，内实悬殊，在圣主辩其所为邪正耳。"

——《资治通鉴》卷二三九

年”，“用之则治，舍之则乱”。

裴度晚年仍然胸襟开阔，乐观旷达，在被排到地方藩府任职时，他还唱出了“白头官舍里，今日又春风”的豪迈诗章。他时常与白居易、刘禹锡等吟诗作赋，保持着高尚的情趣。至文宗开成四年（839年）三月四日方溘逝于长安，时年七十五。

这位生前不为奸佞所容的儒雅大臣，逝世以后，他的文武兼才，他的非凡胆识，他的卓著功业，曾长期受到后人的衷心敬仰，“天下莫不思其风烈”。到宋代，人们还立庙荐食，表达对这位先贤的怀念。

李德裕："萧曹避席"的大政治家

李德裕（787—850）早年以门荫入仕，经过幕府实际政务历练之后入朝为官，从穆宗长庆初年召为翰林学士，跻身长安政坛的中心舞台，历敬宗、文宗朝，出将入相，在浙西和西川节度使任上有政绩；至武宗会昌时独秉国钧，应对回鹘的乱亡，摧抑泽潞藩镇割据，都充分施展了他的政治才华。历史上对李德裕评价极高，《旧唐书》赞扬李德裕"论政事，则萧、曹避席"。这就是成语"萧曹避席"一词的出典。近代梁启超甚至将他与管仲、商鞅、诸葛亮、王安石、张居正并列，称他是中国六大政治家之一。

一、"牛李党争"

《资治通鉴》等传世文献在介绍"牛李党争"的起因时，提到了两次考试。

在中晚唐政治中，牛李党争被视作与藩镇割据、宦官擅权同样重大的历史事件。在牛李党争中，李德裕则是所谓李党的头号人物，讨论李德裕，离不开这个话题。

《资治通鉴》等传世文献在介绍“牛李党争”的起因时，提到了两次考试。

元和三年（808年）四月，唐宪宗策试贤良方正直言极谏举人。在这次考试中，作为应考者的牛僧孺和李宗闵在指陈时政之失时，无所避忌。主考官杨於陵等人将其署之为上等。这让当时的宰相李吉甫，也就是李德裕的父亲很不舒服。于是，李吉甫到宪宗面前哭诉，并指责主考官徇私舞弊。宪宗听后，立马将杨於陵等人贬官，牛僧孺、李宗闵等人也没被朝廷录用，而到外地做了地方幕僚。对于这件事，几个月前刚被提拔为翰林学士的白居易，曾提出反对意见，没有被皇帝采纳。

事情远远没有结束。十三年后，即穆宗长庆元年（821年）四月，又有一次科场舞弊案。

这一年主持贡举的首席主考官是礼部侍郎钱徽。考前，西川节度使段文昌、翰林学士李绅曾给钱徽递条子，请他关照自己的人。然而，钱徽没买段文昌和李绅的账，最后录取了跟自己私交不错的大臣李宗闵的女婿、同为考官的杨汝士的弟弟等人。于是，段文昌向皇帝控告说：今年礼部考试进士非常不公平，所录取的进士皆权势者的子弟，没有真本事，是靠走后门得到的。

穆宗震怒，问诸位翰林学士，是否有此事。李吉甫之子李德裕是翰林学士，他的同僚还有元稹和李绅。三人都回答说：“诚如文昌所言。”皇帝就命中书舍人王起等覆试。经重新考试，李宗闵的女婿等人全部被刷下，当事官员也被贬黜到地方担任刺史、县令。《资治通鉴》卷二四一记载说：“自是德裕、宗闵各分朋党，更相倾轧，垂四十年。”

通鉴识读

夏，四月，上策试贤良方正直言极谏举人，伊阙尉牛僧孺、陆浑尉皇甫湜、前进士李宗闵皆指陈时政之失，无所避；吏部侍郎杨於陵、吏部员外郎韦贯之为考策官，贯之署为上第。上亦嘉之。诏中书优与处分。李吉甫恶其言直，泣诉于上，且言『翰林学士裴垍、王涯覆策。湜，涯之甥也，涯不先言；垍无所异同。』

——《资治通鉴》卷二三七

不过，牛李党争四十年这种说法，有夸大之嫌。从唐穆宗长庆元年（821年）后推四十年，是唐懿宗咸通元年（860年）。而唐宣宗即位（846年）后，李德裕就已经失势。如果从宣宗大中元年（847年）往上推四十年，就是元和三年（808年），这时牛李都未能成党争之势。

按《旧唐书》《新唐书》本传的记载，穆宗时李逢吉排挤李德裕，引牛僧孺入相之事，算是互相倾轧的党争开始。党争的胶着状态在文宗时期，多数情况下以牛党占优，武宗时期被李党垄断，宣宗初年则以李党彻底崩溃而结束。

史家之所以夸大牛李党争，有两个原因，一是唐朝末年，僖宗、昭宗时期，朝廷党争以及南衙北司的冲突（如崔胤与宦官之间）确实严重；二是唐朝的党争几乎招致亡国的风险。不过，文宗朝牛李之间，虽然确实有矛盾，但远远没有严峻到“去河北贼易，去朋党难”的程度。

通鉴识读

时德裕、宗闵各有朋党，互相挤援。上患之，每叹曰：『去河北贼易，去朋党难！』

——《资治通鉴》卷二四五

党争的胜负，以谁在中央任相为指标。文宗时，李德裕从太和七年（833年）二月到八年（834年）八月执掌朝政。其余时间主要是在浙西和西川任节度使。在这两个岗位上，李德裕恰恰显示了其政治才华。

二、为政功绩

主要是处理好两大棘手问题，一是应对黠戛斯击破回鹘后，北疆出现的复杂局面；二是应对临近河朔三镇的泽潞节度使叛乱并引发河东兵变的局势。

长庆二年（822年），李德裕从中书舍人兼翰林学士的重要岗位去职，出任浙西观察使，时年36岁。

李德裕到浙西任职时，正值王国清兵乱之后。前任观察使窦易直竭尽府库，供给军用，致使军士骄横，府库财用拮据。李德裕躬身俭约，尽量减少开支，把节余的财物全部供养军队，尽管所给不甚丰足，但胜在分配公平，将士并无抱怨。同时，拒绝朝廷无故索取地方进贡精美特产。两年之后，府库充足。

他还革除陈规陋习，以儒家伦理道德教化百姓，并对不接受教育者绳之以法。宝历年间，有人传言亳州一带出产圣水，患病的人喝下便能痊愈，于是从洛阳到江西等数十郡，百姓都争相捐钱取水，使其获利上千万钱。李德裕上奏说，这都是妖僧诳惑，用来骗钱的，请求朝廷下旨禁止，最后获得了皇帝的同意。

文宗太和三年（829年），李德裕被召为兵部侍郎，裴度推荐入相，却被李宗闵排挤，出为郑滑节度使。太和四年（830年）十月，又改西川节度使。

当时西川正值南诏入侵之后，民不聊生。前两任节度使杜元颖、郭钊都因为不能阻遏吐蕃和南诏的联合侵逼而去职。李德裕到任后，着手整顿边防，他用一个月的时间对当地的山川、城邑、道路、关隘，进行调查研究，并绘制与南诏、吐蕃有关的军事地图。同时，积极训练士卒；构筑坚固的防御工事；改善粮饷供给系统。李德裕的工作很快震慑了南诏和吐蕃。南诏请归还所俘掠四千名工匠等人，吐蕃维州守将悉怛谋以城投降。

开成二年（837年）五月，李德裕被调任淮南节度使，

通鉴识读

上命德裕修塞清溪关以断南诏入寇之路，或无土，则以石垒之。德裕上言：『通蛮细路至多，不可塞，惟重兵镇守，可保无虞。但黎、雅以来得万人，成都得二万人，精加训练，则蛮不敢动矣。边兵又不宜多，须力可临制……德裕乃练士卒，葺堡鄣，积粮储以备边，蜀人粗安。

——《资治通鉴》卷二四四

取代前任牛僧孺，在这里一干就是三年，直到开成五年（840年），唐武宗李炎即位之后，才又把他调入为相。从此开始了他会昌年间独秉国钧的宰相生涯。

会昌之政，李德裕的成就除了朝政治理之外，主要是处理好两大棘手问题，一是应对黠戛斯击破回鹘后，北疆出现的复杂局面；二是应对临近河朔三镇的泽潞节度使叛乱并引发河东兵变的局势。

先说回鹘问题。840年，回鹘汗国遭遇天灾人祸而瓦解，又被黠戛斯击溃，其部落除部分西迁之外，相当大的一部分在乌介可汗率领下从漠北南下，使得唐朝天德军、振武军等边塞地区承受巨大压力。回鹘不仅向唐朝提出给予粮食援助，而且兵锋直接向南，要借用天德和振武军城。这就已经威胁到河东等地的安全了。

李德裕沉着应对，指挥若定。他先是接济以粮食，稳定回鹘残部；然后派人接回穆宗长庆初年和亲的太和公主（后封安定长公主）；最后命幽州节度使张仲武、河东节度使刘沔出击围堵南下的回鹘，麟州刺史骁将石雄等击破回鹘残部。对于武宗想乘机让黠戛斯夺取安西、北庭的想法，李德裕及时予以阻止，因为当时的国力，实在不足以守住西域。

再说泽潞藩镇叛乱问题。会昌三年（843年），昭义节度使（又称泽潞节度使）刘从谏病重，密谋效法河北诸镇，以其侄刘稹为牙内都知兵马使，从子刘匡周为中军兵马使，其余重要军职也安排心腹爪牙控制，企图用武力对抗唐朝中央。李德裕受命全权处置此事，他设法稳住与昭义镇相邻的成德、魏博二镇，并令其不得与刘稹相勾结。及至昭

通鉴识读

李德裕独曰：『泽潞事体与河朔三镇不同。河朔习乱已久，人心难化。是故累朝以来，置之度外。泽潞近处心腹，一军素称忠义，尝破走朱滔，擒卢从史。顷时多用儒臣为帅，如李抱真成立此军，德宗犹不许承袭，使李缄护丧归东都。敬宗不恤国务，宰相又无远略，刘悟之死，因循以授从谏。从谏跋扈难制，累上表迫胁朝廷，今垂死之际，复以兵权擅付竖子。朝廷若又因而授之，则四方诸镇谁不思效其所为，天子威令不复行矣！』

——《资治通鉴》卷二四七

义公开反抗，朝廷下令削夺其官爵，命令泽潞周边的河中、河东、河阳三镇出兵攻打泽潞，同时让成德和魏博镇与之配合。

就在这个节骨眼上，河东节度使在横水的戍兵1500人在杨弁率领下，一度打到太原，占领了节度使衙门，节度使李石和监军都被赶跑了。杨弁还派人与泽潞刘稹联络，大有两镇联合叛乱之势。朝廷许多官员都惊慌失措，有的主张绥靖了事。李德裕一方面坚决打击昭义镇，不允许刘稹以所谓的投降敷衍朝廷，另一方面调兵严打太原戍卒杨弁。最后不仅拔掉了泽潞割据的毒瘤，而且平定了太原戍卒的兵变。

三、历史评价

他的政治措施，有两点特别值得提出，一是务实但不苟且，二是深远但不空疏。

史家对李德裕评价极高，说“武宗知人善任，对他言听计从，当时王室几乎达到了中兴的局面”。“王室几中兴”，这在当时是非同寻常的评价！如果只是在一些具体事情上修修补补、有所作为，是不能提高到“王室几中兴”的高度。

安史之乱对唐朝政治稳定和社会繁荣的打击十分沉重。肃宗致力于稳住阵脚，平定叛乱；代宗收拾残局，逐渐恢复元气；德宗企图一飞冲天，结果沉重地摔落在地；宪宗平藩，号称“元和中兴”，却被穆宗糟蹋掉，几乎前功尽弃！而李德裕就是在这个时候走上了政治舞台。

中晚唐皇帝荒政是常见之事，李德裕几乎对于每一个皇帝都提出过犀利的进谏，无论是在朝还是在藩，总是对看不惯的国事，直陈利弊得失。

这种君为道则谏之的风骨，在中晚唐时代是极其可贵的，符合孟子、荀子等倡导的儒家政治操守，在这一点上，他超过了唐代历史上许多政治家。更可贵的是，李德裕更能在行事上“苟利国家生死以，不因祸福避趋之”。无论是在浙的“恶俗大变”，还是“蜀风大变”，都说明李德裕在地方治理上有淳风化俗之功。他的政治措施，有两点特别值得提出，一是务实但不苟且，二是深远但不空疏。

先说务实。对于吐蕃悉怛谋以维州归降，他十分务实，维州控扼西山八国（岷山山脉八个羌族部落），形势险要，关系剑南西川边防安全。但是，对于通过黠戛斯规划夺取安西、北庭的计划，他却保持了清醒的头脑。

再说深远。李德裕在会昌平叛战争中采取了许多重要的改革措施，包括改革出界粮制度和监军监使在前线干扰战场指挥问题，他都做了重大改变。首先是“出界粮”问题。按照规矩，征调藩镇出兵讨叛，只要出了自己的辖境，朝廷即要供给钱粮。于是诸道出兵后，只要攻下叛镇一县一屯，就不卖力出战，坐享朝廷供给开支，战争拖的时间越长越有利。李德裕奏请皇帝下敕，各藩镇直接攻取州城，不要攻打县城。

此外，过去将帅出征屡败，其弊一是军令不统一，二是监军拥兵自重，妨碍战时指挥；特别是战争小有失利，监军领亲兵率先逃遁，严重扰乱军心。李德裕乃约定，敕

通鉴识读

（臣光曰）是时唐新与吐蕃修好而纳其维州，以利言之，则维州小而信大；以害言之，则维州缓而关中急。然则为唐计者，宜何先乎？悉怛谋在唐则为向化，在吐蕃不免为叛臣，其受诛也又何矜焉！且德裕所言者利也，僧孺所言者义也，匹夫徇利而忘义犹耻之，况天子乎！譬如邻人有牛，逸而入于家，或劝其兄归之，或劝其弟攘之。劝归者曰：『攘之不义也，且致讼。』劝攘者曰：『彼尝攘吾羊矣，何义之拘！牛大畜也，鬻之可以富家。』以是观之，牛、李之是非，端可见矣。

——《资治通鉴》卷二四七

令监军不得干预军政，每兵千人任前线监使选十人自卫，有功随例沾赏。这个约定得到宦官枢密使的认可和皇帝的同意。因此，从抵御回鹘至平定泽潞，都遵守了此一规定，改变了在战场上政出多门的情况。“号令既简，将帅得以施其谋略，故所向有功。”这些制度成果被坚持了下来。

李德裕是中晚唐衰颓风气中的一股清流！可惜他在解决中央和地方问题中采取的一些深远措施，没有在宣宗继任之后被继承下来。

陆

唐末五代——山河破碎

日落长安——唐宣宗时期的政治

唐朝后期，国家走进了死胡同，各种矛盾积重难返：政治上宦官专权，朋党恶斗；社会上赋役繁重，编户逃亡；经济陷入困境，中央财政收入不断萎缩。宣宗即位后，很想好好治理天下，有所作为。可是，他理政十三年，几乎没有触及任何现实政治问题，被史家称赞的所谓“大中之治”其实成就十分有限。

一、宣宗家教

唐初到宣宗时代，经过二百多年，士大夫的礼仪规范，已经广泛被社会接受，包括皇家——皇帝也要用士大夫的规范来教育自家孩子。

会昌六年（846年），唐武宗死，在宦官们的谋划下，武宗的叔父光王李忱即位，是为唐宣宗。次年改年号为“大中”。皇帝的宝座经过穆宗及穆宗的三个儿子敬宗、文宗、武宗后，又回到了穆宗的异母弟李忱这里。

《资治通鉴》记载宣宗朝政治，对宣宗的家教特别关注。

贞观年间，唐太宗对山东士大夫很不满。他觉得山东高门崔、卢、李、郑，门庭衰落，就靠父祖的官荫，抬高自己门第。他要求当朝高官贵戚的孩子们婚嫁，找开国元勋的子女，可是实际上房玄龄、魏征这些朝贵，都让自己的孩子跟士族通婚，唐太宗为此很生气，批评士族家庭不讲礼法，搞买卖婚姻。虽然号称“小太宗”，但宣宗的做法与唐太宗恰恰相反，他极力想把女儿嫁给士族家庭。

宣宗把大女儿万寿公主嫁给了荥阳郑氏的郑颢，还告诫女儿说，你要守妇道，不能因为是皇家贵公主而轻视夫家。有一次驸马的弟弟郑颉得了重病，宣宗派宦官去看望，发现公主居然在慈恩寺看戏。宣宗很生气，说难怪士大夫家不愿意娶公主为妻呢。他把公主专门叫来当面训斥一顿，说你小叔子生病，你为何不去探视，还去看戏呢，成何体统！公主吓得连忙请罪，表示再也不敢了。

宣宗二女儿永福公主，起初已经选定了士族高门于琮为驸马，不日就要下嫁了。公主很开心，对这个夫君很满意。但是有一次在皇帝一家吃饭的时候，永福公主因为一点小事儿生气，还把筷子折断了。全家一块吃饭，自己一生气就把筷子给折了，这显然是没有家教的行为。宣宗大怒，说你这个性情，怎么能嫁到士大夫家做媳妇，那士大夫家的媳妇能像你这样任性吗？当即传旨让永福公主的妹妹广德公主嫁给于琮。永福公主只能眼睁睁地看着自己的如意郎君另娶他人。

从以上事例可见，宣宗在家教问题上不可谓不执着。这从深层次反映了从唐初到宣宗时代，经过二百多年，士大夫的礼仪规范，已经广泛被社会接受，包括皇家——皇

通鉴识读

颢弟颉，尝得危疾，上遣使视之。还，问『公主何在？』曰：『在慈恩寺观戏场。』上怒，叹曰：『我怪士大夫家不欲与我家为婚，良有以也！』亟命召公主入宫，立之阶下，不之视。公主惧，涕泣谢罪。上责之曰：『岂有小郎病，不往省视，乃观戏乎！』遣妇郑氏。由是终上之世，贵戚皆兢兢守礼法，如山东衣冠之族。

——《资治通鉴》卷二四八

帝也要用士大夫的规范来教育自家孩子。

与皇家在家教上积极向士大夫们靠拢相反，士大夫之家并不想娶公主。当初宣宗令宰相白敏中为万寿公主寻觅佳婿，白敏中推荐了郑颢。郑颢已经跟范阳卢氏家族定婚了，现在要他另娶皇家公主，他是一万个不愿意呀。

郑颢痛恨白敏中做媒，为此，经常向皇帝岳父说白敏中的坏话。白敏中自己心里也很清楚，后来他要到地方上去担任藩镇节度使，临行前跟宣宗说："郑颢不愿意娶公主，对我怨恨入于骨髓。我在朝中掌政，他拿我没有办法，现在我到外地去，他一定会想办法造谣中伤我，令我死无葬身之地呀。"宣宗说："这个我早知道了，你怎么现在才说呢。"然后令左右从宫中拿来一个小木盒子，说你拿回去看吧，里面都是郑颢说你坏话的书信，我若相信，难道会用你用到今天吗？白敏中回去一看，都是郑颢给宣宗打的小报告。他便把这个木盒子放在佛像前，焚香事之。

宣宗皇帝对家人管得很严，自己也很自律。唐朝的稗官野史，讲了这么一个故事，说浙江的官员送给宣宗几个歌舞演员，其中有一位绝色佳丽，被宣宗收入后宫，特别受宠幸。有一天早晨，宣宗忽然觉得自己这样做不对，恐怕将来会成为昏君，就对这个姑娘说，我不能留你。左右提议说，不如把她放出宫吧。他说不行，放出去我会想她。最后赐给美女一杯毒酒，把她毒死了。不过，司马光在《通鉴考异》里讲这个事有点儿离谱，不足采信。

初，上令白敏中为万寿公主选佳婿，敏中荐郑颢。时颢已婚卢氏，行至郑州，堂帖追还，颢甚衔之，由是数毁敏中于上。敏中将赴镇，言于上曰：『郑颢不乐尚主，怨臣入骨髓。臣在政府，无如臣何；今臣出外，颢必中伤，臣死无日矣！』上曰：『朕知之久矣，卿何言之晚邪！』命左右于禁中取小柽函以授敏中曰：『此皆郑郎谮卿之书也。朕若信之，岂任卿以至今日！』敏中归，置柽函于佛前，焚香事之。

——《资治通鉴》卷二四九

二、宣宗用人

在用人问题上，宣宗有一点很值得肯定，那就是注意管好自己身边的人。对于身边一些人贪腐不法的行为，他处理起来毫不手软。

《资治通鉴》对宣宗用人之事，也着墨颇多。从一些记载的事例中，可以看出，宣宗用人经常带有随兴所至的意味。

有一次宣宗出去打猎，碰到一个樵夫。这个樵夫是泾阳县人，宣宗便趁机做了个民意调查，问这个樵夫泾阳县令李行言为官怎么样。樵夫回答说："李县令性子很固执，抓捕了几个跟军家（指宦官领导的神策军）有关系的强盗，军家强行索要，李县令不给，把这些强盗都绳之以法。"于是宣宗把李行言的名字记下来，贴在寝殿的柱子上。当年十月，宣宗将李行言破格任命为海州刺史，还在他谢恩时赐他金紫之服，随后问道，你知道为什么赏赐你金紫之服吗？李行言回答说不知道。宣宗就把当年樵夫夸他秉公执法的事情讲了出来。

类似的事情不止一例，醴泉县令李君奭被破格提拔为怀州刺史，也是因为同样的情况。皇上用人，察访民情，这固然没错。可是，朝廷用人，最重要的是形成制度保障，知道怎么选拔人才，怎么让人才脱颖而出。像这种偶然碰到一个人说他好，把他记下来然后再任命，实在不是一个大政治家做事的风格。

不过，在用人问题上，宣宗有一点很值得肯定，那就

通鉴识读

上猎于苑北，遇樵夫，问其县，曰："泾阳人也。""令为谁？"曰："李行言。""为政何如？"曰："性执。有强盗数人，军家索之，竟不与，尽杀之。"上归，帖其名于寝殿之柱。冬，十月，行言除海州刺史，入谢。上赐之金紫，问曰："卿知所以衣紫乎？"对曰："不知。"上命取殿柱之帖示之。

——《资治通鉴》卷二四九

是注意管好自己身边的人。对于身边一些人贪腐不法的行为，他处理起来毫不手软。

通鉴识读

上临朝，接对群臣如宾客，虽左右近习，未尝见其有惰容。每宰相奏事，旁无一人立者，威严不可仰视。奏事毕，忽怡然曰：『可以闲语矣。』因问闾阎细事，或谈宫中游宴，无所不至。一刻许，复整容曰：『卿辈善为之，朕常恐卿辈负朕，后日不复得再相见。』乃起入宫。令狐绹谓人曰：『吾十年秉政，最承恩遇；然每延英奏事，未尝不汗沾衣也！』

——《资治通鉴》卷二四九

宣宗爱好音律，宫廷中的乐师罗程因为琵琶弹得好，颇受宠。后来，罗程恃宠而骄，做事横暴，被京兆尹关在监狱里。为了给罗程求情，在一次宫廷乐会上，乐工们设了一个空位子，把罗程的琵琶放在座位上，然后就一字儿排开，拜倒在宣宗脚下，哭泣着说："罗程辜负了陛下，确实该死，但可惜了他天下独绝的琵琶技艺啊。如果他死了，就不能再来侍奉您的宴乐了。"对此宣宗说："你们可惜的是罗程的才艺，我可惜的是高祖太宗的法制。"最后罗程被依法处死。

宣宗对官员的治理也很严格。有一个叫李远的官员，喜欢写诗，宰相让他去当杭州刺史。宣宗忧愁地说，他作诗"长日惟消一局棋"，谓整天就靠一局棋来消磨时光，此人怎么能治民呢！宰相哭笑不得地回答说，这是诗人托兴之词，不是真的这样。

宣宗还经常在临朝理政时敲打大臣，告诫他们说：你们要好好工作，不要辜负了我，要是你们出了事，以后就见不到了。意思是当官要是不合格，出点什么事，随时就得走人。宰相令狐绹秉政十几年，虽然有皇上的宠任，但是每次临朝，都汗湿衣背。

三、走向覆亡

宣宗只是努力处理好日常的一些工作，在具体的事上表现得很精明，却几乎没有触及任何现实政治问题。

宣宗即位后可谓“忧勤无怠”，处理朝政很严肃，公事公办，还是想有一番作为的。他的努力也取得了一些成就，不过这些成就非常有限，远远没有达到史家所说的“中兴”的程度。

当时李唐王朝已经千疮百孔，从内到外矛盾重重，诸如宦官专权、藩镇割据、贫富悬殊、土地兼并等问题，这都需要深入地改革，在制度层面做出改变，而宣宗只是努力处理好日常的一些工作，在具体的事上表现得很精明，却几乎没有触及任何现实政治问题。

大中十三年（859年），宣宗因为食用了道士的丹药，最后发病而死。宣宗有好几个儿子，他最不喜欢的就是长子李温，他安排李温居住在十六王宅，其他儿子却住在宫中。宣宗弥留之际，宦官们做主，迎立在十六王宅的老大即位，这就是唐懿宗。

懿宗是一个十足的败家子，终日宴饮酒不离口，郊游动辄扈从人员十几万，出手大方赏赐无节，奢靡无极。爱妃所生同昌公主出嫁，他倾宫中所有做嫁妆，第二年公主死了，他迁怒医官医治不力，杀死很多人，罢免了宰相，并为公主举行豪华葬礼。懿宗迎佛骨，信佛信奉到了疯狂的程度。咸通十四年（873年），法门寺迎佛骨，但懿宗不久就死了，十二岁的儿子僖宗即位。

僖宗则是个地地道道的小顽童。他生性愚顽，喜欢斗鸡走狗，斗鹅走马，一鹅赌五千缗钱，以致社会矛盾更加激化。朝廷发令都是徒为空文，没有任何实际用处。他最宠的宦官是田令孜，称其为“阿父”。田令孜有谋略，招权纳贿，独揽朝政，来见皇帝时就带两盘果子，边噶边跟皇帝聊。

正是僖宗在位时，发生了王仙芝、黄巢起义。起义军从北打到南，又从广州北上打到长安，僖宗被赶到四川去了。黄巢在长安建国号大齐，年号金统。

通鉴识读

> 晡时，黄巢前锋将柴存入长安，金吾大将军张直方帅文武数十人迎巢于霸上。巢乘金装肩舆，其徒皆被发，约以红缯，衣锦绣，执兵以从，甲骑如流，辎重塞涂，千里络绎不绝。民夹道聚观，尚让历谕之曰：『黄王起兵，本为百姓，非如李氏不爱汝曹，汝曹但安居毋恐。』
>
> ——《资治通鉴》卷二五四

黄巢起义导致唐朝秩序大乱。随后，唐朝周边藩镇组织剿灭部队，黄巢部下朱温又投降了唐朝。中和三年（883年），黄巢撤出长安，最后在东逃过程中，被李克用和朱温联合击溃，在山东莱芜境内自刎而死。从此唐朝就瘫痪了，江淮的转运路也绝了，国命所制，只有数十个州，郡将自擅，常赋殆绝，藩侯废置不自朝廷，王业于是荡然，唐朝就名存实亡了。

唐朝灭亡的根本原因，有制度因素和人事因素。另外，唐朝最后四十五年，在败家子、小顽童、窝囊废的领导下，国家怎么能好？晚唐政府缺乏强制能力，无法做到对内保卫政权、对外守卫领土，它靠藩镇来维护边疆安定，最高领导人对内政也没有完全掌握，权力都在宦官手上；缺乏监管能力，致使各种弊政对社会造成危害；缺乏统和能力，无法对机构和官员行为进行约束，官员贪腐成风，皇帝奢侈成性，上自皇家下到官员都已经烂透；缺乏汲取能力，最后唐朝的财政全靠东南各州，不能够获取藩镇财政；缺乏吸纳能力，当时贫富分化很严重，老百姓的生活很困苦，唐朝政府没有能力对社会不同意见进行吸取。在这种情况下，国家能好的了吗？

唐代后期宦官专权

唐代宦官专权以掌握兵权、废立皇帝而区别于东汉和明代。这种情况从德宗时候开始制度化、常态化。

最初，新老皇帝更替之际，体制内掌控着大权的宦官会与新即位皇帝所带的宦官发生冲突。后来，手握大权的宦官自己选择没有背景的王子继位，杜绝了东宫宦官出来专权的可能。昭宗之后，藩镇势力介入，宰相与宦官都要依附藩镇来保全自己。尽管宦官还是利用藩镇的势力一度废黜唐昭宗，但是，这只是宦官势力在灭亡前的猖狂一跳罢了。

一、两股宦官势力

皇帝身边的宦官与掌握着大权的“老”宦官之间的冲突，在敬宗之死这件事上充分展现出来。

皇帝身边的宦官与掌握着大权的“老”宦官之间的冲突，在敬宗之死这件事上充分展现出来。

宝历二年（826年）十二月初八，敬宗夜晚打猎后返

上游戏无度，狎暱群小，善击球，好手搏，禁军及诸道争献力士，又以钱万缗付内园令召募力士，昼夜不离侧；又好深夜自捕狐狸。性复褊急，力士或恃恩不逊，辄配流、籍没；宦官小过，动遭捶挞，皆怨且惧。十二月，辛丑，上夜猎还宫，与宦官刘克明、田务澄、许文端及击球军将苏佐明、王嘉宪、石从宽、阎惟直等二十八人饮酒。上酒酣，入室更衣，殿上烛忽灭，苏佐明等弑上于室内。

——《资治通鉴》卷二四三

回宫中，与宦官刘克明、田务澄以及击球军将苏佐明、王嘉宪、石从宽等二十八人饮酒。唐敬宗酒酣耳热，入室更衣。此时，大殿灯烛忽然熄灭，刘克明、苏佐明等同谋害死了唐敬宗。随后，刘克明等矫称上旨，命翰林学士路隋起草遗制，认为绛王李悟足够当军国事。次日，宣遗制，绛王紫宸殿外廊接见宰相百官。政变似乎就这样成功了。

然而，宦官中掌权的实权派看不下去了，枢密使王守澄、杨承和，中尉魏从简、梁守谦等人议定后，让禁卫兵迎江王李涵入宫，并派左、右神策军和飞龙兵前去讨伐贼党，把刘克明等人都杀死了，绛王也被乱兵所害。

在这两方宦官中，刘克明等宦官是敬宗为太子时的身边宦官，枢密使王守澄等人则是体制内先皇时期留下的宦官。利用贴身近侍的位置来换掉皇帝，容易得手，也容易封锁消息；但是，要换掉执掌军政大权的大阉，便不容易了。

关于东宫宦官与先帝时期权宦发生冲突的事件，还有以下例子。

顺宗即位，他身边的宦官是李忠言，王叔文等人正是通过李忠言而获得取旨之权。俱文珍等谋夺王叔文的权力，奏立太子，就是剥夺李忠言在皇帝身边代言的权力。李忠言（背后是王叔文）与俱文珍的冲突，就是新老宦官的冲突。后来太子即位，是为宪宗。

宪宗对于谁是自己人，谁不是自己人，分的很清楚。吐突承璀是宪宗在东宫时的宦官，元和时期权力最大。元和朝平定藩镇的战争，宪宗最信任的军事统帅就是吐突承璀。不管朝臣如何交章论奏，宪宗赋予其军权之意不改；即使后来吐突承璀部下发生了贪腐不轨之事，宪宗被迫将其贬到地方任职，依然恩顾不衰。宰相李绛反对吐突承璀，元和八年（813年），宪宗想要召吐突承璀回朝，于是将李绛的相位罢免了，吐突承璀回来后，又被任命为神策中尉。

宪宗在东宫时还有一个宦官是仇士良，有一次出使之时，仇士良与御史在驿站住宿问题上发生冲突，宪宗坚定地偏袒仇士良。但是，对于拥立自己有功的俱文珍等宦官，宪宗则是“终身无所宠假。”元和时期，正因为宪宗东宫带来的宦官掌控着朝廷大权，加上宪宗本人尚能掌控大局，才有“元和中兴”的事业。

但是，在立太子问题上，吐突承璀与宪宗意见不一。吐突承璀要立澧王李宽，宪宗则坚持立遂王李宥，即穆宗。穆宗即位，吐突承璀也因为这个原因而被加罪诛杀，而王守澄等人是支持立穆宗的，因而掌权。

二、体制内宦官的胜利

从宦官们废太子，重立继承人之事上可见，权阉最在乎的是太子（嗣君）是否为自己拥立。

穆宗因为服用丹药而驾崩，敬宗以太子即位，却被自己身边的贴身宦官所杀。此后，太子东宫宦官在皇帝继承中被逐渐排除在外。因为文宗、武宗、宣宗、懿宗、僖宗诸帝的即位，都不是先帝的意志，而是从十六王宅迎立的王子。这些临时找来的嗣君身边，没有可以利用的宦官势力。

如果说王守澄等人拥立文宗尚属事起仓促，并非宦官预谋的话，那么武宗、宣宗、懿宗、僖宗的登基，则是实

左军中尉吐突承璀领功德使，盛修安国寺，奏立圣德碑，高大一准《华岳碑》，先构碑楼，请敕学士撰文，且言：『臣已具钱万缗，欲酬之。』上命李绛为之，绛上言：『尧、舜、禹、汤，未尝立碑自言圣德，惟秦始皇于巡游所过，刻石高自称述，未审陛下欲何所法！且叙修寺之美，不过壮丽观游，岂所以光益圣德！』上览奏，承璀适在旁，上命曳倒碑楼。承璀言：『碑楼甚大，不可曳，请徐毁撤。』冀得延引，乘间再论。上厉声曰：『多用牛曳之！』承璀乃不敢言。凡用百牛曳之，乃倒。

——《资治通鉴》卷二三七

打实的宦官刻意排除既定接班人的结果。

文宗有两个儿子，但都不得天寿而终。开成四年（839年）十月十八日，乃立敬宗的小儿子陈王李成美为太子。不久，文宗身患重病，不能下床，就命枢密使刘弘逸、薛季棱叫来宰相杨嗣复、李珏二臣，嘱咐他们辅助太子监国。仇士良、鱼弘志得知消息后，在当天晚上就伪造遗诏，废太子为陈王，立颍王李炎为皇太弟，负责处理军国大事，并带李炎登上朝堂接见百官。

其间，宰相李珏曾站出来反对，说："太子位已定，岂得中变！"这样的话，在德宗驾崩的时候也有人说过，当时就震慑住了宦官，因此顺宗李诵得以顺利即位。可是现在情况不同了，在帝位继承这件事上，完全由宦官说了算。文宗得知后，也无可奈何。

从宦官们废太子，重立继承人之事上可见，权阉最在乎的是太子（嗣君）是否为自己拥立。这种情况即位的武宗，与文宗一样，都没有自己的宦官系统。因而，体制内的宦官成功地堵住了潜在的挑战者。

再看唐武宗的情况。武宗至少有五个儿子，都不曾被立为太子。在武宗病危时，诸宦官在宫廷中密谋，然后下诏，以皇子年幼为由，将光王李怡立为皇太叔，负责军国政事。宣宗即位之后，也没有自己宠信的宦官。

宣宗有好几个儿子，他最不喜欢的是长子李温，就让李温居住在十六王宅，其他儿子却住在宫中。宣宗弥留之际，宦官们做主，将李温迎立回来即位，这就是唐懿宗。

值得一提的是，武宗、宣宗为什么不早立太子？很可能是因为宦官故意阻挠其事。如果立了太子，就需要有东

春，正月，己卯，诏立颍王瀍（注：李炎）为皇太弟，应军国事权令句当。且言太子成美年尚冲幼，未渐师资，可复封陈王。时上疾甚，命知枢密刘弘逸、薛季稜引杨嗣复、李珏至禁中，欲奉太子监国。中尉仇士良、鱼弘志以太子之立，功不在己，乃言太子幼，且有疾，更议所立。李珏曰：『太子位已定，岂得中变！』士良、弘志遂矫诏立瀍为太弟。是日，士良、弘志将兵诣十六宅，迎颍王至少阳院，百官谒见于思贤殿。瀍沈毅有断，喜愠不形于色。与安王溶皆素为上所厚，异于诸王。

——《资治通鉴》卷二四六

宫的配置，包括宦官的配置。这样，太子即位之后，会再度威胁到现有宦官的权力体制。

咸通十四年（873年）懿宗驾崩，同样是未立太子。懿宗有八个儿子，僖宗排行第五，宦官舍长立幼，僖宗的拥立也是宦官们的主意。

再看僖宗的情况。文德元年（888年）三月初五，僖宗病危。皇弟吉王李保，长而贤，群臣属望。但是，十军观军容使杨复恭不顾群臣意见，立懿宗的第七子寿王李杰为皇太弟，即位之后，是为昭宗。杨复恭因此执掌大权。

三、藩镇势力的介入

藩镇干预了朝廷禁军设置，不再只是宦官内部的问题了。昭宗之死和哀帝之立，都是朱全忠主导的，已经与宦官没有关系了。

昭宗即位后，对杨复恭的专权跋扈颇为不满。他利用凤翔节度使李茂贞等外力的作用，剥夺了杨复恭的军权，迫使其退休。为此，杨复恭还愤然地说，哪有门生天子废黜定策国老！宰相崔胤也很憎恨宦官专权，在内廷议政之时，他与枢密使宋道弼、景务修等多次产生冲突。后来，崔胤得到了宣武节度使朱全忠（朱温）的支持，宋、景两人被外派到地方作监军，两天后又被流放赐死。

可以说，藩镇的介入，使宦官专权情况发生了巨大变化。

崔胤在节度使朱全忠支持下的行动，特别是两位前任

通鉴识读

初，崔胤与帝密谋尽诛宦官，及宋道弼、景务脩死，宦官益惧。上自华州还，忽忽不乐，多纵酒，喜怒不常，左右尤自危。于是左军中尉刘季述、右军中尉王仲先、枢密使王彦范、薛齐偓等阴相与谋曰：『主上轻佻多变诈，难奉事；专听任南司，吾辈终罹其祸。不若奉太子立之，尊主上为太上皇，引岐、华兵为援，控制诸藩，谁能害我哉！』

——《资治通鉴》卷二六二

枢密使的下场，引起了宦官们的恐惧。于是左军中尉刘季述、右军中尉王仲先等暗中谋划，说："主上轻浮而多机变欺诈，难于侍奉；并且凡事专听任宰相办理，我等终究要遭受他的祸害。不如立太子为皇帝，尊主上为太上皇，招岐州李茂贞、华州韩建的军队为援助，控制各个藩镇，谁还能加害我们呢！"

光华三年（900年）十一月初的一天，昭宗在禁苑打猎，猎后置酒宴，喝酒喝到深夜，酩酊大醉回来，杀了几个黄门、侍女。次日上午十点多，宫门还没有打开。于是，刘季述找到中书省，对宰相崔胤说："宫中一定发生了变故，我是内臣，可以便宜行事，请让我进去看一看。"于是带领一千禁兵破门闯入宫中，了解到昭宗醉酒滥杀无辜后，刘季述出来对崔胤说："主上如此胡来，岂可治理天下！废黜昏君，拥立明君，自古有之，这样做是为了国家大计，不是谋逆。"崔胤害怕被杀，不敢违抗。

刘季述出面召集百官，陈兵殿庭，拿出一份以崔胤等领衔的连名状，请太子监国，让崔胤和百官签名，崔胤和百官不得已，都签了名。昭宗退位，皇太子登基。据说，昭宗被囚禁在少阳院（太子所居处）时，刘季述用银挝画地，数落昭宗说："某时某事，你不听从我的话，这是一条罪。"这样数十下还不停止。形象地展示了宦官对于不听话皇帝的极度不满。

很显然，这次宦官得手与凤翔节度使干预有关。刘季述等还曾联络过宣武节度使朱全忠，不过朱全忠拒绝了刘季述，在昭宗被废时选择作壁上观。

昭宗退位大约有两个月。在这期间，刘季述、王仲先

通鉴识读

季述以银挝画地数上曰：『某时某事，汝不从我言，其罪一也。』如此数十不止。乃手锁其门，镕铁锢之，遣左军副使李师虔将兵围之，上动静辄白季述，穴墙以通饮食。凡兵器针刀皆不得入，上求钱帛俱不得，求纸笔亦不与。

——《资治通鉴》卷二六二

等大搞恐怖活动，杀了很多皇帝的亲信。本来他们也想杀宰相崔胤，但是，怕因此招致崔胤背后的朱全忠的报复。神策军大将孙德昭经常忿恨宦官任意废立侮辱天子，于是，崔胤暗中联络他设计杀死王仲先、刘季述，迎昭宗重登帝位。

刘季述等被杀之后，崔胤等想由南衙统领禁军，结果不仅遭到北军将士的反对，也为凤翔节度使李茂贞所忌惮。也就是说，藩镇干预了朝廷禁军设置，不再只是宦官内部的问题了。昭宗之死和哀帝之立，都是朱全忠主导的，已经与宦官没有关系了。

草莽英雄朱温的一生

五代后梁的开国皇帝朱温（852—912），出身草莽，经历从造反到平叛再到造反的人生轨迹，亲手埋葬了有近290年历史的李唐王朝，缔造了一个新王朝，并开启了五代社会与经济的重建。可惜天不假年，朱温在位仅六年就被亲生儿子谋弑。之后，梁王朝仅仅存在了十年，就短命而亡。

一、朱温的人生轨迹：从造反到平叛

25岁出来混江湖，跟黄巢造反5年，降唐后平叛6年，朱温完成了人生巨大的转变。

通鉴识读

温少孤贫，与兄昱、存随母王氏依萧县刘崇家，崇数笞辱之，崇母独怜之，戒家人曰：『朱三非常人也，汝曹善遇之。』

——《资治通鉴》卷二五四

朱温是宋州砀山人，在家排行老三，由于父亲早死，朱温三兄弟就随寡母王氏在一个大户人家佣工。黄巢起义爆发后，他和二哥一起投入了黄巢军中。

朱温打仗勇猛，战绩卓著，在黄巢队伍中，逐渐晋升为一员大将。在黄巢攻取长安建立大齐政权后，他受命抵御四面来攻的藩镇联军。中和二年，战事越发激烈，镇守全州的朱温在得不到救援的情况下，便率领同州军民向河中节度使王重荣投降。王重荣将情况汇报给流亡在四川的唐僖宗，僖宗高兴地说："是天赐予也！"给朱温赐名全忠，授左金吾卫大将军，充任河中行营副招讨使。

在后来的六年中，朱温在平定黄巢大齐政权，削平陈州割据军阀战争中屡立战功，在文德元年（888年）唐昭宗即位之时，年仅36岁的朱温已经是中原地区最有势力的新军阀了。25岁出来混江湖，跟黄巢造反5年，降唐后平叛6年，朱温完成了人生巨大的转变。真可谓乱世的"英雄"。

888年，唐僖宗驾崩，宦官杨复恭做主，拥立僖宗之弟即位，是为昭宗。昭宗即位后，很想有一番作为，这引起了宦官的忌惮。于是，中尉刘季述、王仲先等废除昭宗，立太子李裕为帝。事变发生后，宦官主动和忙着在山东抢地盘的朱温联络，表示如果朱温支持他们，他们将来会帮助朱温获得唐家社稷。

毕竟在政治的江湖上混了20多年，朱温没有被宦官的空头承诺所诱惑。他从前线返回，专门召集僚佐开会，商讨对策。有人说朝廷的事情，我们地方藩镇够不着，建议不要管。而天平节度副使李振力主讨伐刘季述等宦官。他说："今天国家有难，这是称王称霸的凭借与资本，主公对于现在的唐王朝而言，那就像齐桓公、晋文公对于周王室那样重要，国家安危系于主公一身。他刘季述算什么东西，竟然敢废黜囚禁天子，你今天要是不讨伐叛逆，拿什么去命令诸藩镇呢！而且新皇帝年幼，如果宦官掌握大权，那就是将国家大权拱手与人了。"朱温听后大悟，当即扣押了刘季述派来的使者，同时派遣李振去京师打探情况。李振

通鉴识读

季述遣养子希度诣全忠，许以唐社稷输之；又遣供奉官李奉本以太上皇诰示全忠。全忠犹豫未决，会僚佐议之，或曰：『朝廷大事，非藩镇所宜预知。』天平节度副使李振独曰：『王室有难，此霸者之资也。今公为唐桓、文，安危所属。季述一宦竖耳，乃敢囚废天子，公不能讨，何以复令诸侯！且幼主位定，则天下之权尽归宦官矣，是以太阿之柄授人也。』全忠大悟，即囚希度、奉本，遣振如京师诇事。即还，又遣亲吏蒋玄晖如京师，与崔胤谋之；又召程岩赴大梁。

——《资治通鉴》卷二六二

回来后，又派遣帐下亲信去京师找宰相崔胤谋划。

天复元年（901年）正月初一，宰相崔胤策动神策军中下层军官诛杀刘季述、王仲先等，与朱温里应外合，拥立昭宗复辟。在整个事变中，朱温反复权衡各方势力的举措，说明他绝非鲁莽之辈。朱温的政治精明在利用崔胤的事情上，表现得更加淋漓尽致。

二、朱温与崔胤：政治利用与被利用

崔胤认为，能够与宦官及其背后势力抗衡的藩镇势力，只有宣武节度使朱温，即朱温。

崔胤出身于清河崔氏，父、祖均担任过朝廷要职。昭宗景福二年（892年），崔胤拜相。此时，崔胤要面对的是与藩镇勾结的宦官势力。如今站在宦官背后的不是别人，正是凤翔节度使李茂贞。崔胤认为，能够与宦官及其背后势力抗衡的藩镇势力，只有宣武节度使朱温，即朱温。

乾宁三年（896年）六月，因为河中节度使继任人选的纷争，昭宗与华州刺史韩建等发生冲突，被韩建劫持到华州，崔胤也因此而被罢免相职。于是，崔胤暗中派人向朱温求助，朱温恰好需要在朝廷寻找自己的代理人，就立马利用这个机会，给朝廷上书，要求留用崔胤为相。崔胤便被起复为相。

抱上朱温的大腿后，崔胤便在朝廷里大肆排除异己，宰相徐彦若、王抟均遭贬黜。弹劾王抟的时候，崔胤正是利用了朱温的威权。他让朱温出面上奏章，说王抟与宦官勾结，将危害社稷，力劝昭宗诛杀宦官宋道弼、景务修等。

昭宗复辟之后，崔胤的地位更加显赫。不过，昭宗对崔胤已经有所戒惧。这时候朱温也从东方腾出手来了，开始纵兵向西，攻陷河中、晋绛后，进兵至同华。神策中尉韩全诲等正是利用了昭宗的忌惮心理，说崔胤与朱温关系密切，担心勾引汴军进逼京师，免除了崔胤的相职，罢去所兼三司使，并挟持昭宗出奔凤翔李茂贞。

对此，崔胤的不满直接表现为联络朱温到岐山迎驾（夺回天子）。天复二年（902年），朱温从岐下还军河中，崔胤在渭桥迎接，向朱温哭诉自己的委屈。两人饮宴时，崔胤亲自捧卮敬酒，持板为朱温唱歌。

从当年四月到次年正月，李茂贞与朱温两方僵持了9个月时间，李茂贞毕竟势力稍弱，决定对昭宗放手，就杀了韩全诲等宦官，与朱温讲和。

昭宗离开凤翔，是在天复三年（903年）正月二十二日，来到朱温的军营，朱温素服（脱去公服）待罪。皇帝宽释了他们的罪过，让他们穿着公服入见。朱温见到皇帝，磕头流泪。昭宗也流下了眼泪，对朱温说，国家宗庙社稷，全靠你才重得安定，我与诸大臣，全靠你才得以活命。他亲自解下了玉带赐给朱温。稍事休息，就启程还京。胡三省批注说朱温这是“谬为勤敬”，意思是所有的恭顺都是在作秀！

经过此事，崔胤官复原职，重新获得权势，朱温则成功地控制了朝廷。崔胤干脆一不做二不休，与朱温联合奏请罢去左右神策、内诸司等使及诸道监军、副监、小使。宦官三百余人，同日被斩杀；所在诸道监军，也是同样的

通鉴识读

甲子，车驾出凤翔，幸全忠营，全忠素服待罪。命客省使宣旨释罪，去三仗，止报平安，以公服入谢。全忠见上，顿首流涕。上命韩偓扶起之。上亦泣，曰：『宗庙社稷，赖卿再安；朕与宗族，赖卿再生。』亲解玉带以赐之。少休，即行。全忠单骑前导十许里，上辞之。全忠乃令朱友伦将兵扈从，自留部分后队，焚撤诸寨。

——《资治通鉴》卷二六三

下场。

现在朱温成了最有权势的人，各方势力都要求助于他。崔胤要搞掉同事韩偓，请朱温出面，昭宗不得已贬黜韩偓。昭宗要想平原公主（何皇后之女）回来（平原公主几天前被李茂贞胁迫嫁给他的儿子），就请朱温给李茂贞写信，李茂贞不敢违背朱温的意愿，遂将公主归还。

崔胤担心朱温的篡位会殃及于己，于是阴谋建立一支独立的中央禁军。不过，他的算计没有逃过朱温的眼睛。朱温将计就计，让自家军队应募入伍，又立即向皇帝奏请诛杀崔胤，罪名是崔胤身兼数职，专权乱国，离间君臣关系。昭宗哪敢说半个不字！最后，崔胤就这样丢掉了性命。几年后，朱温逼迫唐皇帝禅位，改国号为梁，史称后梁。

通鉴识读

翔为人沈深，有智略，在幕府三十余年，军谋、民政，帝一以委之。翔尽心勤劳，昼夜不寐，自言惟马上乃得休息。帝性暴戾难近，人莫能测，惟翔能识其意趣。或有所不可，翔未尝显言，但微示持疑；帝意已悟，多为之改易。禅代之际，翔谋居多。

——《资治通鉴》卷二六六

三、朱温的治国：开始了五代的重建

敬翔为人深沉，有谋略，辅佐朱温三十多年，尽心勤劳，而且非常了解朱温，从朱温身边的文书侍从职员，逐步成为首席顾问。

《资治通鉴》说，朱温最“怕”两个人，一个人是发妻张氏，另一个是幕僚长敬翔。可惜张氏在他篡位之前就已经去世，敬翔则成为他奠定江山的张良和萧何。

敬翔是陕西大荔人，是参与神龙政变、逼迫武则天退位的“五王”之一敬晖的后代。僖宗乾符年间，敬翔考进士不第，卷入到战乱之中，后来在朱温麾下就职。敬翔为人深沉，有谋略，辅佐朱温三十多年，尽心勤劳，而且非常了解朱温，从朱温身边的文书侍从职员，逐步成为首席顾问。

一次朱温手下的大将朱珍与李唐宾发生争执，朱珍一气之下杀了唐宾，并派人告诉朱温说唐宾谋叛。使者凌晨来到汴梁，敬翔担心朱温得知消息后作出不理性的决断，就把使者藏起来，夜间才让他去见朱温。这样一来，朱温听到消息虽然发怒，却只能在次日处置，而经过一夜的思量，朱温已经理性起来，能接受敬翔的意见了。于是，在敬翔的谋划下，朱温假装听信了朱珍的话，寻机将其拿下，处以死刑。

朱温登基之后，国家治理也开始进入有序阶段。寇彦卿是朱温的老部下，有一次入朝，行至天津桥，有民不避道，被随从举起来扔到栅栏之外而死。寇彦卿向朱温自首，朱温让他用私财赔偿给死者家属以赎罪。但是，御史司宪崔沂不同意，请求依法处置。朱温又想以过失罪论处，崔沂上奏说：“权势者是首犯，手下人属于从犯；并非斗殴中失手伤害他人，不属于过失罪。”崔沂的分析获得朱温的认可，他对寇彦卿做了降职处理。寇彦卿扬言：“有得崔沂首级的人，赏钱一万缗。”朱温知道后，派人对寇彦卿说：“如果崔沂有毫发之损，我灭你全族！”其时功臣骄横，由于此事的严肃处理，社会法治环境有了改善。

张全义早年参加黄巢起义，后来归降，在朱温的后梁担任河南尹，他治下的洛阳农业逐步得到恢复和发展，五代社会与经济的重建从后梁朱温时代开始。

著名史学家吕思勉评论朱温说：“在唐五代之际，梁太祖确是能定乱和恤民的……”可惜天不假年，梁太祖篡

通鉴识读

左金吾大将军寇彦卿入朝，至天津桥，有民不避道，投诸栏外而死。彦卿白首于帝，帝以彦卿才干有功，久在左右，命以私财遗死者家以赎罪。御史司宪崔沂劾奏：『彦卿杀人阙下，请论如法。』……彦卿扬言：『有得崔沂首者，赏钱万缗。』沂以白帝，帝使人谓彦卿：『崔沂有毫发伤，我当族汝！』时功臣骄横，由是稍肃。

——《资治通鉴》卷二六七

位后仅六年就去世了。他不是死在疆场上，而是死于亲生儿子之手。

因为长子郴王朱友裕早死，因此从建国称帝以来，朱温始终未立太子。眼见自己命不久矣，而其他几个亲子又不堪重用，只有养子博王朱友文尚可成器，于是朱温打算传位于他。但事情被朱友珪知道了。朱友珪这时是控鹤都指挥使，负责皇宫的警卫工作。朱温看出朱友珪有野心，就下诏即将朱友珪调任为莱州刺史。朱友珪知道这是为传位给朱友文做的准备，如若自己起身赴命，那么从此就与皇帝宝座无缘，而且恐怕还会有性命之忧。于是与自己的老部下韩勍合谋，半夜冲进朱温的寝宫，杀死了他。

朱温的被杀，给了梁政权以致命的打击，梁末帝虽然定乱而自律，但并不是沙陀政权李存勖的对手。

后唐庄宗的戏剧人生

后唐庄宗李存勖（886—926）是一个充满戏剧性的人物，他的一生波澜壮阔。他出身高贵，是沙陀贵族的后代，晋王李克用的嫡长子。他自幼随父亲李克用征战天下，在完成父亲遗愿过程中，勇猛顽强，智勇双全。然而，灭掉后梁之后，他志得意满，人生目标迷失了，这是他失败的主要根源，也是许多英雄豪杰能打天下而不能治天下的宿命。

一、李克用的三支箭

908年，朱温登基的次年，李克用因病去世。临终前，他给李存勖三支箭，要儿子为自己报仇。

李克用（856—908），唐末代北节度使李国昌之子，本姓朱邪，被唐朝皇帝赐姓李氏，沙陀族。在镇压黄巢时，李克用与梁太祖朱温结下深仇大恨，两人斗了一辈子。908年，朱温登基的次年，李克用因病去世。临终前，他给李存勖三支箭，要儿子为自己报仇。

李克用的第一支箭指向幽州刘仁恭。刘仁恭本来是幽州军将，因为与节度使李匡筹发生冲突，逃往太原归附河东节度使李克用，李克用待之甚厚。后来，在刘仁恭的说服下，李克用出兵攻打李匡筹，攻陷了幽州，并且于895年向朝廷上表，推荐刘仁恭为卢龙节度使。经过此事，李克用以为刘仁恭从此就被纳入自己的势力范围了，不料在接下来的日子里，李克用在对外用兵中征调卢龙节度使的兵力时，刘仁恭都推三阻四，甚至引诱河东的将士逃亡幽州。对此，李克用非常恼火，曾亲自率领大军讨伐刘仁恭，结果反而被刘仁恭击败，士卒死伤过半。刘仁恭还在朱李争斗中选边站，把捉获的河东将士交给朱温，从此摆脱了河东的控制。因此，不消灭幽州刘仁恭，李克用死不瞑目。

第二支箭指向契丹。契丹部落首领阿保机曾经打败幽州刘仁恭，并活捉其养子大将赵霸。河东李克用很想与契丹结盟。905年，李克用邀请阿保机前来云州会盟，结为兄弟，约定共同对付汴州朱温和幽州刘仁恭。双方各有馈赠，尽欢而散。但是，阿保机攻略幽州只是为了掳掠其财富和人民，并不是为河东解恨。他并不遵守与李克用的约定，反而是两面下注，与在中原称霸的朱温也打得火热。906年底，朱温派人渡海与阿保机修好，送去衣带珍宝。对于阿保机的背叛，李克用恨得咬牙。

第三支箭当然是指向宿敌朱温了。两人早在黄巢之乱中就结下了梁子。884年四月，李克用追击黄巢，从河南周口打到山东菏泽，有时一天一夜奔袭三百里。李克用在回军途中，路过朱温的地盘汴州。当时朱温已经投靠唐朝，成为了封疆大吏。朱温在上源驿设宴招待友军，李克用大约喝多了，借着酒劲，就开始奚落朱温。李克用的话

世传武皇临薨，以三矢付庄宗曰：『一矢讨刘仁恭，汝不先下幽州，河南未可图也。一矢击契丹，且曰阿保机与吾把臂而盟，结为兄弟，誓复唐家社稷，今背约附梁，汝必伐之。一矢灭朱温。汝能成善志，死无恨矣！』庄宗藏三矢于武皇庙庭。及讨刘仁恭，命幕吏以少牢告庙，请一矢，盛以锦囊，使亲将负之以为前驱。凯旋之日，随俘馘纳矢于太庙。伐契丹，灭朱氏，亦如之。

——《资治通鉴》卷二六六附《考异》引《五代史阙文》

很难听，让朱温当场下不来台。散席之后，朱温让人放了一把火，李克用差点死于非命。这下子李克用与朱温结下了深仇大恨。临终之前，李克用把报仇雪恨的火种传给了李存勖。

李克用的这三支箭，不仅仅是私家仇恨，它实际上为李存勖继承父亲遗志，划定了三个作战方向。

二、英雄李亚子

李存勖巩固了自己的权力之后，开始了按照三支箭的目标行动。

李存勖小名亚子，据说他11岁时，同李克用见唐昭宗，昭宗称赞他有奇表之相，“可亚其父”，因此得名。李存勖早年便随父亲作战，表现勇猛，富于谋略。908年，李克用病逝。李存勖继任河东节度使，袭封晋王，时年24岁。

当时，李克用的养子李存颢、李存实等人自恃手握军权，又年长于李存勖，对李存勖袭位非常不满。他们有的称病不朝，有的见而不拜，甚至怂恿叔父李克宁发动叛乱，意欲谋害李存勖，投降后梁。李存勖沉着应对，首先取得监军张承业、大将李存璋等人的支持，而后抢先行动，在府中埋伏甲士，擒杀了李克宁、李存颢等人，初步稳固了政局。

李存勖巩固了自己的权力之后，开始了按照三支箭的目标行动。

通鉴识读

克宁久总兵柄，有次立之势，时上党围未解，军中以存勖年少，多窃议者，人情恟恟。存勖惧，以位让克宁。克宁曰：『汝冢嗣也，且有先王之命，谁敢违之！』将吏欲谒见存勖，存勖方哀哭未出。张承业入谓存勖曰：『大孝在不坠基业，多哭何为！』因扶存勖出，袭位为河东节度使、晋王。李克宁首帅诸将拜贺，王悉以军府事委之。

——《资治通鉴》卷二六六

幽州刘仁恭父子是因为父子反目而被李存勖灭亡的。刘守光因为和刘仁恭的爱妾罗氏通奸，被揍了一顿，赶出城外，父子断绝了关系。而后，刘仁恭自己跑到大安山享受生活，不料宣武镇派军来攻打幽州，被刘守光率军击退。于是，刘守光自任为卢龙节度使，把父亲刘仁恭囚禁了起来，甚至自我膨胀，自称燕国皇帝。这还是李克用在世时的事情。这样过了六年，到了913年，李存勖攻破幽州城，刘守光与其被囚禁的父亲刘仁恭一起被擒，刘仁恭更是被刺破心脏，祭奠李克用。

攻取幽州之后，李存勖重点攻打魏博和冀南之地。后梁在梁太祖驾崩后日益走向衰败。后梁末帝完全没有治国才能，国政都把持在外戚手上，这就给了李存勖机会。915年，李存勖利用后梁处置魏博事务失宜，接受了魏州将领来降，自任节度使。916年击败梁将刘鄩，乘机攻占冀南，并把控制势力推进到黄河北岸，与后梁军队形成夹河对峙的局面，随后双方围绕着黄河沿岸重要渡口展开了激烈的战争。其中关键的一役是镇州争夺战，结果李存勖大获全胜，他先后兼任魏博、成德节度使。923年，李存勖在魏州被推举为帝，是为唐庄宗。同年十月，李存勖从杨刘渡口过河，李嗣源（李克用养子）作为先头部队攻入汴州，后梁末帝朱友贞自杀，后梁灭亡。李克用的第二支箭完成了目标。

对付契丹，情况要复杂一些。在李存勖与后梁争夺河北三镇，在两河之地拉锯期间，阿保机统一了契丹八部，并称帝建国（916年建契丹国，918年建都城临潢府）。即使在巩固新生政权之际，契丹也不忘南下掳掠。917年，契丹在叛将的引诱下，进逼幽州。当时李存勖身边只有少数兵力，尽管如此，仍然派大将李存审、李嗣源率军迎战。最后大败契丹军队，俘斩数以万计，解了幽州之危。

921年晋军围攻承德叛将之际，又有义武叛将勾结阿保机，引契丹军南下。这次，阿保机率领契丹倾国来袭。922年，李存勖在夹河对抗后梁军队的同时，率领五千骑兵先进，打退了契丹军的进攻，并擒获契丹王子一人。随后，李存勖乘胜追击，契丹军退至望都，再次被晋军打得大败而逃。时值正月，天寒地冻，人马无食，契丹的军队死伤大半，李存勖因此遏制住了契丹南向的势头。

三、优伶“李天下”

完成父亲的遗志后，李存勖便将创业之难、征战之苦抛之脑后，开始随心所欲，为所欲为。

完成父亲的遗志后，李存勖便将创业之难、征战之苦抛之脑后，开始随心所欲，为所欲为。

李存勖对伶人极为宠信。早在称帝之前，便曾因任用伶人为刺史而贻误战事。伶人周匝在胡柳陂之战中被梁军俘虏，因为伶人陈俊、储德源的保护而得以幸存。后唐灭梁后，李存勖竟然要授陈、储二人为刺史，以报答二人对周匝的救命之恩。后来因为大臣郭崇韬苦苦进谏说：“陛下能够夺取天下，都是忠勇豪杰苦战得来的，今天刚攻下汴州，还没有封赏一位大臣，反而先以伶人担任刺史的职务，恐怕会让天下人心寒。”这才没有施行。过了一年，伶人周匝一再

通鉴识读

郭崇韬谏曰：『陛下所与共取天下者，皆英豪忠勇之士。今大功始就，封赏未及一人，而先以伶人为刺史，恐失天下心。』以是不行。踰年，伶人屡以为言，帝谓崇韬曰：『吾已许周匝矣，使吾惭见此三人。公言虽正，当为我屈意行之。』

——《资治通鉴》卷二七三

求情，庄宗还是任命了陈、储两人出任刺史。他对郭崇韬说："我已经答应周匝了，不可食言，让我惭见此三人。我知道你的意见没有错，还是看在我的面子上屈意行之吧。"任命消息一出，一片哗然，当时有亲军将士跟随庄宗身经百战都没有获得刺史的职位，所以大家都很愤怒叹息。

庄宗还利用伶人刺探外间信息，掌握舆情。有一个叫景进的伶人，就喜欢向皇上报告各种闾间细故。这样一来，伶人就有了政治权力，特别是景进，可以单独向庄宗报告情况，议论群臣是非，干预朝廷政事。将相大臣，无不忌惮之。巴结得上，逢迎讨好；巴结不上或者不屑于巴结的，皆不自安。

伶人之外，宫中数以千计的宦官也窃威弄权，宦官充任前线的监军，唐末被清除的宦官，在唐庄宗时竟然死灰复燃。伶人、宦官有一次为庄宗征掠青年女子3000多人。

庄宗还纵容皇后刘氏聚敛钱财，肆意干政。刘氏派人到各地经商，连柴火果蔬之类都要加以贩卖，从中获利，四方贡献的钱财也都据为己有，却吝啬不赏。一次国内饥荒，洛阳府库空竭，禁军军士都不发军粮，以致冻饿而死者无数。宰相率百官上表，请李存勖开内库赈灾。李存勖应允，但刘氏却不肯答应，称生死有天命决定，非人力所能挽回。后来，宰相又在便殿议论。刘氏躲在屏风后面偷听，竟然将自己的梳妆用具、两口银盆，以及三个年幼的皇子，送到宰相面前，称宫中只剩这些，让他们拿去卖了以筹备军饷，吓得宰相惶恐而退。

925年，郭崇韬奉命与魏王李继岌讨伐前蜀政权，李继岌是庄宗与刘皇后所生长子。战争进行得非常顺利，仅用了70天，就迫使前蜀主王衍投降。然而，德高望重，又立了大功的郭崇韬，却因为得罪了刘皇后，遭到宦官李从袭等人的构陷。在镇守成都期间，刘皇后密令宦官马彦珪前往成都，伙同李继岌，以截留蜀地财货、蓄意谋反为罪名，残忍地杀害了62岁的郭崇韬，一同罹难的还有他的五个儿子。对此，唐庄宗不仅不追究，还扩大审查，河中节度使朱友谦等人被处死。这一下激起了广大将士和朝臣的危机感，内乱由此而生。

李嗣源在女婿石敬瑭等策动下，被将士拥戴，黄袍加身，杀向洛阳；而在皇宫中，郭崇韬本家伶人出身的禁军将领郭从谦也发动兵变，史称兴教门（皇宫之门名）之变。庄宗在混乱中被乱箭射中，又误食宦官所进乳酪，当场毙命。此时，距李存勖登基，仅仅过了三年。

在内乱中改朝换代是五代王朝递嬗的共同特点，像后梁这样父子兄弟相残固然不多见，可是不能安抚好功臣、权臣或有实力的藩镇，以致激起其内乱，则是共同特征。

魏王继岌将发成都，令任圜权知留事，以俟孟知祥。诸军部署已定，是日，马彦珪至，以皇后教示继岌，继岌曰：『大军垂发，彼无衅端，安可为此负心事！公辈勿复言。且主上无敕，独以皇后教杀招讨使，可乎？』李从袭等泣曰：『既有此迹，万一崇韬闻之，中涂为变，益不可救矣。』相与巧陈利害，继岌不得已从之。甲子旦，从袭以继岌之命召崇韬计事，继岌登楼避之。崇韬方升阶，继岌从者李环挝碎其首，并杀其子廷诲、廷信。外人犹未之知。

——《资治通鉴》卷二七四

再论石敬瑭割让燕云

石敬瑭（892—942）起初靠骁勇善战发迹，继而因廉政扬名，后来在后唐内部的权力斗争中，他借契丹人的援助问鼎中原，建立了后晋王朝。由于割让燕云十六州以及甘当“儿皇帝”，石敬瑭挨了无数骂名。

通鉴识读

晋王如魏州，发徒数万，广德胜北城，日与梁人争，大小百余战，互有胜负。左射军使石敬瑭与梁人战于河壖，梁人击敬瑭，断其马甲，横冲兵马使刘知远以所乘马授之，自乘断甲者徐行为殿；梁人疑有伏，不敢迫，俱得免，敬瑭以是亲爱之。敬瑭、知远，其先皆沙陀人。敬瑭，李嗣源之壻也。

——《资治通鉴》卷二七一

一、石敬瑭其人

石敬瑭生活简朴，在地方执政时，与幕府宾客论民间利害及施政得失，头脑十分清醒，处事力求公允。

石敬瑭父名臬捩鸡，欧阳修揶揄说：“他那个石姓，不知道最初是怎么来的。”薛居正直接说石敬瑭乃太原人士，还把他老祖宗追溯到春秋时卫国著名大夫石碏、汉景帝时著名丞相石奋。

景福元年（892年），石敬瑭生于太原汾阳里，家里排行老二。石敬瑭从小就喜欢读兵法，而且非常崇拜战国时期赵国名将李牧和汉朝名将周亚夫。当时任代州刺史的李嗣源对他很器重，将自己的女儿嫁给了他。而李嗣源的上司晋王李存勖听说石敬瑭善于骑射，就把他提拔到自己身边，最后，李嗣源又恳请调石敬瑭回自己军中，获得同意。于是，石敬瑭成为李嗣源的心腹大将，统领禁军精锐骑兵。

石敬瑭有一个忠实的追随者，他就是后汉高祖刘知远（895—948）。刘知远比石敬瑭小三岁，也在李嗣源麾下效力。梁、晋之间天天打仗，在战斗中，刘知远不顾自己的生死安危，两次救护石敬瑭脱难。石敬瑭感而爱之，以其护援有功，奏请将刘知远留在自己帐下做一名牙门都校。

在治民理政上，石敬瑭也有可圈可点之处。史称石敬瑭生活简朴，在地方执政时，与幕府宾客论民间利害及施政得失，头脑十分清醒，处事力求公允。石敬瑭在河东任职时，曾经有一店铺妇人与一士兵打官司，妇人说：“我在门口曝晒的粟米，被他的马吃掉了。”那士兵则恳切申辩，然而没有办法使自己清白。石敬瑭对审问的官吏说：“两人讼词不能分辨，凭什么裁决？可以杀掉马剖开马肠，看里面有没有粟米。如果有，则诛杀兵士，如果没有，则处死妇人。”于是杀马剖肠，结果马肠里没有粟米，因此杀了那妇人。治区内人民因此肃然，没有谁敢欺骗坑人了。

不久，石敬瑭调任镇守常山，经他治理的方镇，都以孝道为先，对于民间有父母在世而兄弟分居的人，一定依法处死。常山郡九门县有一对兄弟，因为卖地发生纠纷。弟弟卖地，哥哥想要地却要压低地价，有外人愿意出价购买，弟弟就卖给这个人。买卖契约上要兄长签字，兄长却故意不签，弟弟于是向九门县令投诉。县令认为兄弟二人

通鉴识读

石敬瑭至晋阳，以部将刘知远、周瑰为都押衙，委以心腹；军事委知远，帑藏委瑰。

——《资治通鉴》卷二七八

均为不义，送往府衙。石敬瑭督察此案说："我新来此地，以不能用礼仪教化百姓而愧疚。但就事理来说，兄长要良田，弟弟求好价，顺应弟弟是正确的，阻止弟弟是错误的。兄长更不仁义，应该重重地鞭笞他，用高价买田的人应得到那块土地。"大家都很赞赏石敬瑭处理得公平正确。

这些事例可能有溢美之词，但是不会无中生有，说明石敬瑭处事颇有章法。

二、石敬瑭的对手

身为皇帝的李从珂在处理与石敬瑭的关系时，犯了一个致命错误。

李嗣源的身边有两个得力助手，一个是他女婿石敬瑭，另一个是他养子李从珂。李从珂年长石敬瑭7岁，在李嗣源麾下，二人一直暗暗地较劲、互比短长，关系处理得并不好。

李从珂本姓王，镇州平山人，当初李嗣源为李克用打仗，行军到平山，将年方十余岁的他虏获，养以为子。此后，李从珂跟着义父李嗣源征战，在后唐灭后梁之战中屡立战功。926年，在魏州军乱事件中，他率部下声援向洛阳进军的李嗣源，虽然不像石敬瑭那样打先锋、立头功，却也使李嗣源军声大震，震慑了首都地区的力量。931年，李嗣源任命李从珂为左卫大将军出任西京留守，次年升他为凤翔节度使。也就在同一年，石敬瑭被任命为河东节度使。对于两人，李嗣源在重用之外，还利用他们相互牵制，搞平衡。

李嗣源病逝后，继位的后唐闵帝李从厚（914—934）及其执政团队，对手握重兵的这两位前辈很不放心。

辅政的大臣朱弘昭、冯赟自觉威望不足，忌惮李从珂、石敬瑭自少年时就追随明宗征伐，“有功名，得众心”。闵帝甫即位就撤了李从珂长子李重吉控鹤都指挥使的职务，继而把他在洛阳有影响的女儿惠明女尼召入禁中控制起来。对于石敬瑭同样如此。朱弘昭、冯赟不想让石敬瑭久在太原，就召回知天雄军使的孟汉琼，以成德节度使范延光接替天雄军使；改凤翔节度使李从珂为河东节度使，兼北都留守；让河东节度使石敬瑭出任成德节度使，接替范延光空出来的职位。

本来相互较劲的两个人，陷入了相同的处境。石敬瑭没有公开行动，甚至顺从地去成德就任了，李从珂却高调发布文告拒绝调离凤翔，还打出了要清君侧的口号。朝廷立即派兵去围剿，李从珂长子李重吉在亳州被杀死，在前线将士的拥立下，李从珂回师向阙。闵帝带领数十骑出逃，正好遇见了石敬瑭，此刻石敬瑭的头衔是镇州节度使。石敬瑭问闵帝左右，天子出奔，国宝、法器何在？接着和闵帝的随从发生了冲突，石敬瑭杀尽闵帝护卫，将从洛阳逃出的闵帝扣留在卫州，自己赶紧奔赴洛阳。李从珂即位后，派人鸩杀了在卫州官舍的闵帝。可以说，在反抗闵帝移藩这件事上，李从珂和石敬瑭站在了同一个战壕里。石敬瑭甚至成了李从珂取代闵帝的帮凶。

不过，李从珂与石敬瑭“心竞”的矛盾，并没有因为这件事得到解决。接下来，身为皇帝的李从珂在处理与石帝（注：李从珂）与石敬瑭皆以勇力善斗，事明宗为左右；然心竞，素不相悦。帝即位，敬瑭不得已入朝，山陵既毕，不敢言归。时敬瑭久病羸瘠，太后及魏国公主屡为之言；而凤翔将佐多劝帝留之，惟韩昭胤、李专美以为赵延寿在汴，不宜猜忌敬瑭。帝亦见其骨立，不以为虞，乃曰：『石郎不惟密亲，兼自少与吾同艰难；今我为天子，非石郎尚谁托哉！』乃复以为河东节度使。

——《资治通鉴》卷二七九

敬瑭的关系时，犯了一个致命错误。

本来这个时候，李从珂只要丢掉幻想，果断作出处理，剥夺石敬瑭的兵权，或者继续让石敬瑭移镇成德节度使，石敬瑭就没有还手之力。然而，就在凤翔的部下多数劝他留住石敬瑭的时候，李从珂却大咧咧地说："石郎不但是内亲，关系密切，而且他从小与我共同经历艰难；现在我做了天子，不依靠石郎还能依靠谁呀！"他改变了后唐闵帝让石敬瑭调离河东出任成德节度使的决定，让他继续回太原担任河东节度使。石敬瑭大喜过望，立马离开洛阳赴任。

之后，当李从珂对石敬瑭的猜忌越来越强，要收拾石敬瑭时，石敬瑭早就在做兵马粮草上的准备了。936年五月初三，朝廷下旨调石敬瑭为天平军节度使，石敬瑭拒绝移镇，朝廷发动50万大军围剿河东，把太原城围得水泄不通。

三、割让燕云

石敬瑭所谓割让"燕云十六州"很大程度上是借花献佛的把戏。

石敬瑭最后能战胜李从珂，是因为有契丹的支援。而契丹之所以支援石敬瑭，则是因为后者答应割让"燕云十六州"给契丹。石敬瑭遭受后世唾骂，也正是因为割让燕云、甘当"儿皇帝"一事。

其实，研究一下后唐末期的政区分布格局，就可以发现，石敬瑭所谓割让“燕云十六州”很大程度上是借花献佛的把戏。因为就实际控制权而论，石敬瑭实际掌控的不过蔚州而已。幽州卢龙节度使属下的幽、涿、蓟、檀、顺、瀛、莫七州，归卢龙节度使赵德钧掌控，赵德钧也有自己的政治谋划，想借助契丹的实力来称霸中原。《资治通鉴》还记载，赵德钧不仅用钱财贿赂契丹主，还希望与契丹约为兄弟，以换取更多的政治利益。而新州威塞军节度使所领新、妫、儒、武四州，自从单独设镇之后，就由后唐中央掌控。至于雁门关以北的云、应、朔、寰、蔚五州，只有蔚州是直属于河东节度使。

五代时期的中国，处于分崩离析的状态，就今天中国版图而论，北方地区，除了中原政权后唐（皇室是沙陀人）之外，还有它不能完全控制的军阀，其中最大的是幽州的赵德钧（汉人）、河东的石敬瑭（沙陀）。此外，还有辽河地区对中原虎视眈眈的契丹政权。现在的问题是，末帝李从珂派遣大军压境，卢龙节度使赵德钧的使节已经到了契丹的大帐，许诺将兵向洛阳。在这种情况下，石敬瑭作出了对于自己最有利的选择。

割让“燕云十六州”，是石敬瑭为一己之私而不顾国家（即后唐）和百姓利益的举措，因而受到了后人的批评甚至抨击，这是毋庸置疑的。刘知远当时就反对说：“称臣就够了，以父子礼仪相待就太过分，多给些钱财他们也就不兴兵了，没必要割让大片土地，有朝一日，他们祸乱中原，到时候后悔就来不及了。”此外，还应考虑到后人之所以对石敬瑭的行为作出激烈的批评，还有以下三方面原因。

第一，全盘接受了宋人的批评立场。宋朝人对“华

石敬瑭遣间使求救于契丹，令桑维翰草表称臣于契丹主，且请以父礼事之，约事捷之日，割卢龙一道及雁门关以北诸州与之。刘知远谏曰：『称臣可矣，以父事之太过。厚以金帛赂之，自足致其兵，不必许以土田，恐异日大为中国之患，悔之无及。』敬瑭不从。

——《资治通鉴》卷二八〇

夷”问题特别敏感，“爱国（爱宋朝）意识”异常鲜明，收复燕云是一代又一代人的梦想。我们今日之评价则应该跳出这个窠臼。

第二，从尊严与屈辱来判断政治人物的行为。石敬瑭向年轻的契丹主耶律德光称儿皇帝，有失尊严。宋朝也有屈辱的对辽金条约，近代以来，晚清对西方列强的不平等条约更是时常刺疼着我们。这些都刺激了我们的神经来评价石敬瑭的行为。其实，政治家面对严酷现实，低头或者扬头，都是随时应变的把戏。而且对付契丹，石敬瑭也有自己的盘算，他实际上给契丹的政治经济资源都是相当有限的。

第三，我们无法证实，契丹放弃让石敬瑭称臣，究竟有多少可信。但是，有一点可以证明，他的继承人就是因为称孙而不称臣激怒了契丹。这也至少说明，在战争背景下，石敬瑭在处理同契丹的关系时是比他的后辈更成功的。

> 帝事契丹甚谨，奉表称臣，谓契丹主为『父皇帝』；每契丹使至，帝于别殿拜受诏敕。……晋使者至契丹，契丹骄倨，多不逊语。使者还，以闻，朝野咸以为耻，而帝事之曾无倦意，以是终帝之世与契丹无隙。然所输金帛不过数县租赋，往往托以民困，不能满数。其后契丹主屡止帝上表称臣，但令为书称『儿皇帝』，如家人礼。
>
> ——《资治通鉴》卷二八一

两次黄袍加身——从郭威到赵匡胤

五代的历史扑朔迷离，政权走马灯般变换，但其中也有一个线索可寻：后梁太祖朱温是黄巢造反的变节者，其后的后唐、后晋、后汉与后周则一脉相承，都是从李克用的河东政权发迹而来。其中，后唐、后晋、后汉不仅都是从河东入统大位，而且其国君均为沙陀族出身，只有创建后周的郭威和宋太祖赵匡胤，是用戏剧化的黄袍加身方式，实现了改朝换代。

一、郭威的军旅生涯

郭威勇猛异常，但并不是个粗人。

郭威（904—954）的父亲郭简担任顺州刺史，名义上是唐朝的官员，实际上隶属于河东节度使李克用麾下。后来，郭简为朱温支持的幽州节度使刘仁恭所杀，母亲也病逝，郭威成了孤儿，依养于韩氏家族姨妈家中，这个时候他还不到7岁。

11年后，郭威长成了身材魁伟的青年，他最初在潞州

通鉴识读

继韬散财募士，尧山人郭威往应募。威使气杀人，系狱，继韬惜其才勇而逸之。

——《资治通鉴》卷二七二

节度使李继韬手下当兵，因为勇力过人而被欣赏。他曾经在上党闹市区碰到一个屠夫，是当地一霸。郭威要求按照自己的方式切肉，与屠夫发生争执，屠夫当即躺倒在地说，你敢刺我肚子吗？郭威可不像韩信那样装怂，他一剑刺去，屠夫当场毙命。郭威被治安人员捆绑送官，李继韬爱惜其才，开释了郭威。924年，郭威21岁，后唐庄宗灭后梁，他成了庄宗李存勖亲军“从马直”中的一员。

郭威勇猛异常，但并不是个粗人。郭威的好友李琼，自幼好学，涉猎史传。有一次在李琼那里看到一本书《阃外春秋》，当即向这位拜把子兄弟求教。李琼说：“这是《阃外春秋》，所说以正守国，以奇用兵，比较存亡治乱，记录贤愚成败，都在这里。”这部兵法学兼领导学著作，令郭威着迷，他不仅在李琼的辅导下，深领其意，而且随身携带，闲暇把玩。像李琼这样，与郭威同年入唐庄宗麾下的勇士，有10人约为兄弟，李琼尤其看好郭威的发展潜力。

在后唐的军队中，明宗的女婿石敬瑭很欣赏郭威。石敬瑭担任禁军副统帅时，他特地把郭威调到自己麾下，让他掌管军籍，即参谋部的工作。而这时，郭威的顶头上司是一直追随石敬瑭的后汉高祖刘知远，郭威也认准了刘知远。后唐重臣杨光远，和刘知远一样是沙陀出身，并且被石敬瑭倚重。有一次，郭威应当跟随杨光远出征，他却不干，主动要求留在刘知远身边，别人问他原因，他说：“杨光远有奸诈之才，没有英雄之气，要我有什么用？能用我的人是刘知远！”

郭威一路追随着刘知远。后晋出帝石重贵时期，时任河东节度使的刘知远被疏远，颇为忧虑，郭威鼓劲说：“河

通鉴识读

军士郭威旧隶刘知远，当从杨光远北征，白知远乞留。人问其故，威曰：『杨公有奸诈之才，无英雄之气，得我何用？能用我者其刘公乎！』

——《资治通鉴》卷二八一

东地方山川险要坚固，风俗崇尚勇武，此地多产战马，安定的时候勤于农业生产，动乱的时候勇于练习军事，这是成就霸业和王道的依凭，有什么可忧虑的！”

几年后，契丹灭后晋，刘知远建立后汉政权，郭威成为开国功臣。不久，后汉高祖刘知远病逝，郭威和苏逢吉同受顾命，拥立刘承祐继位，是为后汉隐帝。郭威官拜枢密使，掌管全国的兵权。

二、郭威的黄袍加身

像郭威这样威望卓著、能力超群且善于笼络人心的重臣，出来收拾局面，显然是为朝野各方面所接受的。

后汉隐帝乾祐元年（948年）三月，河中节度使李守贞、永兴军节度使赵思绾、凤翔节度使王景崇相继拥兵造反，朝廷先前所派镇压的将领不孚众望。朝廷屡次出兵讨伐，均无功而返。刘承祐只好命郭威率兵出征。郭威至河中后立栅筑垒，分兵围困。李守贞屡次突围，均被挫败，相持日久，城中粮草俱尽。郭威遂下令四面攻打，一举攻进城中，李守贞自焚而死。永兴赵思绾、凤翔王景崇相继归降，使风雨飘摇的后汉政权转危为安。

从948年八月出征到949年八月班师，郭威用一年的时间平定了“三叛”，进一步树立了崇高的威望。皇帝想要特别封赏郭威，郭威推辞说：“作战的运筹策划，出于朝廷；发兵运粮，依靠藩镇；野外战斗，在于将士，而把功

通鉴识读

戊戌，郭威至大梁，入见，帝劳之，赐金帛衣服玉带鞍马，辞曰：『臣受命期年，仅克一城，何功之有！且臣将兵在外，凡镇安京师、供亿所须、使兵食不乏，皆诸大臣居中者之力也，臣安敢独膺此赐！请偏赏之。』又议加方镇，辞曰：『杨邠位在臣上，未有茅土；且帷幄之臣，不可以弘肇为比。』九月，壬寅，偏赐宰相、枢密、宣徽、三司、侍卫使九人，与威如一。帝欲特赏威，辞曰：『运筹建画，出于庙堂；发兵馈粮，资于藩镇；暴露战斗，在于将士；而功独归臣，臣何以堪之！』

——《资治通鉴》卷二八八

劳只归我，我怎么能承受！”郭威要求把功劳分给大家，不仅对朝廷高官加以赏赐，各地藩镇包括南方归附的割据政权领导人也都加官晋级。

两个月之后，949年十月，契丹入寇，郭威移师北伐，大败契丹，以功进封邺都留守、天雄军节度使，兼枢密使，河北诸州郡皆听郭威节制。郭威真正是兵权在握了。

就在这个当口，后汉首都开封发生血案，隐帝刘承祐不能忍受托孤大臣的钳制，不仅诛杀了朝政托孤大臣以及郭威、柴荣在京的家属，而且下密旨诛杀在前线带兵的枢密使郭威。在众将士的支持下，郭威率领大军打出“清君侧”的旗号，回师汴州。七天后，军队到了开封，隐帝为人所杀。郭威掌控了整个局面。

但是，郭威并没有马上接受禅让，他迎奉刘知远的养子、武宁节度使刘赟继承大位。几天后，契丹入侵，郭威再次从开封出发，率领大军北击契丹。途径澶州时，士兵发生哗变，要郭威称帝。郭威黄袍加身，随后返回汴梁，逼迫太后授他为“监国”，夺得国政。

在五代的历史情景下，以后汉三四年的建国史，汉隐帝之后又缺乏有能力的合法继承人，像郭威这样威望卓著、能力超群且善于笼络人心的重臣，出来收拾局面，显然是为朝野各方面所接受的。郭威当了三年皇帝，在位期间轻徭薄赋，改革弊政，整顿吏治，这一时期在五代历史上算是太平的日子。

因为郭威的亲生儿子都被后汉隐帝刘承祐杀害了，他就把内侄及养子柴荣立为太子。

柴荣最初只是帮助郭威打理家事，经商理财。刘知远

通鉴识读

壬子，郭威渡河，馆于澶州。癸丑旦，将发，将士数千人忽大譟，威命闭门，将士踰垣登屋而入曰：『天子须侍中自为之，将士已与刘氏为仇，不可立也！』或裂黄旗以被威体，共扶抱之，呼万岁震地，因拥威南行。威乃上太后笺，请奉宗庙，事太后为母。

——《资治通鉴》卷二八九

称帝后，郭威以佐命功为枢密副使，柴荣开始在郭威帐下任职。949年，郭威出镇邺都，柴荣升为天雄军牙内都指挥使，统领郭威的牙兵，次年郭威入平内难，以柴荣留守邺都。尽管柴荣在地方上也有治绩，但在郭威称帝之前，他并没有独当一面的文武政绩。953年正月，柴荣才从外地入京，任开封府尹，封晋王。954年正月，柴荣兼总内外兵马。仅过了十几天，郭威就驾崩了，柴荣登基。

就在柴荣登基之际，割据河东的北汉刘崇率兵来犯，柴荣决意亲征，大臣纷纷反对，理由是周太祖新丧，人心易摇，不宜轻动。其中反对态度最为坚决的是冯道，他认为柴荣能力不够。他连连发问：唐太宗亲征，陛下您能比唐太宗吗？泰山压卵，陛下您以为自己是山吗？但是，柴荣力排众议，调兵遣将，亲上前线，并在高平地区大败北汉。柴荣还在潞州修整期间，整顿军纪，诛杀了临阵逃脱的禁军将领樊爱能、何徽。高平之战，让群臣对柴荣刮目相看。

三、赵匡胤的蹿升

赵匡胤在带兵出征、抵御契丹的途中，于陈桥驿发生兵变，将士们强迫赵匡胤穿上黄袍，就像郭威十年前在澶州的事情一样。

入伍不过六年的青年军官赵匡胤（927—976），就是在高平之战中崭露头角的。

宋太祖赵匡胤出生在一个军人家庭。父祖辈都是基层官员，20岁就给他娶了媳妇。但是，赵匡胤并不满足于安逸平庸的生活，婚后不久，他就悄悄地离开了父母妻子，开始浪迹天涯。在襄阳的一个寺庙里，有老僧点拨他：机会在北方，往南边走都是一些割据一隅的小国，在夹缝中苟安。乱世出英雄！赵匡胤猛地一惊，当即打道北行。948年三月，21岁的赵匡胤应募加入了后汉权臣郭威的军队。

郭威此时正掌管着独当一面的权力，率领后汉大军讨伐以河中节度使李守贞为首的“三叛”。赵匡胤从小习武，作战勇敢，很快得到同样在郭威帐下初任军职的柴荣的赏识。此后，赵匡胤便一直追随在柴荣左右。

柴荣器重赵匡胤有两个原因。首先是作战勇敢。高平之战时，禁军统领樊爱能、何徽临阵逃脱，禁军不听指挥，赵匡胤作为世宗的亲兵部队骁勇异常，力挽狂澜，反败为胜。赵匡胤自然而然得以脱颖而出。其后在周世宗攻打南唐的战争中，赵匡胤在战斗中始终勇猛顽强，屡立战功。

956年春，涡口之战中，赵匡胤击败南唐大将皇甫晖、姚凤十几万大军，追击到滁州城下。皇甫晖提出布阵决战，赵匡胤笑着应了。皇甫晖组织军阵出战，赵匡胤搂着坐骑的颈脖，一马当先，直接冲入南唐阵内，挥剑击中皇甫晖的脑袋，把他生擒了，还捉住了姚凤，攻克滁州。回师后，赵匡胤被提拔为殿前都指挥使。

勇猛之外，赵匡胤的忠诚也颇得柴荣赞赏。赵匡胤攻下滁州之后，他的父亲半夜来到滁州城下，其时身为马军副都指挥使的赵匡胤说，父子虽至亲，但半夜不得打开城门，这是军规。直到天亮他才让父亲进城。在讨平淮南期间，有人向柴荣揭发赵匡胤私吞战利品，捞了几车的财宝。

通鉴识读

太祖皇帝跃马麾兵涉水，直抵城下。晖曰：『人各为其主，愿容成列而战。』太祖皇帝笑而许之。晖整众而出，太祖皇帝拥马颈突陈而入，大呼曰：『吾止取皇甫晖，他人非吾敌也！』手剑击晖，中脑，生擒之，并擒姚凤，遂克滁州。后数日，宣祖皇帝为马军副都指挥使，引兵夜半至滁州城下，传呼开门。太祖皇帝曰：『父子虽至亲，城门王事也，不敢奉命！』

——《资治通鉴》卷二九二

柴荣派人打开车一看，只是数千卷图书。柴荣问：“带兵打仗，你带这么多书干什么？”赵匡胤答道：“我是想多读些书，增长自己的见识，以便效劳于国家。”

柴荣也需要组建自己的班底，像赵匡胤这样忠诚又能干的老部下，自然成为最好的人选，要重点培养。因此，高平之战后，柴荣将整顿禁军的重任交给年仅27岁的赵匡胤。组建新的禁军殿前司，以赵匡胤为殿前司都虞侯（相当于军中的纪委及副参谋长），淮南之战后，升任殿前司都指挥使（相当于参谋长及副司令）。

959年六月，柴荣病死于北伐途中，时年38岁，年仅6岁的太子柴宗训继位。临死前，柴荣觉得赵匡胤比自己的妹婿张永德更可靠，就把殿前司一把手张永德换成了赵匡胤。

然而，半年后的新年正月，赵匡胤在带兵出征、抵御契丹的途中，于陈桥驿发生兵变，将士们强迫赵匡胤穿上黄袍，就像郭威十年前在澶州的事情一样。只是陈桥驿比澶州距离开封要近多了，而且郭威登基时，已经六十多岁，赵匡胤此时只有三十多岁。

春花秋月话南唐

五代时期，除了中原王朝之外，还有十国。十国之中，除了北汉割据太原之外，其余都在南方。其中以南唐（937—975）、吴越（907—978）最为重要。南唐开国君主是李昪（889—943），建都江宁（今江苏南京），经历三世，凡三十九年，是十国割据政权中面积最大也最富庶的国家。李昪是一个孤儿，六岁被人收养。下面我们大略梳理一下，他的两个养父是如何为他创造事业基础，从中我们又会引发出怎样的历史认识。

一、杨行密初创基业

杨行密是行伍出身，从庐州牙将、刺史干起，受淮南节度使高骈节制。

最早收养李昪的是唐末军阀杨行密（852—905）。杨行密是行伍出身，从庐州牙将、刺史干起，受淮南节度使高骈节制。他原名行愍，是高骈让他改成行密的。

黄巢起兵，高骈主政淮南，基本上为唐朝中央保证了这块财富之地的稳定。但是，大乱之后，淮南地区群盗割据，晚年的高骈控制起来有些吃力。高骈手下和周边的不稳定势力比较大的有毕师铎、秦彦、杨行密、秦宗权、孙儒等。他们分属两个来源：一部分是中原地区节度使部下，动乱中一度投降黄巢，后来又脱离黄巢，归顺为地方军将；另一部分是本就造反起家，甚或是黄巢手下大将，后来反正，成为地方刺史或者藩镇大将。

比如毕师铎曾为黄巢手下大将，而且二人同乡。879年，高骈派大将出击黄巢，毕师铎投降，带来一支军队，被高骈任命为淮南都知兵马使。又如秦彦早年曾经在徐州当兵，后来啸聚山林，带领亡命之徒数百人投奔黄巢。黄巢兵败于淮南，秦彦投降了高骈，被任命为和州刺史。杨行密的情况与秦彦等人很类似。他年轻时因穷困而从军，曾参加地方上的农民起义，后应募为庐州牙将。战乱中庐州刺史逃走，杨行密便自己占据其地。883年，在黄巢占据长安、一片混乱中，朝廷授杨行密以刺史，隶属淮南。

早在882年，和州刺史秦彦便趁机袭击宣州城而自为节度使。比秦彦更早袭取节度使的是蔡州的秦宗权。秦宗权初为许州牙将，880年冬，黄巢攻入长安，秦彦趁机驱逐蔡州刺史，占据蔡州。当时唐僖宗逃奔蜀地，秦宗权进攻黄巢，朝廷因而任命其为蔡州节度使。后来秦宗权兵败降于黄巢，仍称蔡州节度使。黄巢死后，他割据一方，竟然在蔡州称帝。蔡州节度使与宣歙节度使分别在淮南节度使的北边和南边。淮南的富庶众所周知，周边势力无不垂涎。高骈处于两个动乱凶暴的藩镇之间，其处境艰难，可想而知。

毕师铎之攻广陵也，吕用之诈为高骈牒，署庐州刺史杨行密行军司马，追兵入援。庐江人袁袭说行密曰：『高公昏惑，用之奸邪，师铎悖逆，凶德参会，而求兵于我，此天以淮南授明公也，趣赴之。』行密乃悉发庐州兵。

——《资治通鉴》卷二五七

887年，毕师铎起兵攻打高骈。高骈召杨行密救援，以淮南行军司马（相当于副司令兼参谋长）相许。杨行密兵马未到，高骈已经被杀。毕师铎迎秦彦为淮南节度使。杨行密整军进击，秦彦与毕师铎抵抗不支，突围出逃。888年，杨行密进入扬州。

北边蔡州节度使秦宗权对淮南虎视眈眈，派其弟秦宗衡为统帅、部将孙儒为副帅，经略淮南。孙儒不听节度，自为一军。秦彦、毕师铎从扬州城出逃来投奔孙儒，几股势力连成一气。不久，孙儒先后杀了秦宗衡、毕师铎和秦彦，吞并了他们的军队。杨行密担心自己抵挡不住孙儒进攻，于是放弃了扬州，转而攻入宣州，朝廷因此册封杨行密为宣州观察使。孙儒顺利进入扬州。不久，孙儒驱众五十万，渡江进攻杨行密。但是，因为粮草不足，加上瘟疫流行，他反而被杨行密击杀。892年，杨行密再次进入扬州，被朝廷封为淮南节度使。

随后的几年中，杨行密不断拓展地盘，同时扩充军队。897年，兖州朱瑾被朱温击败，奔附杨行密，朱瑾的精锐骑兵弥补了淮南军队骑兵不足的短处。同年，杨行密在寿州（今安徽淮南）击败朱温南下的军队，保住了自己的半壁江山。902年，唐昭宗加封杨行密为吴王。

二、徐知诰李代桃僵

939年，徐知诰自称是唐宪宗之后，恢复李姓，名昇，改国号为大唐，史称“南唐”。

李昪的第二个养父是杨行密部将徐温（862—927）。徐温早年贩盐谋生，后来追随杨行密，从伍长干起。从杨行密在庐州开始，徐温参与了其所有的军事扩张行动。895年，杨行密攻打濠州时，见到幼童李昪十分可爱，将他收为养子，后来因为自家儿子不容，才让部将徐温收养，给他取名徐知诰。

905年，杨行密病逝，年仅54岁，20岁的长子杨渥继立。杨渥忌惮父亲留下的军将，相互排挤。908年，张颢、徐温发动政变，诛杀杨渥。不久，徐温又派刺客杀死张颢，自己独掌大权。

通过几年的对外用兵，徐温威权日盛。915年，徐温被封为齐国公，以升、润、宣、常、池、黄六州为齐国。他让养子徐知诰守润州（今江苏镇江），长子徐知训在广陵（今江苏扬州）辅佐吴王杨隆演（杨行密次子），自己居住升州（今江苏南京），设立大都督府，遥控大政，类似魏晋南北朝时期的霸府执政模式。918年，辅政的徐知训被朱瑾所杀，徐知诰从润州进入广陵，得以执掌政事。至此，吴政权一直奉唐天祐年号为正朔，919年（所谓天祐十九年）才建国改元。次年杨隆演去世，徐温拥立其幼弟杨溥继位。

徐知诰毕竟不是亲生儿子，927年，徐温派次子徐知询到广陵，代替徐知诰执掌朝政。但是，徐温不久便病死，徐知询不是徐知诰的对手，被解除了兵权。徐知诰继养父徐温之后，掌控了杨吴的大权。

徐温死后十年，937年，徐知诰受禅称帝，国号大齐。939年，他自称是唐宪宗之后，恢复李姓，名昪，改国号

通鉴识读

丙戌，渥晨视事，颢、温帅牙兵二百，露刃直入庭中，渥曰：『尔思欲杀我邪？』对曰：『非敢然也，欲诛王左右乱政者耳！』因数渥所亲信十余人之罪，曳下，以铁檛击杀之，谓之『兵谏』。诸将不与之同者，颢、温稍以法诛之，于是军政悉归二人，渥不能制。

——《资治通鉴》卷二六六

唐群臣江王、知证等累表请唐主复姓李，立唐宗庙，乙丑，唐主许之。群臣又请上尊号，唐主曰：『尊号虚美，且非古。』遂不受。其后子孙皆踵其法，不受尊号，又不以外戚辅政，宦者不得预事，皆他国所不及也。

——《资治通鉴》卷二八二

为大唐，史称“南唐”。李昪之后，李璟（916—961）、李煜（937—978）相继称帝，继续实行稳健的发展政策，极力处理好与中原王朝以及周边政权的关系，保境安民，发展科举与文化事业。南唐最盛时人口超过500万，拥有35州，包括今江苏、安徽、江西、福建、湖北和湖南等省部分地区，成为五代十国时期的一片净土。

三、夹缝中的南唐

在南方各国中，南唐是老大，灭闵亡楚，连连得手，但是无法抵挡北部中原王朝的压力。

李璟统治时期是南唐开疆拓土的鼎盛时期。他不但镇压了内部的反叛，而且在946年派兵灭掉闽国王氏政权，951年灭掉南楚马氏政权。南唐不仅是十国中版图最大的，也是最富庶的，文化事业兴盛，南唐以及钱镠开创的吴越国的经济发展和文化繁荣，是中国经济重心南移的重要标志，也为宋朝经济和文化繁荣提供了重要基础。

在南方各国中，南唐是老大，灭闵亡楚，连连得手，但是无法抵挡北部中原王朝的压力，从955年开始，后周多次派兵进攻南唐，其中赵匡胤更是一马当先，夺得南唐淮南之地。到961年，后主李煜即位之时，北方中原大地飘扬的已经是大宋的旗帜了。

唐朝末年，由于黄巢起兵，江淮地区也群雄并起，杨行密奋斗几十年，打下了杨吴政权的基础。可惜儿子无能，成为部将徐温的傀儡。徐温经营三十多年，临死前已经类似于曹操晚年或司马家族篡位前的地位。但依然是儿子们无法接班，养子徐知诰掌握了权力，进而建立了一个立国近四十年的南唐政权。975年，宋太祖以“卧榻之侧，岂容他人酣睡”的理由攻打金陵，迫使李煜投降，南唐灭亡。

所有这些兴衰乱离，都有一个规律，开创者都是一世英雄，后继者大多难以把家业继承下去。即使是汉唐那样有数百年江山的王朝，虽然头几任接班人要强于五代十国的君王，故而能有二三百年的天下，但是，王朝末年的危机，无不因为接班人能力不足、德才不具而产生，最终导致国丧身亡，这是中国历史上“家天下”的宿命。《周易·系词下》有言：“德薄而位尊，知小而谋大，力小而任重，鲜不及矣。”信然！

后 记

我在清华大学讲授“《资治通鉴》导读”线下和线上课程已经多年了，也出版过几本相关著作。人民教育出版社历史编辑室邀请我为中学生和社会青年写一本关于《资治通鉴》的书，于是，就有了读者面前的这一本。与以前的书稍微不同的是，本书行文力求更加通俗，故事内容也力求全面，特别是在边栏加入若干《资治通鉴》原文，以便学生参读，更好地体会《资治通鉴》的韵味。

责任编辑冯良认真审读书稿并进行了细致的编辑加工，历史编辑室李卿博士提出许多建设性意见，清华大学的几位研究生朋友在文字处理和内容校对方面也付出了辛勤劳动，谨向他们表示衷心感谢！若书中有错误不当之处，敬请读者朋友批评指正。

张国刚

著　　者：张国刚
责任编辑：李　卿　冯　良
书籍设计：胡白珂

图书在版编目（CIP）数据

《资治通鉴》中的历史智慧 / 张国刚著. —北京：人民教育出版社，2020.9（2024.5重印）
ISBN 978-7-107-34559-3

Ⅰ.①资…　Ⅱ.①张…　Ⅲ.①中国历史—古代史—编年体 ②《资治通鉴》—研究
Ⅳ.① K204.3

中国版本图书馆 CIP 数据核字（2020）第 178065 号

《资治通鉴》中的历史智慧

出版发行　人民教育出版社
（北京市海淀区中关村南大街 17 号院 1 号楼　邮编：100081）
网　　址　http://www.pep.com.cn
经　　销　全国新华书店
印　　刷　北京盛通印刷股份有限公司
版　　次　2020 年 9 月第 1 版
印　　次　2024 年 5 月第 4 次印刷
开　　本　787 毫米 ×1 092 毫米　1/16
印　　张　25.25
字　　数　505 千字
定　　价　60.00 元